대안으로서의 지역순환경제

반(反)독점자본, 탈성장, 시민적 통제의
대안적 지역경제를 모색하며

대안으로서의 지역순환경제

반(反)독점자본, 탈성장, 시민적 통제의 대안적 지역경제를 모색하며

양준호 엮음

양준호
박창규
송지현
현영애
이점순
이상헌
고광용 지음

서문

지금, 왜 '지역순환경제'인가?

양준호[1]

총체적 난국에 빠진 '지역'

지금, 서울을 제외한 우리나라 모든 '지역'들은 주지하다시피 말라비틀어진 지 오래다. '지역소멸'이라는 용어가 공식적으로 쓰이고 있을 정도로, 서울을 제외한 우리나라 전국 각지의 지역들은 이제 그 발전을 멈춰버렸다. 지역의 부활을 꾀하는 사람도 기대하는 사람도, 거의 보이지 않는다. 그저 모든 경제적인 동력들이 지역에서 서울로 새어나가고 있을 뿐, 지역의 경제가 다시 살아날 그 어떤 징조도 가능성도 보이지 않는다.

---

1) 인천대학교 경제학과 교수, 인천대 후기산업사회연구소 소장, 지역순환경제전국네트워크 공동대표

지역의 발전은 무엇에 의해 추동되는가? 첫째, 지역 안의 공동체가 풍요로워야 지역이 산다. 둘째, 지역 안에 돈이 돌고 돌면서 지역 안의 경제가 자생적으로 작동해야 지역이 활성화된다. 물론, 공동체와 지역경제 간에는 일 방향의 인과관계가 아니라 쌍방향의 인과관계가 작동한다. 즉, 지역공동체가 살아나야 지역경제도 회복되며, 또 지역경제가 살아나야 지역공동체 역시 복원된다. 그러나 우리나라 지역에서는 지역사회의 발전을 담보하는 공동체도 지역경제도 이미 그 기운을 상실했다. 다시 살아날 조짐이 보이지 않는다. 지역의 위기, 즉 지역이 총체적인 난국에 직면했음을 의미한다.

무엇이 지역경제를 핍진케 하는가?

다른 나라에 비해, 특히 우리나라 지역경제의 위기는 보다 심각하게 드러난다. 서울을 제외한 지역들을 보면, 그 자체로써 완결적인 경제구조를 견지해낼 수 있는 지역이 거의 없다. 비서울권 지역들을 여러 층위로, 즉 기초자치단체, 광역자치단체, 나아가 이른바 '부울경' 등의 초광역자치단체 영역으로 구분하거나 통합해서 중층적으로 바라보더라도 그 지역경제적 차원의 미래는 보이지 않는다. 그 이유는 바로 이들 지역경제를 떠받쳐야 할 동력들이 서울로 마구 빠져 나가버리고 있기 때문이다. 첫째, 지역경제는 그 지역에 인재들이 재생산되어야 하고 또 그들이 그곳에서 자리를 잡고 적극적으로 경제활동을 해야 유지될 수 있다. 그러나 지금의 현실은 어떠한가? 전국 각지의 청년들은 오로지 서울로만 몰려들고 있다. 지역경제를 짊어지고 가야 할 인재들이 보다 나은 정보, 취업, 소득, 부동산 등의 자산 증식을 위해 서울을 향하고 있다. 둘째, 대형마트, 대기업 공장 등 지역에 유치된 큰 기업들의 수익 역시 그 본사가 있는 서울로 빠져나간다. 이로 인해, 대기업 수익은 해당 지역으로 재투자되지 않는다. 즉 지역 사람들을 고용하지도 않을뿐더러 지역 안의 사업체들과 산업연관을 적극적으로 구축하지도 않는다. 셋째, 지역의 대형 시중은행은 지역 사람들의 자금 수요에 대해서는 아랑곳하지도 않고 자신들의 수익만을 위해 그 자금을 지역 밖으로 투용자함으로써 역외유출을 조장하고 있으며, 나아가 지역에서 '돈 장사'로 번 수익을 그들 은행 본사가 있는 서울로 고스란히 상납(?)한다. 즉 은행 자금과 수익이 지역 안에서 투자되거나 융자되지 않음으로써 지역 금융시장은 얼어붙고 또 지역 차원의 금융배제(Financial Exclusion) 현상은 날로 심각해지고 있다. 상황이 이러하니 지역경제가 제대로 돌아갈 리 만무하다. 넷째, 지역경제는 지역 시민들의 소비가 받쳐줄 때 비로소 활성화될 수 있는 법임에도, 지역 시민소득은 지역 밖으로 마구 새어나가고 있다. 더 나은 교육, 더 나은 의료서비스 등과 같은 비교우위를 갖는 상품과 서비스를 찾아 지역 시민소득은 인근 대도시로, 수도권으로, 그리로 서울로 새어나가고 있다. 사람도, 사업발주도, 은행 자금도 돌지 않는 지역에서 시민소득마저 역외 소비를 매개로 빠져 나가버리니 지역경제가 다시 살아날 수 있겠는가. 토목공사형 도시개발과 같은 삽질(?) 말고, 우리나라 지역에는 지역경제를 '생산적으로' 자극할 단 하나의 민간 동력도 남아 있지 않다는 의미다. 그렇다면, 민간 영역을 벗어나 지역경제를 구성하는 공적 영역을 보자. 다섯째, 지역경제를 적극적으로 떠받쳐야 하고 또 지역에 보다 직접적으로 연결되어야 할 지자체, 지자체 산하 기관, 대학, 대형 병원, 각종 협회 등 본질적으로 지역에 뿌리를 내리고 활동을 해야 할 이른바 지역 '앵커기관(Anchor Institution)'들이 가지고 있는 적지 않은 조달력 역시 지역 밖으로 새어나가면서 지역경제는 더 피폐화되고 있는 상황이다. 즉 이들 지역 내 앵커기관들의 공사, 용역, 용품 등의 공공 조달조차 지역의 사업체에 대한 발주로 맞춰지지 못하면서 지역경제를 떠받쳐야 할 마지막 보루인 공공 부문의 조달 또는 조달력(혹은 발주력)이라는 지역의 공적 자산 역시 지역 외부로 유출되어버린다. 이와 같은 상황들을 고려할 때, 서울을 제외한 우리나라 전국 각지의 지역경제에는 미래가 없다고 봐도 무리가 아닐 것이다. 아니, 미래를 논하기 전에 이미 우리나라 지역들은 '소멸' 단계에 접어들었다. 이와 같은 지역의 위기를 돌파하기 위한 근본적인 정책 조치, 새로운 시민실천적 대응이 필요한 까닭이 바로 여기에 있다.

'속수무책'으로 일관해온 지자체

그렇다면, 이와 같은 지역경제의 작동 부전 위기에 대해 지자체는 그간 어떻게 대응해왔는지 묻지 않을 수 없다. 우리나라 지자체의 대부분이 지역경제의 위기를 초래하는 원인이 무엇인지에 관한 실증적인 문제의식을 갖추고 있질 못했다. 즉 지역경제가 그 지역을 떠받쳐야 할 경제 동력들의 외부 유출로 인해 침체되고 또 피폐화되고 있는 것을 전혀 인지하지 못 했다. 지자체 정책상의 한계일 수도 있다. 그러나 해당 지자체가 관할하는 지역 안의 산업이 어떻게 연관되어 있고, 지역 안의 시민소득은 어디에 소비되고 있으며, 지역에서 영업활동을 하는 은행 및 기업들의 자금과 수익은 어디로 새어나가고 있는지에 관한 분석적 접근을 소홀히 했다. 아니, 그러한 분석의 필요성을 인지하지 못했다. 나아가 지역 안의 경제 동력들이 지역 안에서 돌고 또 돌아야만 지역경제가 활성화될 수 있다는 인식조차 가지지 못 했다. 상황이 이런 만큼, 우리나라 대부분의 지자체는 다음과 같은 정책적 '경로 의존성(Path Dependency)'을 보이면서 지역경제 위기에 대한 대응 실패만을 반복해왔다.

지자체 대응의 문제점 1: 이른바 '대기업유치만능론'

첫째, 우리나라 지자체들의 대부분이 이른바 '대기업유치만능론'에 매몰되어 왔고 또 지금도 그러하다[2]. 즉 대기업만 하나 유치하면 지역경제는 살아날 수 있다는 일종의 정책적 '미신', 즉 맹목적이고 경직적인 그리고 교조적인 정책 인식에 젖어 지자체 지역경제 정책의 최우선 순위에 대기업 유치를 둔다. 이는, 대기업이 그 지역에 들어오면 지역 내 일자리도 창출되고 지역 안의 여러 기업들이 그 대기업으로부터 수주받아 지역 내 산업연관이 강화되면서 지역경제는 살아날 것이라고 보는, 실증적으로 검증되지도 않은 허구적 정책 명제에 대한 맹신을 의미한다. 실제로 지자체가 유치해온 지역 내 대기업의 분공장이나 백오피스, 그리고 대형 시중은행 영업점의 수익 흐름을 보면, 해당 지역에 거의 재투자되지 않는다. 그들의 모회사 또는 본사로 그 수익이 그대로 이전될 뿐이다. 대기업이 지자체의 '상전 대우'를 받으며 아주 유리한 조건 하에서 사업을 벌여 막대한 수익을 손에 넣어도 상법상 자회사에 불과한 그들 유치 기업들은 그 수익을 재량껏 지역 내 고용으로 돌리거나 지역 안 향토기업들의 상품 및 서비스를 조달하는 것으로 이어

---

[2] 여기서의 '대기업유치만능론'은 양준호(2022) '권두언: 지역뉴딜로서의 지역순환경제' "후기산업사회연구" 창간호(제1권 제1호)에서 언급한 것으로, 지역경제 위기에 대한 우리나라 지자체 대응의 패착과 그 파행성을 잘 드러내어 주고 있는 개념이다.

지지 않는다. 특허권, 지적재산권 사용료 등의 명분으로 그들 수익의 대부분은 그들의 '머리'로 다 새어나간다. 대기업 유치가 지역경제 활성화는커녕 지역 시민들의 혈세로 편성된 지방재정만 축내고 있는 상황, 이는 되려 위기에 빠진 지역을 더욱 핍진케 하는 파행이지 않을 수 없다.

지자체 대응의 문제점 2: 토목공사형 도시개발

둘째, 대부분의 국내 지자체는 토목공사형 '삽질' 도시개발정책이 지역경제 활성화에 매우 주효한 정책 수단으로 여긴다. 이는, 마르크스주의 경제지리학자 데이비드 하비(David Harvey)가 '자본의 제2차 순환'으로 표현하는, 자본이 그 축적 과정에서 맞닿게 되는 잉여가치 생산의 위기를 피하고자 그 유휴자본을 공항, 항만, 도로 등 지역의 사회적 간접자본 건설 등의 도시개발에 투자하여 이윤을 손에 넣고자 하는 자본의 '돈벌이' 논리가 지역 차원에서 정책화, 제도화된 것임을 부정할 수 없다. 그러나 중요한 것은, 지자체는 그와 같은 자본의 논리로부터 자유로워야 할 공공적인 정책 주체라는 점이다. 그럼에도 불구하고, 우리나라 대부분의 지자체는 이와 같은 논리와 구조에, 또 이러한 논리와 담론을 발신하고 재생산하는 지역 '성장연합'에 포획되어 토목공사형 도시개발정책에서 빠져나오고 있지 못하고 있다. 대규모 도시개발의 경우, 주지하다시피, 자본금 규모가 큰 기업들, 즉 독점자본이 수주하게 된다.

대기업이 지역을 물리적으로 뜯어고치려고 지역 안으로 들어와 지역 사람들을 고용하거나 지역 안의 향토기업들에게 굵직한 사업을 발주하는 것을 목격한 사람들은 거의 없을 것이다. 즉 우리나라 지자체에 있어 '만병통치약'으로 인식되어왔던 대규모 도시개발은 지역경제에 아무런 혜택을 남겨주지 않았다. 지역의 환경생태를 파괴하고 남은 '개발 쓰레기'만 남겨줬을 뿐이다.

지자체 대응의 문제점 3: 정책적 접근의 결여

셋째, 우리나라 지자체 대부분이 금융정책 및 산업정책의 관점에 선 지역경제 활성화 기획을 놓쳐버리고 있다. 물론, 지자체가 취할 수 있는 금융정책이나 산업정책에는 분명히 한계가 있다. 중앙정부로부터의 규제나 개입에 의해 지자체가 단독으로 펼칠 수 있는 금융정책 및 산업정책은 폭이 좁을 수밖에 없다. 그러나 지역경제라는 것은 지역 내 기업들의 사업 활동을 통해 '생산'된 부가가치가 그곳의 노동자와 기업의 소득으로 '분배'되고, 그 후에 그 지역 안에서의 소비와 투자의 형태로 '지출'되어 또다시 그 지역 내 기업으로 환류되어야만 활성화될 수 있다. 이는 상식이다. 지역경제는 크게 생산 및 판매, 분배(임금, 이윤), 지출(소비, 투자)로 구분할 수 있는데, 이 세 과정 중 어느 한 과정에서라도 지역 밖으로 돈이 새어나가면 당연히 지역경제는 축소되거나 침체될 수밖에 없다. 유감

스러운 것은 우리나라 지자체 대부분이 지역경제에 대한 이와 같은 '기본적인' 이해조차 갖추지 못하고 있다는 점이다. 그 때문에, 지자체는 지역경제의 구조에 대한 문제의식은 아예 없이 늘 경로 의존적으로 시행해오던 일자리정책, 소상공인정책 언저리에서만 맴돈다. 그래서 지역 안의 임금과 이윤이 지역 내 소비와 투자(조달)로, 즉 지역 내 '지출'로 이어져 그 지역 안에 환류될 수 있도록 지원하는 산업정책은 엄두도 내지 못한다. 아니, 지자체가 손을 댈 수 없는, '금기된' 정책 영역이라고까지 인식하고 있을 정도다. 나아가 지역 차원의 금융정책 역시 마찬가지다. 지역 안에서 영업활동을 벌이고 있는 은행들의 지역경제에 미치는 영향이 지대함에도 그들의 자금흐름에 관한 지자체의 분석적 접근은 전무하다. 대형 시중은행들이 이윤 극대화를 위해 지역 시민들의 예금으로 구축한 자금과 그 운용수익을 지역 밖으로 마구 흘려보내고 있음에도 이들을 시금고, 구금고로 선정하고 있을 정도다. 그 뿐만 아니다. 시중은행들의 자금 유출에 대해서 왈가왈부할 수 있는 것은 오로지 중앙정부의 금융감독 당국이라는 인식하에 그 정책적 개입이나 관여를 아예 포기해버린다. 이 때문에, 지자체는 지역경제의 피폐화뿐만 아니라 지역 차원에서 나타나고 있는 심각한 수준의 '금융배제(Financial exclusion)' 문제에 직면한다. 이와 관련해서, 우리나라 광역자치단체들은 지역 신용보증 지원정책을 통해 영세 소상공인 등의 지역 내 금융약자를 구제하겠다며 생색을 내고는 있지만, 신용보증 지원대상을 설정하는 데 있어 시중은행과 완전히 동일한 평가 기준을, 즉 신용등급으로 정책지원의 대상을 골라내는 행태를 견지하고 있다. 지역금융의 영역에서도, 우리나라 지자체 정책의 '속수무책'과 그 철학의 빈곤함을 엿볼 수 있게 된다. 이런 상황이니, 어찌 지역 안에서 돈이 돌고 또 돌 수 있겠는가. 지역경제가 활성화될 리 만무하다.

지자체 대응이 초래하는 것

이와 같은, 우리나라 지자체의 정책적 경로 의존성은 되려 지역경제의 악순환을 초래한다. 지역에서 창출된 부(Wealth)가 지역 밖으로 빠져나가는 것을 정책적으로 막지 못하고, 아니 방관하면서 지역경제는 점차 메말라간다. 기업이나 은행의 수익 또는 자금의 역외유출뿐만 아니라 지역경제를 떠받쳐야 할 인재도 또 기업의 조달력도 나아가 지자체를 비롯한 앵커기관들의 조달력과 자산마저 지역 밖으로 새어나가고 있는데, 우리나라 지자체는 아직도 대기업 유치, 토목공사형 도시개발의 '미신'에서 벗어나지 못하고 있다. 이는 지역경제를 더욱 피폐화시킬 뿐만 아니라 지역경제의 서울경제에의 종속을 더욱 심화시킨다. 지역정치는 이와 같은 파행에 브레이크를 걸 의욕도 역량도 없다. 부정할 수 없는 사실이다.

지역경제의 위기와 시민사회

우리나라 지역의 시민사회 역시, 위에서 언급한 지자체와 마찬가지로 지역경제의 구조에 대한 이해는 사실 풍요롭지 못했다. 대기업 유치와 대규모 도시개발에 대해서는 비판적인 입장을 견지하면서도 피폐화된 지역경제를 다시 살려내기 위한 정책론은 빈곤했다고 해도 과언이 아니다. 즉 지역 시민사회도 지역경제의 실상, 지역경제 위기를 초래하는 요인에 대한 실증적인 접근을 못 했으니, 이를 토대로 하는 설득력 있는 '과학적' 대안을 제시할 수 있을 리 만무했다. 또한, 우리나라 시민사회, 특히 지역에서 활동하는 시민운동 그룹들은 환경, 문화, 노동, 마을, 주민자치, 사회적경제 등의 영역에서는 꽤 활발한 실천적 활동과 그 성과를 내보였으나, '지역경제' 그 자체에 특화된 분석과 근본적인 대안을 내놓은 경우는 드물었다. 지역의 경제구조 전반에 대한 이론적, 실증적 문제의식이 결여되어 있었으니, 여타 지역문제에 비해 상대적으로 조금 더 난해하고 '수리적인' 지역의 금융문제 등에 대해서는 더욱 소극적일 수밖에 없었다. 사실, 지역 내 경제순환을 강화하기 위한 대응은 지자체 정책의 몫이지 이를 지역 시민사회의 실천적 과제로는 여기지 않았던 것도 부정할 수 없다. 지역 대학의 전문 연구자들이 지역경제 분석에 천착하며 지역의 시민사회와 연대하여 그 성과를 공유하고 또 그것을 토대로 지역경제의 위기를 돌파할 수 있는 대안을 찾았어야 했는데, 그러지 못했던 것이 지역 시민사회의 지역경제에 대한 역량, 혹은 지자체 지역 경제 대응에 대한 대항력을 함양시켜내지 못한 원인으로 작용한다. 그러나 다행스럽게도, 최근에는 국내 일부 지역에서 지역의 산업, 금융 등에 초점을 맞춰 지역경제를 구조적으로 이해하고 이를 토대로 지역의 여러 경제 동력이 지역 안에서 순환될 것을 강조하며, 이와 같은 문제의식으로 지역경제의 새로운 경영방식을 제안하고 나선 지역 시민운동 그룹들도 나타나기 시작했다. 예컨대 지역경제의 '사회적경제화' 혹은 '연대경제화'만을 단선적으로 주창하는 것을 넘어, 지역경제의 전체 흐름에 대해 시민이 통제하고, 기획하며, 조정하는 것을 지향하는, 지역경제가 독점자본의 돈벌이를 위한 판이 되지 않도록 이에 대항하는, 지역경제 그 자체를 '커머닝(commoning)'하는 것을 강조하는 이른바 '지역순환경제'가 일부 지역 시민운동 그룹들에 의해 '대안'으로 자리 잡기 시작했다. 이는 고무적인 일이지 않을 수 없다.

반(反)독점자본의 '지역순환경제'

결론부터 말하자면, 이 책이 대안으로 내걸고 있는 '지역순환경제(Local Endogenous Development)'란 주체로서의 지역이 이윤을 얻기 위해 지역 밖에서 들어온 독점자본을 통제하여 지역에서 생성된 돈이 지역 안에서 돌고 돌 수 있게 하는 정책적, 시민실천적 전략이다. 즉 주체적, 운동적 공간으로서의 '로컬'이 '글로벌'과 '일국'을 배회하며 막대한 이윤을 챙기려는 독점자본에 대해 지자체와 시민사회 간의 연합에 의거한 '지역주의적 통제'를 통해 그들의 자본축적 흐름에 균열을 일으키고 지역경제를 보다 지역화(Localization)하고자 하는 대응이자 운동이다. 이와 같은 '지역순환경제'는 다음과 같은 정책적, 시민실천적 측면들로 구성된다.

대안으로서의 '지역순환경제': 지역화폐

첫째, '지역순환경제'는 지역만의 화폐, 즉 지역화폐를 제도화하는 것을 지향한다. 그간 몇 년 동안 꽤 많이 활성화되었던, 중앙정부와 지자체 예산을 원자로 하고 지자체가 정책적으로 주도하는 한국형 지역화폐 '지역사랑상품권'의 형태이건 지역 시민사회를 구성하는 여러 공동체들이 각각의 호혜적, 연대적, 신뢰적 관계를 구축하기 위한 시민사회형 지역화폐의 형태이건, '지역순환경제'는 지역의 시민소득이 역외 소비를 매개로 지역 밖으로 새어나가는 것을 막는 화폐를 중요한 운동으로 여긴다. 앞에서 언급한 '로컬리즘'으로 각성한 지역 시민들이 의식적으로 지역화폐를 선택, 사용함으로써 지역 내 소비와 소득의 흐름을 담보하여 지역 안의 영세자영업자, 재래시장, 향토기업 등과 같은 지역 사업자들의 매출을 늘리고 지역에 들어와 있는 대형 유통자본의 매출을 줄인다. 실제로 그간의 '지역사랑상품권'이 실현한 가장 중요한 성과도 바로 이 점에 있다. 이와 같은 지역화폐는 지역 내 시민소득이 지역 내 소비를 통해 지역 안에서 돌고 돌 수 있게 한다는 점에서, 지역경제 활성화에 크게 기여할 뿐만 아니라 지역 시민들의 '로컬리즘'에 대한 각성을 이끌어내고 나아가 지역공동체를 보다 윤택하게 해준다. 이와 같은 지역화폐는 비단 시민소득뿐만 아니라 유럽 각지의 사례와도 같이 기업의 운전자금과도 연동시킬 수 있다. 즉 지역 내 기업 간 산업거래 역시 지역화폐를 통해 담보시켜낼 수 있다. 그렇게 되면 지역경제의 순환성과 완결성은 한층 강화될 수밖에 없다.

대안으로서의 '지역순환경제': 지역재투자

둘째, '지역순환경제'는 지역 안에 유치되어 들어온 대형 산업자본, 유통자본, 금융자본의 지역 내 재투자를 유도하는 것을 전략적 과제로 삼는다. 즉 지자체의 행정 및 재정 지원을 받는 등 '상전 대우'를 받고 지역으로 유치된 독점자본 사업체의 자금이나 수익이 지역 안에서 투자될 수 있도록 '지역주의적으로' 통제하여 독점자본의 가치증식 운동의 흐름에 균열을 일으켜 지역을 보호하는 것을 중시한다. 앞에서 지적했던 것처럼, 지역 내 독점자본들은 주로 서울 등의 지역 외부에 본사를 두고 있어, 그들의 자본축적 전략 혹은 공간 전략에 따라 그들이 지역에서 벌어들인 수익은 고스란히 새어나간다. 이와 같은 독점자본의 운동 흐름에 맞서, '지역순환경제'는 그들의 수익이 지역 내 고용, 조달, 투융자, 기부 등으로 이어질 수 있도록 지자체 정책 혹은 조례나 일국 차원의 정책 혹은 법률로 통제하는 것을 지향한다. 예컨대 2021년 부산광역시의회는 이와 같은 문제의식을 토대로 '부산광역시 지역재투자 조례'를 발의, 제정한 바 있다. 물론 정치적인 이유로 부산시는 현재 이에 매우 소극적이지만, 이 조례를 통해 '지역 내 독점자본에 대한 지역주의적인 통제'의 필요성이 널리 발신되었다는 점에서는 부산 지역 시민사회의 대응과 그 제도화를 위한 노력은 높게 평가되어야 할 필요가 있다.

대안으로서의 '지역순환경제': '지역 공동체 부의 구축'

셋째, '지역순환경제'는 '지역 공동체 부의 구축(Community Wealth Building: 이하 CWB)' 역시 지역 내 경제순환을 강화하고 지역경제 전반을 민주적으로 운영해나가는데 필요한, 커먼즈형의 대안적 지역경제를 구축하는데 필수불가결한 실천적 과제로 설정한다. CWB는 미국 오하이오주의 클리블랜드시와 영국 랭커셔주의 프레스턴시가 '지역순환경제' 만들기를 위해 적극적으로 제도화한 '시민적' 프로젝트이다. 프레스턴시의 경우, 그 지역의 시의회가 주도하여 지역 내 앵커기관들, 즉 지자체, 지자체 산하기관, 대학, 병원, 협회 등과 같은 지역에 뿌리를 내리고 활동하는 주체들을 대상으로 그들이 보유하고 있는 '조달력'이 지역 내 사업자를 향하게 했다.

영국에서는 이를 '진보적 조달(Progressive Procurement)'로 부른다. 즉 지역 앵커기관들의 공사, 용역, 용품 등의 조달의 거의 대부분이 지역 사업체의 수주로 이어질 수 있도록, 본질적으로 공공성을 발휘해야 할 기관의 조달력을 시민사회가 '지역주의적으로' 통제하여 이를 지역 내 공동체를 위한 부(Community Wealth)로 커머닝(Commoning)하는 것을 목적으로 한다. 즉 지역 앵커기관이 보유하고 또 발휘할 수 있는 조달력이라는 것 그 자체는 원래 '공공재적인 부(Public Wealth)'에 불과하지만, 이를 시민사회가 지역주의적으로 통제하여 지역의 주체들이 민주적으로 소유할 수 있게 하면 비로소 지역 앵커기관들의 조달력은 '공유재적인 부(Community Wealth)'로 작용하게 된다는 것이다. 이와 같이, '지역순환경제'는 지역에 들어온 민간 독점자본에 대해서뿐만 아니라 지역 앵커기관의 조달력 및 유무형의 자산에 대해서도 시민적으로 또 지역주의적으로 통제하는 것을 지향한다. 지역화폐, 지역재투자를 제도화하는 것뿐만 아니라 '부(Wealth)'의 민주적 소유를 통해 지역경제의 순환성을 강화하는 것, 이 역시 '지역순환경제'가 추구하는 목표 중 하나다.

대안으로서의 '지역순환경제': '지역공공은행'

넷째, '지역순환경제' 담론에서는 최근 이슈로 떠오르기 시작한 이른바 '지역공공은행(Local Public Bank)' 역시 중요한 요소로 구성된다[3]. '지역공공은행'이란, 지자체가 100% 출자하여 소유하되, 지자체가 지역 시민사회와의 '공동제작(Co-Production)'을 기반으로 하는 협치적인 의사결정을 통해 투융자 대상이나 투융자액, 그리고 금리 등을 정하는 공공의 은행을 말한다. 그 대표적인 사례로서는 미국 노스다코타주의 '노스다코타주립은행(Bank of North Dakota)'을 들 수 있다. 중요한 것은, 이 '지역공공은행'은 지자체의 예산 전액을 수탁하여 관리하는 이른바 '시금고'와 같은 기능을 가지고 있는데, 이 수탁 예산을 토대로 시중은행 혹은 상업은행과 같은 신용창조 기능을 발휘해내고 있다는 점에 있다. 은행이 신용창조를 통해 새로운 화폐를 발행하는 것처럼, '지역공공은행' 역시 은행과 동일한 신용창조 기능을 매개로 하여 지자체가 필요한 돈을 발행하여 이를 기반으로 지자체에 투융자한다. 바로 이 때문에, '지역공공은행'이 작동하는 지자체는 지방재정 제약에 속박되지 않고 지자체의 공공정책에 필요한 자금을 확보할 수 있게 된다. 이를 통해 지자체 재정의 자립화와 분권화를 담보해낼 수 있게 되며, 예산 제약으로 인해 초래되는 정책의 사각지대를 없앨 수 있게 된다. 또 '지역공공은행'은 지자체가 그 정책 집행을 위해 발행하는 지방채를 즉시 매입 대응함으로

---

[3] '지역공공은행'에 관한 개괄적인 논의로는 양준호(2023) '위기의 지역경제, 그 새판 짜기를 위한 '지역공공은행': 공공적 주체가 화폐를 발행하는 것이 갖는 의의' "보다정의", 정의정책연구소가 있다.

써 지자체의 정책적 재량을 높인다. 나아가 '지역공공은행'은 주로 지역경제의 순환성을 강화하는 프로젝트의 자금 수요, 지역 내 사회적경제 혹은 연대경제, 그리고 농민, 영세자영업자, 대학생 등의 지역 내 금융적 약자를 대상으로 직접 투융자하며, 동시에 지역 내 일반 금융기관들이 보유한 채권 중에서 '지역주의적인' 성격이 강한 채권을 2차 시장에서 매입하여 은행들의 지역 내 대출을 지원함과 동시에 금융의 지역주의적 공공성을 담보한다. 이와 같은 '지역공공은행'은 지역경제의 순환적 흐름뿐만 아니라 지자체 재정의 분권화를 실현하는데 기여하며, 특히 상업은행 즉 금융 독점자본이 배타적으로 향유하고 있는 화폐발행권 혹은 화폐권력을 '공공'의 주체도 발휘할 수 있게 한다는 점에서 이른바 '화폐민주주의' 차원의 의의를 갖는다.

이 책의 구성

이 책은 서문을 제외하고 총 일곱 개의 글을 담았다. 지금까지 언급한 '지역순환경제'의 관점에서 현재를 논의하고 미래를 전망하며 지역의 발전을 위해 필요한 정책적, 시민적 대안을 녹여 넣은 글들이다. 이 책은 다소 이론적이고 추상적인 글들에서부터 구체적이고 현실적이며 실천저인 글들까지, 즉 '지역순환경제' 담론을 떠받치고 있는 여러 영역에 관한 글들로 엮이어져 있으며, 또 그 논리전개의 '층위' 역시 다양하다. 먼저 양준호는 '지역순환경제'가 지역에서 이윤을 끌어모으는 독점자본에 대한 '시민적 저항, 통제, 계획'을 담보하는 반(反) 자본적인 운동인 점을 강조하며, '지역순환경제' 담론과 마르크스주의 정치경제학 간의 연속성과 양자 간 통섭의 필요성을 드러낸다. 또 '지역순환경제' 담론을 구성하는 요소들과 그 실현을 위한 조건들을 이론적으로 논의한다. 박창규는 '지역순환경제' 담론을 '소유'의 문제에 초점을 맞춰 논의한다. 이와 같은 접근을 토대로, '지역순환경제' 개념의 이론적, 실천적 의미를 조명하는데, 특히 그는 앞에서 언급한 '지역 공동체 부의 구축(Community Wealth Building)'이라는 경험적 사실에 주목하면서 '지역순환경제'와 '커먼즈' 간에 작용하는 쌍방향의 인과관계를 드러낸다. 송지현은 한국형 지역화폐, 즉 '지역사랑상품권'을 지역경제 활성화와 '지역순환경제' 구축에 있어 매우 중요한 정책 과제로 위치 설정한다. 특히 그는 '탈성장' 개념으로까지 논의를 확대해서 지역화폐의 발전 방향을 폭넓게 전망하고 제안한다. 지역화폐에 관한 기존의 논의들로부터는 찾아볼 수 없는, 지역화폐가 갖는 탈성장론적 의의를 드러내는 논의라 할 수 있을 것이다. 현영애는 녹색운동가의 관점에서 또 에세이 문장의 형태로 탈성장 개념과 '지역순환경제' 간의 인과관계를 추궁한다. 운동가적 삶을 통해 자신이 직접 체험하고 또 그 현장에서 고민했던 것들을 토대로 하여 '지역순환경제'를 돈, 도시 혹은 마을, 생태 및 환경, 농업의 관점에서 논의한다. 이점순은 지역화폐를 통해 보다 협치적인 '지역순환경제'를 구축해낼 수 있다는 점을 일본의 다양한 사례들을 통해 도출한다. '지역사랑상품권'에 대한 정책지원 예산을 전액 삭감하겠다는 현 정권하에서 지역화폐는 그간의 지자체 주도의 형태를 접고 새로운 형태로 진화되어야 할 필요가 있다는 점을 고려할 때, 그의 일본 사례 소개는 그 시민적 기획에 유용할 것으로 보인다. 이상헌은 '지역순환경제' 담론을 구성하는 여러 각론들 중 최근 급격히 주목받기 시작한 이른바 '지역공공은행'에 주목한다. '지역공공은행'의 개요는 물론이거와 노스다코타은행의 사례, 그리고 국내에서의 '지역공공은행' 설립에 관한 제도적인 차원의 논의 등을 소개하며 관련 실천적 대응에 대해 시사점을 제공한다. 고광용은 지역 경제회복 전략의 성공요소 중 하나로 주민자치 및 노사민정 파트너십 등의 '지역순환경제' 형의 거버넌스에 주목하면서, 지역 유형별, 산업 특성별로 '지역순환경제' 형의 지역경제 회복 모델을 제안한다. 특히 그는 주민자치, 지역공동체 자산화, 지역민 이익공유를 '지역순환경제'의 미시적 토대로 위치 설정한다.

나가며

기후변화로 인한 위기를 극복하고 인간과 환경이 공존하려면 이제 '세계화' 혹은 '글로벌화'에서 '지역화'(localization)로 패러다임을 전환해야 한다는 세계적 환경운동가의 외침, 그 울림이 지극히 크다. 그는 명저 "오래된 미래'의 저자인 헬레나 노르베리 호지(Helena Norberg Hodge)다. 그의 주장의 핵심은 바로 "지역공동체를 중심으로 하는 '축소된' 경제시스템을 구축, 견지하는 '지역화'야말로 탈성장과 자연과의 관계 회복을 위한 경제적 실천"이라고 지적하는 것에서 찾을 수 있다. 이러한 '지역화'를 통해, 즉 지역공동체가 자급자족의 경제를 돌림으로써, 상품 이동의 거리를 짧게 만들 수 있다. 그런 지역화된 순환경제가 작동하면 자연스럽게 온실가스 배출을 줄일 수 있게 되고 또 지역의 농가는 다양한 상품을 자연의 이치에 맞게 생산할 수 있게 된다. 바로 이와 같은 '지역화된 풀뿌리경제'는 이 책이 다루고 있는 '지역순환경제'의 가장 미시적인, 가장 낮은 층위에 있는 '이념형(Ideal Type)'이다. 경제 규모는 적지만, 지역공동체의 멤버들이 서로 소통하고, 연대하며 호혜하는 관계로 얽혀 공동체의 필요에 맞춰 자연을 파괴하지 않는 범위에서 생산에 임하며, 돈이 공동체 안에서 돌고 돌아 되려 경제의 활발함과 안정성은 더욱 높게 나타나는 지역경제를 말한다. 이와 같은 경제가 작동하는 '공간으로서의 로컬'은 신자유주의 글로벌화에 대한 대항력과 지역경제적인 자생력을 갖춘다. 세계화, 글로벌화에 저항하는 지역화, 그리고 그 문제의식에 맞춘 지역화된 경제는 로컬의 글로벌화에 대한 대항력을, 로컬의 자연파괴에 대한 대항력을, 그리고 자본에 의한 지역 유린과 지역경제 피폐화에 대한 지역민들의 통제력을 키운다. 그와 같은, 역량을 갖춘 '로컬'이야말로, 독점자본의 탐욕적인 축적으로 인한 지역소멸과 기후위기의 지구 공멸을 멈춰 세울 수 있지 않을까 싶다. 마지막으로 이 책의 집필을 지원해준 서울대학교 아시아도시사회센터에 감사드린다. 특히 그곳의 센터장을 맡고 계신 박배균 교수님은 이 책의 출판을 권유해주셨다. 그리고 이 책의 출판을 맡아주신 부산의 로컬퍼스트 출판사와 편집에 있어 열정과 꼼꼼함, 그리고 각별한 동지애를 아끼지 않으신 남기수 발행인께도 심심한 감사의 뜻을 전한다.

2023. 7. 31

한때는 어민들의 '공유지'였던
송도국제도시 내 대학 연구실에서

편저자·대표저자 양준호

목차

서문 · 5

1. 진보적 대안으로서의 '지역순환경제'
   : 독점자본의 공간 전략에 대한 시민적 저항, 통제, 계획 · 29
   - 양준호

2. 지역순환경제와 커먼즈
   : 자본주의적 존재로부터 벗어나고자 하는 대안적 실천 · 71
   - 박창규

3. 지역순환경제와 지역화폐 플랫폼 활용방안 · 133
   - 송지현

4. 녹색운동가가 본 탈성장과 지역순환경제
   : 또 다른 삶의 방식, 상상력이 필요하다 · 179
   - 현영애

5. 지역화폐를 활용한 협치적 순환경제의 구축가능성 연구
   : 일본의 지역화폐 운영사례를 중심으로 · 207
   - 이점순

6. 지역순환경제와 지역공공은행 · 263
   - 이상헌

7. 지역순환경제와 지방·주민자치 · 305
   - 고광용

1

진보적 대안으로서의 지역순환경제

독점자본의 공간 전략에 대한 시민적 저항, 통제, 계획

양준호

진보적 대안으로서의 '지역순환경제'
: 독점자본의 공간 전략에 대한 지역주의적 저항, 통제, 계획[1]

양 준 호
인천대학교 경제학과 교수, 동 대학 후기산업사회연구소 소장,
지역순환경제전국네트워크 공동대표

1. 들어가며

지역 그리고 지역사회가 점차 피폐화되고 있다. '지역소멸'이라는 용어가 나올 정도로, 서울을 제외한 우리나라 전국 각지의 지역들이 그 발전의 동력을 상실해가고 있다. 특히 지역경제의 관점에서 보면 그와 같은 침체, 위기 경향은 보다 심각하

---

[1] 이 글은 양준호(2023) '진보적 대안으로서의 '지역순환경제': 독점자본의 공간 전략에 대한 시민적 저항, 통제, 계획', "마르크스주의연구" 제20권 제2호를 수정, 보완한 것이다.

게 나타난다. 지역경제를 떠받쳐야 할 동력으로서의 인재, 소득, 자금, 수익, 공적 조달이 해당 지역 안에서 돌고 또 돌지 못하고 지역 밖으로 유출되고 있는 정도가 매우 심각하다는 의미이다.

 지역의 인재는 취업을 위해 또는 취업준비를 위해 서울로 빠져나가고 있다. 과거에는 명문대학으로서의 위상을 갖췄던 지역 거점대학들의 재학생들은 취업을 위해 그 대학을 중퇴하고 서울 소재 대학으로 빠져나간다. 지역의 대학을 졸업한 청년들 역시 취업을 위해 산업과 정보, 그리고 네트워크가 집적되어 있는 서울로 빠져나간다. 지역 시민소득의 지역 밖으로의 유출 역시 심각하다. 전국 각지의 농촌 및 중소도시의 시민소득은 인근 대도시 또는 이른바 혁신도시에서의 소비를 매개로 유출되면서 지역 내 소비로 이어지지 못 해 해당 지역경제를 떠받치는 동력으로 작용하지 못 하고 있다. 서울 근처의 수도권, 즉 인천과 경기 지역의 시민소득의 서울로의 유출은 더더욱 심각하다. 이른바 '역류효과(Washback Effect)'로 불리는, 즉 서울과 가까운 지역일수록 그 지역의 소비가 중핵 권역인 서울로 유출되는 현상은 교육, 의료, 서비스 등의 영역을 비롯한 거의 모든 소비 영역에서 현저하게 나타나고 있다. 예컨대, '지역사랑상품권'이라 불리는 한국형, 지자체 주도형의 지역화폐가 정책화되기 전의 인천의 경우, 지역 내 소득의 52.8%가 서울로 빠져나갔을 정도이다. 지역의 은행들, 특히 시중은행의 운용자금 역시 지역 밖으로 빠져나가고 있다. 영업 지역의 예금을 통해 확보한 시중은행의 투융자 자금은 수익을 찾아 지역 밖으로 빠져나가고 있는데, 위에서 언급한 지역의 시민소득과 같이, 전국 각지의 농촌, 중소도시, 그리고 대도시의 은행 투융자 자금은 수익을 좇아 혁신도시, 대도시, 그리고 서울과 해외로 빠져 나가버리면서 지역 내 자금 수요를 외면하고 있다. 이로 인해 지역 금융시장의 불균형이 더욱 심각해지면서 지역경제 전반의 동학을 위축시키고 있으며, 나아가 심각한 금융배제(Financial Exclusion)' 현상을 초래하고 있다. 지역에 유치된 기업들이 해당 지역에서 벌어들인 수익도 그 기업의 본사가 위치한 서울 등의 지역 외부로 유출되면서 지역 내 재투자가 이뤄지지 않아 기업유치가 지역경제 활성화에 기여하기는커녕 되레 유해한 요인으로 작용하고 있다는 점도 지적하지 않을 수 없다. 특히, 대기업의 경우 더더욱 그러하다. 지역에 유치된 독점적 유통자본이나 산업자본은 이른바 '대기업유치 만능론'에 매몰된 지자체에 의해 시민 혈세에 의한 행정과 재정 지원을 받으며 마음껏 수익을 거두지만 상법상의 자회사인 그 기업들은 지역에서의 수익을 지적 재산권 사용료, 특허권 사용료 명분으로 그들 본사로 유출시키고 있다. 이로 인해, 지역에 유치된 대기업들은 그들 수익을 재량껏 활용하여 지역 내에서 고용을 하거나 지역 내에서 부품이나 원재료 등을 조달하지 못 하는 등 지역경제에 기여할 지역 내 재투자를 담보해내지 못 하고 있는 상황이다. 마지막으로 지역 내 공적 조달마저 지역 내 주체들을 외면하고 있다. 즉 지자체, 대학, 지자체 산하 공적 기관, 그리고 대형 병원 등 지역에 닻을 내리고 누구보다도 지역사회에 착근된 행태로 운영되어야 할 이른바 '앵커기관'으로 불리는 주체들의 공사, 용품, 용역 등의 공적 조달 역시 지역 밖으로 새어나가고 있다. 지역 안의 사업자가 있음에도, 이들 기관들의 경로의존성에 의거하여 지역 외부의 사업자들에게 발주하는 비중이 여전히 크다.

 본고는 이와 같은 지역경제의 위기적 상황, 즉 지역경제를 떠받쳐야 할 동력들이 지역 밖으로 유출되는 파행적 상황들을 자본주의 체제하에서 나타나는, 자본의 운동법칙 특히 공간 전략에 의한 일반적 현상으로 이해하면서 지역 간 불균등발전이라는 문제에 관해 자본주의 비판이론으로서의 정치경제학의 문제의식을 토대로 논의하고자 하며, 결국 지역의 위기는 자본의, 특히 독점자본 축적 운동의 귀결인 점에 초점을 맞춰 독점자본의 가치증식을 위한 공간 전략을 '지역주의적으로' 통제하는 것에 의해서 비로소, 해소할 수 있다는 점을 강조하고자 한다. 여기서의 '지역주의적인' 대응은 전통적인 형태의 계급적 실천은 아니다. 그렇지만 반(反) 독점자본 운동이라는 점에서, 마르크스주의 혹은 반자본주의적인 대응들과의 공통분모는 분명히 갖추고 있다는 점을 간과해서는 안 되며, 기존의 체제변혁론이 '지역주의적인' 지역발전론이 갖는 진보적 함의에 관해 들여다봐야 할 여지 역시 존재한다. 이와 같은 문제의식에 의거하여, 심각한 위기에 처한 지역경제를 다시 복원시켜내기 위해, 그 대안으로서 '지역주의적인' 반독점자본 운동 담론이라 할 수 있는, 지역 차원에서의 시민적 계획경제 운동 담론이라 할 수 있는 '지역순환경제'의 개요, 의의, 그리고 그 조건에 관해 논의하는 것을 본고의 목표로 설정하였다.

 이를 위해, 본고는 다음과 같이 구성하였다. 2절에서는 경제적 측면에서의 공간적 격차, 즉 지역경제의 불균등 발전에 관한 마르크스주의적인 논의를 언급하며 자본, 특히 독점자본의 공간 전략에 의해 지역경제의 위기가 초래되고 있고 따라서 지역의 위기를 돌파하기 위해서는 지역 차원에서의 반자본운동적 대응이 긴요함을 논의하고자 한다. 3절에서는 반독점자본 운동으로서의 '지역순환경제'에 관해 소개하며 또 그 담론이 갖는 진보적 의의를 짚어보고자 한다. 4절에서는 '지역순환경제'가 지향하는 대안적 경제조정 방식, 이른바 '사회적 조정' 개념에 관해 논의하고자 한다. 마지막으로 결론에서는 '지역순환경제론'에 의거하여 지역의 위기를 돌파하기 위한, 대안적 지역발전을 위한 정책적, 시민실천적 대응 방향과 그 조건을 제시하고자 한다.

2. 자본 '전략'으로서의,
   지역 불균등 발전과 지역경제 피폐화
   : 자본의 공간전략에 대한 D. 하비의
     마르크스주의적 인식을 중심으로

1) D. 하비 문제의식의 출발점

국내 비판적, 진보적 학계에서도 잘 알려져 있는, 특히 '공간' 문제에 관한 급진적 이론 연구그룹들이 정력적으로 소개, 논의해온[2], 세계적인 마르크스주의 경제지리학자 데이비드 하비(David Harvey)는 그간의 마르크스주의 정치경제학이 구축해 놓은 자본주의 시장경제의 동학 이론과 그 문제의식들이 지리적, 공간적인 관점으로 확장될 수 있도록 하는 것을 목적으로, 마르크스주의 정치경제학의 틀을 토대로 하는 자본주의 공간 이론을 구축, 전개해왔다[3]. 이 절에서는 '지역'을 논의하는 것이 갖는 마르크스주의적인 의의 혹은 마르크스주의 정치경제

---

2) 국내에서는 정치경제학계에서보다는 주로 최병두(1997)를 비롯한 마르크스주의적인 문제의식을 견지하는 급진적인 지리학 연구자들에 의해 데이비드 하비의 논의가 소개되어 왔다.
3) David Harvey, Limits to Capital, Basil Blackwell, 1982, David Harvey, Enigma of Capital, Profile Books, 2010, 그리고 David Harvey, Marx, Capital and the Madness of Economic Reason, Profile Books, 2017이 대표적이다.

학의 공간이론으로의 확장 가능성을 염두에 두면서 이와 관련한 하비의 문제의식을 간략하게 소개하고자 한다. 이를 위해서, 본고는 특히 지역 간 경제적 불균등 발전과 지역경제의 위기적 침체를 하비가 주목하는 자본의 '제2차 순환'에 따른 건조환경의 수도권 집중의 결과로서 간주하는 것의 가능성을 탐색하는 것에 초점을 맞추고자 한다[4].

기존의 마르크스주의 정치경제학은 '공간'의 문제에 관해서는 충분히 논의하지 못 했다. 즉 지역 간 불균등 발전이나 지역경제의 위기 등과 같은 '지역'문제와 그 고유의 이론체계를 접합시켜내는 접근이나 연구에는 인색했다고 해도 과언이 아니다. 이에 반해, 하비는 마르크스주의 정치경제학 이론체계에 '공간'을 정립하여 자본운동이 갖는 공간적 차원을 중시했다는 점에서, 한편으로는 마르크스주의 정치경제학 논의의 폭을 넓히고, 또 다른 한편으로는 '공간' 또는 '지역' 문제가 갖는 자본

---

[4] 물론, 지역 간 경제적 불균등 발전 및 지역경제의 위기 메커니즘에 관한 마르크스주의적인 논의는 하비만의 전유물은 아니다. 하비가 강조하는 자본축적의 '공간적 해결(Spatial Fix)'의 논리를 '불균등 발전(Uneven Development)' 개념으로 발전시킨 마르크스주의 경제지리학자 닐 스미스(Neil Smith) 등의 논의 역시 이 절에서의 문제의식과 관련하여 간과해서는 안 될 것이다. 다만, 본고는 위에서 언급한 자본의 '제2차 순환'과 관련한 자본의 공간전략에 초점을 맞춰 자본주의 체제 하에서의 일반적 경향으로서의 지역 간 경제적 불균등 발전의 문제를 논의하는 것이 목적이므로, 그 '직접적인' 문제제기를 시도하는 하비의 논의만을 언급하고자 한다.

주의적인 본질에 관한 논의를 심화시키는 데 기여했다. 결론을 먼저 언급하자면, 도시 공간의 형성 및 지리적, 지역적 불균등 발전 등과 같은 이른바 '지역' 문제로 볼 수 있는 현상을 마르크스주의 정치경제학의 공황론적 관점에서 해명하고자 했던, 후면에서 살펴볼 하비의 '자본순환론' 접근은 자본이 '지역'의 파행을 되레 그들의 전략으로 활용하고 있다고 보는 직감적인 문제의식에 탄탄한 자본주의 비판이론적인 근거를 제공해주고 있는 점만큼은 주목해볼 필요가 있다.

2) '지역'을 규정하는 자본순환

먼저, 하비는 G-W-G'로 표현되는, 즉 생산과정을 매개로 하는 자본의 가치증식 과정에서 나타나는 기본적인 순환을 자본의 '제1차 순환'으로 규정하며, 이 과정에서 자본은 가치증식을 위해 경향적으로 또 본질적으로 과잉축적 상태를 초래한다고 지적한다[5]. 이와 같은 모순 또는 불균형 문제와 관련하여, 하비는 자본이 위에서 언급한 과잉축적 양상을 전략적으로 회피하기 위해 '제1차 순환'과 차별화되는 또 다른 순환을 시도하는 점에 주목한다. 그것은 다름 아닌 자본이 장기간에 걸쳐 생

---

5) David Harvey, Marx, Capital and the Madness of Economic Reason, Profile Books, 2017

산과정에서 사용하는 고정자본을 늘이거나 또 이른바 '건조환경(Built Environment)'을 구축함으로써, 자본 스스로가 자본의 흐름을 전략적으로 돌려세우는 식의 순환이다. 여기서의 '건조환경'이라는 것은 본고가 강조하는 '지역적인' 관점, 즉 자본의 공간 전략을 고찰하는 데 있어 매우 중요한 개념이다. 이는 다양한 형태의 건조물뿐만 아니라 철도, 항만, 공항과 같은 교통 인프라 등을 포괄하는 개념인데, 이와 같은 '건조환경'에 투하된 가치는 지역 즉 특정 공간에 착근될 수밖에 없어 자유로운 공간 이동이 불가능하다. 이와 같은, 자본 전략으로서의 '건조환경'을 구축하는 자본의 경향적 흐름을 하비는 '제2차 순환'으로 부르는데, 이는 특정 공간을 하드웨어 측면에서 규정하는 요인으로 작용하며, 또 이 때문에 여러 지역 혹은 공간의 외적인 규모, 형태, 퍼포먼스의 차이가 나타나게 된다. 즉 이와 같은 자본의 '제2차 순환'은 위에서 언급한 자본의 '제1차 순환'이 드러내는 본질적인 모순 및 경향을 회피하기 위한 자본의 전략으로서 추동되는 현상으로 볼 수 있다[6].

자본은 원활한 가치증식을 위해 그 운동을 이와 같은 '제2차 순환'에서 멈추지 않는다. 이와 관련해서, 하비는 '제2차 순환'을 넘어서는 또 다른 차원의 순환 루트를 자본이 추동해내

---

[6] David Harvey, Marx, Capital and the Madness of Economic Reason, Profile Books, 2017

고 있다는 점에 주목한다. 이는 자본 그 스스로가 과학이나 기술에 대한 투자를 시도하거나 또 자본이 국가로 하여금 노동력 재생산 과정에 관한 사회적 지출, 즉 교육 및 의료 등에 관한 지출에서부터 이데올로기적, 군사적 수단에 의한 노동력 투입 등에 관한 지출을 수행하게 하는 경향적 흐름을 말한다. 이와 같은 지출은 자본의 가치증식 의도에 포획된 국가가 일국 차원의 잉여가치 중 일부를 조세의 형태로 징수한 것으로 충당되는데, 바로 이와 같은 자본의 국가에 대한 획책 및 국가 지출의 흐름을 하비는 자본의 '제3차 순환'으로 규정한다[7]. 이 순환 역시, 자본의 '제2차 순환'과 마찬가지로 일국 차원에서 과잉 축적된 자본의 문제를 '시간적으로 또 공간적으로' 해소하기 위한 자본 전략적 수단으로 활용된다. 즉 자본은 그 영속적이고도 원활한 가치증식을 위해 '제1차 순환' 과정에서 본질적으로 나타날 수밖에 없는 과잉축적의 모순 혹은 불균형의 문제를 회피하기 위해 '제2차 순환' 혹은 '제3차 순환'을 전략적으로 추동, 경유하는 경향을 보이는데, 하비는 역사적으로 자본이 이와 같은 2차, 3차의 순환 흐름을 거치면서 그 운동에 기인하는 본질적인 모순, 즉 과잉축적의 위기를 일시적으로나마 해소해왔다는 점을 강조한다. 특히 그는 '건조환경'으로 인한 도

---

7) David Harvey, Marx, Capital and the Madness of Economic Reason, Profile Books, 2017

시의 동학, 즉 도시 공간의 형성과 발전, 그리고 외적인 차원에서 드러나는 도시 간 격차는 '제2차 순환'을 추동하는 자본 전략의 귀결로 규정한다.

〈그림1〉 데이비드 하비의 자본 순환 구조

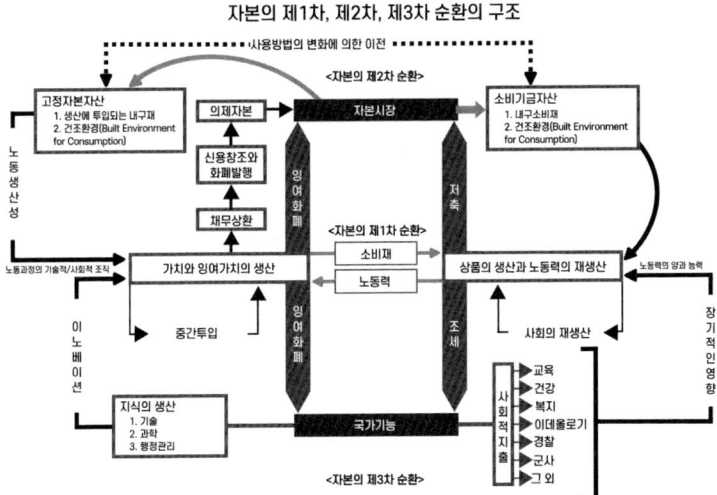

출처: 新井田智幸(2019) デヴィッド・ハーヴェイのマルクス主義経済地理学, 『歴史と経済』第245号

3) 자본의 '시간에 의한 공간의 절멸'

하비는 이와 같은 자본의 1차, 2차, 3차 순환의 흐름은 자본 고유의 운동과정에서 반복적으로 나타나는 과잉축적 공황의 위기에 기인하며, 자본의 그 총체적인 순환 구조와 주기적인 공황이 맞물려 초래하는 지리적, 지역적 현상이 바로 '건조환경' 구축을 동력으로 하는 도시 공간의 형성과 발전 그리고 '건조환경' 양상의 차이에 따른 지리적, 지역적 불균등 발전임을 강조한다. 이와 같은 하비의 논의는 서울과 비서울 지역 간의 격차, 지역경제의 피폐화 위기를 자본주의 경제시스템에 내재되어 있는 본질적 모순으로서의 주기적 과잉축적과 그에 대한 자본의 회피 전략으로서의 '제2차 순환'과 연관시켜 논의할 수 있는 가능성을 시사한다[8].

마르크스주의 경제지리학 연구자인 新井田智幸에 의하면, 잉여가치의 획득을 목적으로 하는 자본이 어떤 공간 안에서 운동할 때, 공간은 자본의 유통 과정에서 극복하지 않으면 안 되는 거리로서 작용하며, 화폐, 상품, 노동력이 일정한 거리를 이동하기 위해서는 시간이 소요되는데, 이와 같은 시간이 짧을수록 자본의 회전속도는 높아져 이윤율에 대해 플러스 요인으로 작용하게 된다[9]. 따라서 자본은 그 가치증식 운동 과정에서 두 가

---

[8] 그간 국내외 마르크스주의 경제지리학계에서도 데이비드 하비의 자본순환론에서부터 지역적, 지리적 불균등 발전 현상에 관한 논의의 단서를 찾는 연구들이 꽤 많이 진행되어 왔다. 그러나 본고는 하비의 문제의식이 '지역경제 위기 그 자체'의 근본적 원인을 규명하는 틀로도 활용될 수 있다는 점을 적극적으로 의식하고 있다는 점과 지역경제의 위기가 자본의 '제2차 순환' 전략에 의해 고착화되고 있다는 점을 강조하고자 한다는 점에서 기존의 관련 논의들과는 약간 차별화된다.
[9] 新井田智幸(2019) デヴィッド・ハーヴェイのマルクス主義経済地理学, 『歴史と経済』第245号

지 차원의 거리, 즉 물리적 거리와 시간적 거리의 단축을 시도하는 경향을 드러내는데, 하비는 자본의 이와 같은 순환 과정에서 나타나는 전략적 경향을 마르크스의 용어법을 활용하여 '시간에 의한 공간의 절멸(annihilation of space by time)[10]' 개념과 등치시킨다. 즉 자본은 그 순환 과정에서 직면하는 '공간적인 제약(유통시간 소요에 의한 가치의 감소)'을 '시간(생산이 반복적으로 이루어지는 횟수)'을 통해 상쇄하는, 공간 전략적인 경향을 드러낸다는 의미로 파악할 수 있다. 하비는 이와 같은 자본의 경향이 생산 거점의 집중 및 집적과 그 주변으로 노동자들이 몰려들어 거주하게 되는 이른바 '도시화' 현상, 즉 지리적, 지역적, 공간적 현상을 필연적으로 초래한다는 점을 강조한다. 나아가 자본은 이와 같은 경향의 연속선 상에서 운수 및 통신 수단의 발전을 활용하여 보다 넓은 공간을 시간적 거리 차원에서는 더욱 좁혀진 공간으로 통합시켜 나가는데, 하비는 이러한 자본의 시도가 공간으로서의 도시를 형성시키는 것으로 인식한다[11]. 이러한 자본 전략적인 배경을 거쳐 도시 형성의 동학이 작동하기 시작하면, 그 공간에는 생산자본으로서의 고정자본과 사회간접자본 인프라 등과 같은 '건조환경'에 대한 투자가 집중적으로 이루어지는, 앞에서 언급한 자본의

---

10) 칼 마르크스(2000). 정치경제학 비판 요강Ⅱ. 서울: 그린비. p175.
11) 新井田智幸(2019) デヴィッド・ハーヴェイのマルクス主義経済地理学, 『歴史と経済』第245号

'제2차 순환'이 작동하게 된다. 이 순환 과정에서는 장기에 걸쳐 막대한 유휴 자본이 흡수되는데, 과잉자본이 이와 같은 '제2차 순환'의 경로로 투입되면, 그 흡수 능력은 최대 수준으로 커진다[12]. 그러나, 하나의 도시가 계속해서 투자를 독점적으로 끌어 모을 수는 없다. 기술변화 및 주요 산업의 변화 등과 같은 환경변화가 일어나면, 새로운 도시 공간의 형성에 자본이 흘러 들어가 오래된 도시는 속수무책으로 쇠퇴할 수밖에 없게 된다. 이와 같은 맥락에서, 하비는 도시의 흥망을 자본주의가 필연적으로 초래하는 지리적, 지역적, 공간적 동태로 규정한다[13].

이러한 자본 흐름의 편향적 경향에 대한 하비의 접근법은 그간의 마르크스주의 정치경제학이 본격적으로 논의하지 못한 지리적, 지역적, 공간적 불균등 발전의 원인을 규명하는 데 유익하게 활용될 수 있다. 특히, 위에서 언급한 자본의 '제2차 순환'은 영역적으로는 좁고 또 특정한 공간으로 집중 유입되는 경향을 보이기 때문에, 그 특정 도시에는 집중과 집적에 의한 붐이 발생하는 반면에, 그 외의 대부분의 지역은 자본의 전략적 시야에서부터 벗어나는 경향을 보인다. 또한, 공간적인 투자의 방향 선회가 일어나면, 신흥 도시는 발전하게 되는 반면

---

[12] 新井田智幸(2019) デヴィッド・ハーヴェイのマルクス主義経済地理学, 『歴史と経済』第245号
[13] 데이비드 하비(최병두 역) "자본의 한계:공간의 정치경제학" 한울, 1997

에, 투자를 유치하지 못한 도시는 단순히 성장할 수 없게 될 뿐만 아니라 기존에 투자되어 있던 고정자본이나 인프라스트럭처의 가치를 회수할 수 없게 되면서 자산가치의 감가를 겪을 수밖에 없게 된다[14]. 이와 같은 현상이 국지적인 공황을 불러일으킬 가능성이 큰데, 그 경우에는 지역의 급격한 쇠퇴로 이어지게 된다. 결국, 하비 문제의식의 핵심은 불균등 발전의 지리적, 지역적 동태는 자본주의에 내재되어 있는 공황으로의 경향을 '급속한 축적과 감가를 동반하는 상호보완적인 지역편성'을 통해 완화시켜내는 작용을 한다는 점에 있다[15]. 즉 자본주의 체제 하에서의 지리적, 지역적 불균등 발전은 자본주의의 기본 모순을 돌파하기 위한 자본의 전략적 양태로 작용하는, 자본에 의한 귀결임과 동시에 자본의 전략으로 봐야 할 필요가 있다는 것이다.[16]

---

[14] 新井田智幸(2019) デヴィッド・ハーヴェイのマルクス主義経済地理学, 『歴史と経済』第245号
[15] 이와 관련해서는, 데이비드 하비, "자본의 한계: 공간의 정치경제학", 최병두 옮김(한울, 1997)을 참조하라. 또한, 최병두(2015) 역시 이와 같은 자본의 '상호보완적인 지역편성' 전략과 관련하여 마르크스주의 지리학자인 닐 스미스가 제시한 개념을 활용하여 '자본축적 과정에 내재된 전략적 균등화 및 차등화 경향'으로 규정한다.
[16] 데이비드 하비와 그 문제의식을 계승하는 논의들은 '지역 불균등발전'이라는 현상을 자본 운동의 귀결임에 강조하는데, 본고는 이와 같은 논점을 차용하면서도 더 나아가 '지역 불균등발전' 혹은 '지역경제 피폐화'와 같은 현상이 도리어 자본의 가치증식 운동 혹은 공황으로의 경향 완화를 위한 전략으로 활용되고 있음을 강조하고자 한다.

4) 핵심으로서의, 자본 운동에 대한 '지역주의적' 통제

　우리나라의 지역 불균등 발전과 지역경제의 피폐화 양상을 이와 같은 하비의 논리전개와 문제의식에 비추어 볼 때, 자본의 '시간에 의한 공간의 절멸' 경향은 생산 거점으로서의, 또 노동자 집결지로서의 서울-수도권을 구축하였고, 자본의 '제2차 순환'은 서울-수도권에서의 급속한 집적과 집중의 요인으로 작용했으며, 이는 전국 각 지역의 경제 동력들이 서울-수도권으로 유출될 수밖에 없게 한다. 우라나라에서는 투자의 공간적 방향이 완전하게 선회하는 수준으로까지는 이르지 못 하고 자본은 여전히 서울-수도권을 유휴 자본에 대한 흡수력을 여전히 견지하는 '제2차 순환'을 위한 공간으로 간주한다. 이는 지역경제 동력의 서울-수도권으로의 유출을 확대 재생산한다. 결국, 자본은, 특히 독점자본은 이와 같은 경제의 서울 집중화(축적)와 지역경제의 피폐화(감가)와 같은 지역 불균등 발전의 현상을 한국자본주의의 기본 모순을 회피하기 위한 공간 전략으로 활용한다. '지역균형발전'을 전면에 내세웠던 정권도 존재했으나, 물리적이고 토목적인 이른바 '혁신도시' 건설 사업으로 인해 도리어 지역의 경제 동력을 혁신도시로 유출시키고 또 혁신도시의 소득, 자금, 수익 등은 서울-수도권으로 유출시키는데 일조했다. 그러한 맥락에서, 한국자본주의의 국가 역시 위에서 언급한 자본 '전략'으로서의 지역 불균등 발전과 지역경제 피폐화를 제도화한다. 결국, 서울-수도권을 제외한 우리나라 각 지역경제의 피폐화 현상은 자본에 의한 전략적 공간편성의 시도가 순조롭게 이루어지고 있는 것에 기인하는데, 이를 해소하기 위해서는, 자본의 순환 운동에 대한 통제가 불가결하다. 특히 지역(로컬) 차원의, '지역주의적인' 자본 통제가 지역이 처한 위기를 돌파하기 위한 핵심 대응으로 위치 설정되어야 할 필요가 있다.

3. 자본 통제 수단으로서의 '지역순환경제'
: 독점자본의 공간전략에 대한 시민적 통제 수단으로서의 '지역순환경제'

1) '지역순환경제론'의 원류, '내발적 발전론'

최근, 우리 사회에서 이른바 '지역순환경제'로 불리는 용어를 꽤 자주 접할 수 있게 되었다. 실제로 이 용어를 중심축에 두고 있는 여러 담론들을 보면, 주로 지역사회 차원에서의 생태적, 에너지적 순환에 초점에 맞춘 것들이 주를 이룬다. 이 담론은 지역 내에서 지속적으로 배출되는 폐기물의 재사용, 재활용 등을 통해 지역사회 내부의 자기 완결적인 에너지적 순환을 강조하는, 주로 지역 차원에서의 녹색운동 그룹들에 의해 제기되어 왔다[17]. 이와 같은 담론에서의 '순환경제(Circular Economy)'는 그 영어 용어법으로부터 쉽게 알 수 있듯이, 지역의 자원과 제품의. 순환성(circularity)을 강화하여 지역 내 자원 효율성을 증가시키고 폐기물 발생을 줄이면서 그 지속 가능성을 높이고자 하는 것을 목적으로 둔다. 그러나 본고에서 다루고자 하는 '지역순환경제(Local Endogenous Development)'라는 개념은 지역경제를 떠받치는 지역 안의 소비, 자금, 투자(조달), 기업수익 등의 여러 경제 동력들이 지역 공간 내에서의 내생적 순환을 거침으로써 지역 내부의 '누적적 인과관계(Cumulative causation)'를 작동시켜 일국, 글로벌경제로부터 자유로울 수 있는 로컬 차원의 경제를 지향하는 것으로, 위에서 언급한 생태적, 에너지적 차원의 '순환경제'와는 전혀 다른 개념이다.

이와 같은 '순환경제' 개념을 토대로 한 '지역순환경제' 담론은 일찍이 일부 논자들에 의해 이른바 '지역 내발적 발전론'이라는 이름으로 1990년대 이후 국내 정치경제학계에서 제기, 공론화되면서 주로 농촌 지역경제의 안정화를 위한 정책적 수단으로 인식, 활용되어 왔다. 관련 선행연구 중에서는 박경(1999)과 박진도(2010)가 가장 대표적인 것으로 볼 수 있는데,

---

[17] 임형우(2022) '순환경제 이행을 위한 녹색경제활동 및 녹색분류체계 연구', 한국환경정책학회 춘계학술대회 자료집

이들이 사용하는 '내발적(Endogenous)'이라는 용어법으로부터 유추할 수 있듯이, 국내 '제1세대' 지역순환경제 담론은 일본의 좌파 지역경제론자들이 제기해온 지역 '내발적 발전론'을 수입, 소개하는 역할을 하였는데, 이들은 '지역순환경제' 개념을 주로 다음과 같은 점들에 초점을 맞춰 논의해왔다. 첫째, 지역 차원의 경제발전은 참여, 자치를 기반으로 하는 지역민들의 기획적 열정과 창의력에 의거해서 추진되어야 하며, 외부기업 유치나 정부의 보조금에 의존해서는 안 된다는 점을 강조한다. 둘째, 지역 내에서의 경제 수급을 가장 먼저 중시해야 하며, 국내시장 및 국제시장에 대한 수출입은 부차적인 정책과제로 설정해야 한다는 점을 강조한다. 셋째, 지역민 개인 및 지역의 개별기업의 이익이 지역경제를 추동하는 출발점으로 작용한다 할지라도, 그뿐만 아니라 지역사회 내 여타 그룹 및 커뮤니티의 발전을 항상 염두에 둬야 한다는 점을 강조한다. 넷째, 지역사원의 산업개발을 환경보전, 교육, 문화, 의료 등과 일체화해서 하나의 통합적인 개념으로 인식해야 한다는 점을 강조한다. 이와 같은 강조점들은 일본의 지역 '내발적 발전' 담론의 대표적인 논자이자 일본의 마르크스주의 지역경제론, 환경경제론과 그 학술 집단을 구축한 인물로 볼 수 있는 미야모토 켄이치(宮本 憲一)에 의해 주창된 것으로 봐도 무리가 없을 것이다.

그런데, 국내 '제1세대'의 '지역순환경제론'은 방법론적으로 마르크스주의 정치경제학을 기반으로 하는 경제학자들에 의해 제기된 것이고, 또 그들이 수입, 소개해온 '내발적 발전론'의 원류 역시 일본의 급진적인 마르크스주의 지역경제론자들, 특히 일본공산당 소속 지역 연구자들에서 찾을 수 있음에도 불구하고, 위에서 지적한 그들 논의의 강조점들을 보면, 담론의 반(反)자본주의적 성격 혹은 반(反)자본적 성격이 전면적으로 드러나지는 않는다. 도리어 매우 리버럴한 내용 구성으로 그 담론들이 전개되어 왔음을 알 수 있다. 물론, 미야모토를 중심으로 하는 일본의 지역 '내발적 발전'론자들의 연구들을 보면, 마르크스주의 정치경제학적 관점에서 지역 불균등 발전 개념을 이론적으로 논의하거나 도시와 농촌 간의 격차를 실증적으로 분석한 것들이 수없이 많다. 그러나 국내의 박경(1999)과 박진도(2010)뿐만 아니라 미야모토 켄이치(宮本憲一)(1990) 역시 그들이 다루고 있는 정책론적 영역에서는 위에서 언급한 그들 논의의 강조점들, 즉 지역 밖의 경제 동력에 의존하는 것('지역 외발적 발전'으로 불리는 지역개발 방식)에서 벗어나 주민자치 및 주민참여, 지역 자발성, 지역 내 산업구조의 완결성을 강조하는 수준에 머무른다. 물론 이와 같은 키워드를 중심으로 하는 정책적, 시민실천적 대응이 사후적으로 볼 때 국내외 독점자본에 대해 로컬 차원에서 대항하는 효과를 발휘하는 점은 부정할 수 없는 사실이지만, 그들의 주요 담론에서 나타나는 리버럴한 성격은 그들의 문제의식과 한국 마르크스주의 연구자 및 실천적 운동가들 간의 대화를 가로막는 요인으로 작용한다.

2) '지역순환경제론'의 재구성
   : 최근 국내 연구 동향을 중심으로

국내 '제1세대 지역순환경제론'과 일본의 '내발적 발전론'을 토대로 하는 정책론적 영역에 속하는 연구들에 대한 위와 같은 문제의식을 바탕으로, 최근 양준호(2021a), 양준호(2022a), 양준호(2022b), 박창규·양준호(2022) 등은 기존의 관련 논의를 적극적으로 계승하고 지지하면서도 보다 급진적인 형태로 '지역순환경제론'를 재구성한다. 즉 최근의 국내 논의들은 기존의 관련 논의가 갖는 위에서 지적한 문제들을 극복하기 위해, 그 이론적 연구에서뿐만 아니라 정책론적 연구의 영역에 있어서도 보다 반(反)자본주의적인, 또는 반(反)자본적인 성격을 전면에 드러낸다. 양준호(2022b)는 지역순환경제 운동이 갖는 진보적인 의의를, 첫째, '서울을 제외한 전국 각 지역에서 벌어들인 돈을 지역 밖으로 유출하는 주범인 재벌 대기업과 같은 독점자본과의 싸움'이라는 점, 둘째, '권위적이고 관료적인 중앙정부와 그에 엮인 기득권들이 획책하는 '위에서부터의' 지역개발과 그에 따라 일방적으로 규정되어 버리는 지역 작동 방식과의 싸움'이라는 점, 셋째, '지금껏 우리 지역을 좌지우지하면서 경제적, 정치적으로 잇속을 챙기고, 지역민들의 주권을 훼손해 온 지역 성장연합과의 싸움'이라는 점, 넷째, 경제 '성장'을 명분으로 모든 이들의 공유재인 지역의 생태와 환경을 파괴하는 '성장주의'와의 싸움'이라는 점, 마지막으로 '지구경제'를 명분으로 내세우며 선진국들과 독점자본의 이해관계를 위해 지역에 자기완결적인 경제구조가 구축되는 것을 막는 글로벌화와의 싸움'임을 전면 강조한다. 즉 양준호(2022b)는 지역, 즉 로컬의 독점자본, 성장주의, 그리고 글로벌화에 대한 대항 수단으로서의 '지역순환경제'에 주목한다. 또한, 박창규·양준호(2022)는 지역경제의 피폐화 등과 같은 지역 불균등 발전의 양상은 본고 제2절에서 논의했듯이 '자본주의적 발전의 산물이자 지리적 전제'임을 강조하며 서울 집중화로 인한 지역의 위기는 자본주의 체제에서 나타나는 일반적 경향으로 간주한다. 박창규·양준호(2022)는 이와 같은 문제의식을 바탕으로 지역경제가 독점자본의 전략과 이해관계에 편성되는 현상을 막는 운동은 일국 자본주의 또는 글로벌 자본주의의 축적과정에 균열을 일으키는 것으로 간주하면서 '지역순환경제'를 구축하기 위한 로컬의 대응은 지역 차원의 민주적 계획경제를 구축하는 것이라 강조한다.

　이와 같은 문제의식을 바탕으로, 양준호(2021a)는 다음과 같은 점들을 '지역순환경제' 정책론의 핵심으로 내놓는다. 첫째, 지역 내 시민소득이 지역 밖으로 유출되지 않게 하는 것을 목적으로 하는 지역화폐 정책과 그 시민실천이 지역에 파고든 독점자본, 즉 대형 유통자본에 대한 '지역주의적인' 통제수단으로 작용할 수 있음을 강조한다. 둘째, 지역의 금융시장을 좌지우지하고 있는 시중은행들, 즉 대형 금융자본이 지역에서 벌어들인 수익의 일부가 그들의 지역 내 투융자를 통해 지역의 금융약자에 대해 재투자될 수 있도록 법, 조례 등의 제도적 장치로 의무화하여 대형 금융자본을 '지역주의적인' 차원에서 통제해야 지역의 자금이 지역 안에서 순환되면서 이른바 '지역순환경제'의 구축에 기여할 수 있음을 강조한다. 나아가, 이와 같은 대형 독점자본의 지역 내 재투자를 의무화하는 대응은 비단 시중은행뿐만 아니라 대형 산업자본과 대형 유통자본과 같은 지역 내 독점자본 전반에 대해 적용되어야 한다는 점을 주장한다[18]. 아울러 이와 같은 독점자본에 대한 '지역주의적인' 통제로 인해 비로소, 독점자본이 지역에서 벌어들인 수익이 그 본사가 있는 서울로 유출되는 현상, 즉 지역경제 피폐화

---

[18] 부산의 시민사회는 '지역순환경제' 개념이 갖는 반독점자본적 성격에 초점을 맞춰 지역 내 독점적 금융자본뿐만 아니라 독점적인 유통자본 및 산업자본에 대해서도 그들 수익의 일정 수준 이상이 지역 내 투자(조달), 고용 등의 형태로 지역 안에 재투자될 것을 의무화하는 '부산광역시 지역재투자 활성화 기본 조례(2022년 1월 1일부터 시행)'를 시의회를 통해 제정시켜낸 바 있다. 미국의 주정부들이 지역 내 기업들의 투자(조달)는 지역 내 기업의 납품으로 이어지게 할 것을 의무화하는 이른바 '로컬 콘텐츠법' 및 일본의 지자체의 이른바 '중소기업진흥조례'는 부산의 위 조례와 같은 맥락에서 제정, 운용되고 있는 제도적 장치이다. 그리고 국내에도 잘 알려져 있는 미국의 '지역재투자법(Community Reinvestment Act. of 1977)'은 지역에서 영업 활동하는 대형 시중은행의 지역 내 재투자를 의무화하는, 즉 '지역주의적인' 차원에서 연방정부와 해당 지역 시민사회가 그 지역의 독점 금융자본을 통제하는 가장 대표적인 사례라 할 수 있겠다. 미국의 '지역재투자법'에 관해서는 양준호(2021b) 및 양준호(2022c)를 참조하라.

를 초래하는 요인이 작동하는 것을 최소화할 수 있음을 강조한다. 셋째, 자본이 추동하는 지방정부 고유의 사업들에 대한 민영화 및 지역 공공기관 부(Wealth)의 사적, 배타적 소유의 반동에 맞서, 미국 클리블랜드 및 영국 프레스턴과 같은 도시에서 일어나고 있는 '지역 공동체 부의 비시장화(Community Wealth Buiding)' 운동[19]과 스페인 바르셀로나 등지에서 활발하게 추진되고 있는 민영화된 부문의 '재공영화 또는 '재지방정부화(Remunicipalisation)' 대응이 활발하게 전개되고 있는데, 이와 같이 자본의 축적 운동에 대한 지역 차원의 대응, 즉 지역주의적인 운동은 '지역 공동체 부'를 지역 노동자협동조합들의 생산수단으로 활용하게 하여 이른바 '민주적 소유

〈그림2〉 '지역 공동체 부의 비시장화(Community Wealth Building)'

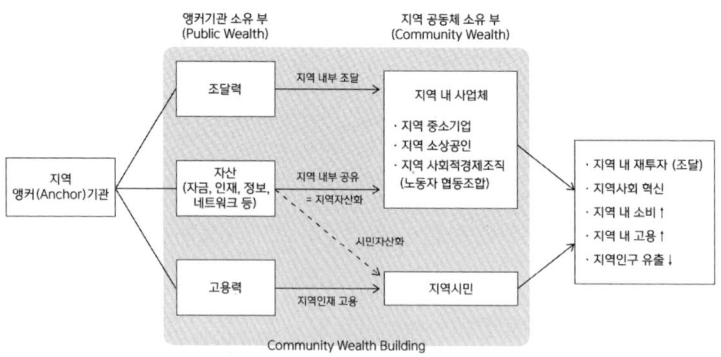

---

19) 이에 관해서는 매튜 브라운(2023)을 참조하라.

<그림3> 지역 차원의 재공영화 또는 재지방정부화

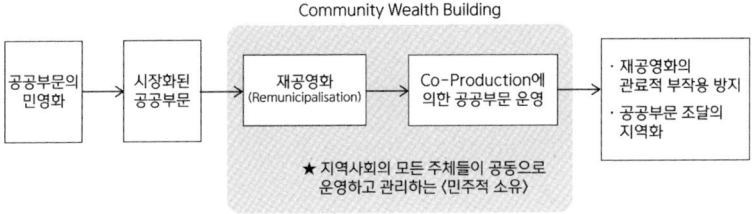

(Democratic Ownership)'를 제도화하고 또 재공영화된 사업 부문에 대한 협치적 운영(Co-Production)을 작동시켜 지역순환경제에 크게 기여하고 있다.

이와 같은, '지역순환경제'를 대안으로 제시하는 국내 최신 논의들을 보면, '지역순환경제' 관련 정책적, 시민실천적 대응은 결국 대기업, 시중은행, 대형마트와 같은 독점자본들을 '지역주의적인' 관점에서 통제하여 그들 독점자본의 공간적인 축적전략에 균열을 일으켜내는 것에 초점이 맞춰져 있다. '지역순환경제론'의 정책론적 진화, 즉 독점자본에 대한 지역주의적인 통제를 전면에 내놓는 대안 제시상의 기조 변화는 위에서 언급한 국내 '제1세대' 논자들 및 일본의 '내발적 발전론'이 제시하는 정책대안들을 보다 반(反)자본적인 관점에 서서 재편, 발전시켜낸 것이라 해도 지나치지 않을 것이다. 또한, 기존의 논의들이 단편적으로 또 파편화된 형태로 제시한 지역순환경제 구축을 위한 여러 대안들을 위에서 언급한 최신 국내 연구는 통합적으로 묶어 제시하고 있다는 점 역시 양자 간의 차이라 할 수 있을 것이다.

4. '지역순환경제'의 대안적 경제조정 방식

지역순환경제 모델에 있어 가장 기본적인 경제 메커니즘은 지역 내에서 생산(공급)되는 것들이 그 지역 안에서 소비, 조달(수요)되는 구조여야 된다는 점은 앞에서 언급한 국내의 이른바 '제1세대'의 지역순환경제론 연구들이나 일본의 '내발적 발전' 논의들, 그리고 바로 앞에서 소개한 국내의 최신 연구들 모두 공통적으로 강조한다. 이와 관련하여, 기존의 논의들은 지역의 생산과 소비 또는 조달의 주체들이 지역 안의 경제구조를 '지역주의적으로' 인식할 수 있도록 하는, 주민참여 및 주민자치를 기조로 하는 학습과 교육이 중요함을 강조한다. 그러나 본고는 이와 같은 기존의 입장을 계승하면서도, 지역 내 생산과 소비 또는 조달이 매칭되는 메커니즘과 구조를 탄탄히 구축하기 위한 경제의, 특히 지역경제의 새로운 조정방식과 또 그와 같은 대안적인 경제조정의 방식이 갖는 반자본주의적 또는 탈시장적 함의에 관해 논의하고자 한다.

양준호(2013), 양준호(2018), 양준호(2021a), 박창규·양준호(2022)는 지역의 생산과 지역의 소비 및 투자(조달)가 매칭되어야 한다는 '지역순환경제'의 거시경제적 기본 루프는 지역경제에 있어 새로운 수급조정 방식으로서의 '사회적 조정(Social Régulation)[20]'에 의해 구축되어야 한다는 점을 강조한다. 여기서의 '사회적 조정'이란 아래의 〈표1〉을 통해 알 수 있듯이, '시장적 조정(Market Régulation)'과 전면 대비되며, '국가적 조정(National Régulation)'과는 명확하게 구분되는 개념이다.

지역 내 경제주체 간의, 지역 내 생산자와 소비자 간의 '사회적 조정'이란, 지역 안의 생산 주체들이 '지역주의적으로' 조직화되고 또 지역 안의 소비 및 조달 주체들이 '지역주의적으로' 조직화되는 것을 전제로 한다. 이러한 전제를 바탕으로 어떤 생산물을 그 지역에서 생산하기 전에(Ex-Ante) 그 생산물의 공급자와 수요자가 커뮤니케이션을 통해 정보를 교환하고 이를 토대로 상호 협의를 거쳐 생산량과 가격 등에 관해 합의하는 것이다(양준호(2013)). 지역 내에서 조직화된 공급자와 또 조직화된 수요자가 상호 공유하는 정보로서는 생산비용(특

---

[20] 이 개념은 일본을 대표하는 제도주의적 정치경제학자인 宇仁宏幸가 프랑스 조절이론의 논의들을 계승하여 정립한 것으로, 그는 지역, 일국, 글로벌 차원의 경제에 있어 그 수급조정(수요와 공급 간의 양적 매칭 방식)의 다양성을 규명하는 실증적 고찰을 통해 경제의 조정방식을 시장적 조정, 사회적 조정(코디네이션적 조정), 국가적 조정(규제 및 하이라르키에 의한 조정)으로 구분하며, 이는 자본주의의 시공간적 다양성을 발현하는 매우 중요한 요인으로 위치 설정한다. 이에 관해서는 宇仁宏幸(2009)『制度と調整の経済学』ナカニシヤ出版을 참조하라.

히 1단위의 생산에 필요한 노동량) 및 생산물의 기본적인 사양에 관한 정보뿐만 아니라 원재료, 생산방법, 노동조건, 생산비용의 내역, 상세한 품질 등에 관한 정보도 포함되어 있는 경우도 많다(양준호(2013)). 예를 들어 생산물의 신뢰성 및 안전성, 생산시점 및 사용시점의 지구환경에 대한 영향, 노동자에 지불되는 임금 및 이윤율 등에 관한 정보도 상품의 공급자와 수요자 간의 합의 형성에 있어서 중요성을 가지게 되는 경우가 많다(宇仁宏幸(2009)). 또 공급 측뿐만 아니라 소비자 및 발주 기업 등의 수요 측의 정보 역시 필요해진다. 예를 들어 수요의 양 및 시기, 필요로 하는 품질 수준 등을 언급할 수 있다(宇仁宏幸(2009)).

이에 비해, 지역 차원의 '시장적 조정'의 경우, 지역 내 공급자와 수요자 간에 있어서의 정보 교환 및 사전적 협의는 작동되지 않고, 공급자는 자신이 가진 정보만으로 결정한 수요 예측에 의거하여 생산을 단행하게 된다(양준호(2013)). 또 생산된 상품을 시장에 공급한 후에(Ex-Post) 시장 내부에서 총공급량과 총수요량의 대조가 이루어지면서 수요와 공급 간의 불균형이 나타나면 가격변화 및 판매재고의 형태로 공급자에 신호 전달되어 이와 같은 가격 및 수량 정보에 의거하여 공급자는 수요 예측을 수정함으로써 차기 생산량을 수정하게 된다(宇仁宏幸(2009)). 즉 '시장적 조정'에는 지역 차원의 공급자 및 수요자의 조직화 대응이 필요하지 않으며, 지역 내에 시장에서 작동하는 가격변화의 움직임에 지자체나 지역 시민사회가 일절 관여하지 않으면, 시장에서의 가격변화에 의해서 자연적으로 지역 내 경제수급 불균형은 균형으로 반전될 수 있게 된다고 보는 경제의 조정방식이다.

결국 '시장적 조정'은 시장가격의 상하운동을 통해 지역 내 수급 불균형이 사후적으로 조정되는, 공급자와 수요자 사이에서 전달되는 정보량이 적고 경제의 조정속도가 매우 빠른 조정 메커니즘인 반면에, '사회적 조정'은 지역 내 조직화된 공급자와 수요자 사이의 사전적인 협의를 통한 합의가 조정 수단으로 작용하는, 양자 간에는 양적 정보와 질적 정보를 아우르는 매우 많은 정보량이 전달되고 공유되며 경제의 조정속도는 느린 조정 메커니즘으로 규정할 수 있다. 생산의 효율성에 관한 정보뿐만 아니라 생산 활동이 가지는 사회적 측면에 대한 평가 역시 가능하게 하는 질적 정보도 교환되는 '사회적 조정'의 틀 내에서는 경제주체가 사적 이익은 획득하지만 사회적으로는 손실로 작용하는 생산행위에 대해서는 사전적인 합의가 이루어지지 않아 실행되지 못 하는 가능성이 크며, 또 생산에 선행하는 사전적인 조정이 이루어지기 때문에, 지역사회 차원의 전체적인 수급 균형이 달성될 수 가능성이 매우 크며 또 판매 재고 등의 지역 내 사회적 손실 역시 줄일 수 있다.(宇仁宏幸(2009))

〈표1〉경제조정의 방식들

	시장적 조정	사회적 조정	국가적 조정
경제조정 절차	수급 갭(불균형) → 시장가격 변화 → 수요량/공급량 조정	조직화된 공급자와 수요자 간의 사전적인 협의를 통한 합의	국가 또는 지자체의 명령, 법, 룰에 대한 복종(패널티)
전달 정보량	매우 적음(가격 정보와 극히 제한된 질적 정보)	많음(수요량 등의 양적 정보와 질적 정보)	매뉴얼화, 법제화의 정도에 따라 다름
정보의 전달 루트(경로) 수	적음	많음	적음
조정속도	빠름	늦음	빠름
이노베이션 촉진작용	강함	약함	강함

주: 宇仁宏幸(2009)에서 인용하였음

    이와 같은 새로운 경제조정 방식으로서의 '사회적 조정'은 지역 내 수요와 공급 간의 균형을 담보하는데 크게 기여하고, 지역 내 시장(Market)의 작동을 상대화해낼 수 있게 하며, 지자체가 정책적으로 규제하거나 관여하지 않아도 조직화된 공급자와 조직화된 수요자가 상호 간에 구축된 탄탄한 사회적 자본(Social Capital)을 바탕으로 지역 내 공급과 수요를, 즉 지역 내 생산, 소비, 투자(조달) 등을 자율적으로 또 지역주의적으로 계획해낼 수 있게 하는, 또 독점자본에 대항하는 토대로 작용한다. 이는 이른바 지역 차원에서의 '민주적 계획경제'의 가능성을 확대시켜낸다. 이와 같이, '지역순환경제'는 '사회적 조정'의 틀 위에서 지역 내 생산, 소비, 투자(조달)가 매칭되는 내부적인 메커니즘과 또 외부적으로는 지역 밖에서 유치된 독점자본에 대해 로컬 차원에서 통제하여 그들의 축적 운동에 균열을 일으키는 것을 지향하는 개념이라 할 수 있다.

〈그림4〉 '시장적 조정'의 도식화

시장적 조정(Market Régulation)의 도식화

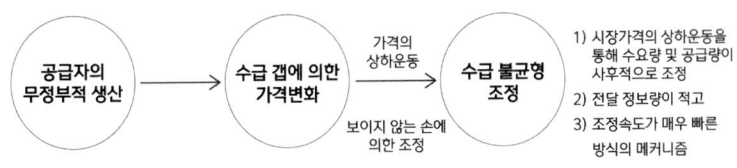

주: 양준호(2018)

〈그림5〉 '사회적 조정'의 도식화

지역경제의 사회적 조정

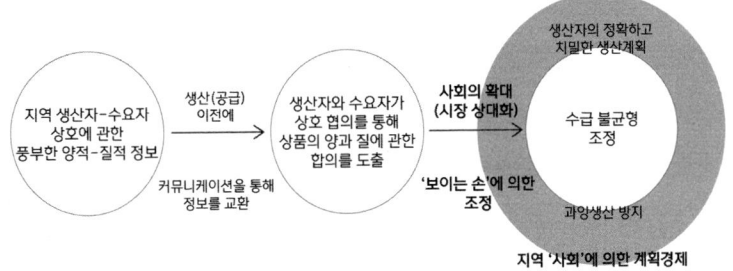

주: 양준호(2018)

실제로, 세계 여러 지역에서 지역 내 수요자들이 소비자협동조합으로 조직화되고 또 지역 내 공급자들이 생산자협동조합으로 조직화되어, 이 조직화된 양자는 상품 및 서비스에 관한 다양의 정보를 상호 공유하며 이를 토대로 사전적인 '집단예약 구매 시스템'을 활용하여 공급자의 과잉공급을 줄임과 동시에 '생산자 비용보증 시스템'을 통해 공급자의 생산비용을 보전하는 수준으로 상품가격을 책정함으로써 공급자가 수요자에게 보다 양질의 상품을 판매하도록 유인을 제공하고 있는 사례가 늘어나고 있다(양준호(2013)). 이와 같은 '사회적 조정'이 작동하는 지역경제 시스템 아래에서는 공급자의 치밀하고 정확한 생산계획에 한해서만 주문거래가 성립되고 또 공급자들은 수요자들의 매우 엄격한 상품 기준을 수용하지 않을 수 없게 됨을 다양한 실제 사례들을 통해 확인할 수 있다. 이는, 공급자에 의한, 즉 시민에 의한 아래로부터의 지역경제 '계획'의 가능성을 시사한다.

5. 결론을 대신하여

본고는 서울-수도권 집중화 또는 지역 피폐화와 같은 지역 불균등 발전의 문제는 자본주의 체제에서 전개되는 자본의 공간 전략에 기인하는 일반적 경향으로 파악하였다. 따라서 지역경제의 위기와 같은 지역 불균등 발전 현상을 해소하는 것은 자본의 축적운동에 균열을 일으키는 대응이며, 또 이를 위해서는 지역, 즉 로컬 차원에서 벌이는 자본에 대한 통제가 긴요하다는 점을 강조하였다. 그와 같은 로컬의 자본 전략에 대한 대항이야말로 '지역순환경제' 개념 및 운동의 목적임을 논의하였다. 그리고 외부로부터 유치되어 들어오는 산업, 금융, 유통 부문에 있어서의 독점자본에 대한 대항을 위한 지역경제 차원의 기초는 지역 내 경제수급에 대한 '사회적 조정'에 있음을 강조했다. 결국, '지역순환경제'가 갖는 반(反)자본적 성격과 반(反)시장적 성격은 이 개념과 우리나라 진보-좌파 진영 간의 연대의 필요성을 시사한다.

〈그림6〉은 양준호(2021a), 양준호(2022a), 양준호(2022b), 박창규·양준호(2022) 등과 같은 '지역순환경제'에 관한 국내의 최신 논의들이 제시해온 관련 정책대안들을 나타내고 있다[21]. 앞에서도 논의했지만, 〈그림6〉을 통해 '지역순환경제' 구축을 위한 정책적, 시민실천적 대안들은 대형 시중은행, 대형 유통자본, 대형 산업자본에 대한 '지역주의적인' 통제를 목적으로 하고 있으며, 이와 같이 자본을 통제하고 자본의 공간적 전략을 견제할 수 있는 지역 차원의 변혁 역량, 즉 자본에 대한 '로

---

21) 본 고에서는 지면 상의 이유로 〈그림5〉에서 제시된 지역공공은행과 지역 차원의 사회적경제에 관해서는 생략했다. 이에 관해서는 향후 별도의 지면을 통해 본고의 문제의식을 토대로 논의하고자 한다.

컬의 대항능력(Countervailing Power)'을 갖추게 될 때 비로소 글로벌 또는 일국 차원의 자본축적 운동으로부터 자유로운 지역, 즉 로컬을 구축할 수 있게 되고 또 자본주의 체제 그 자체에 균열을 일으킬 수 있을 것으로 본다.

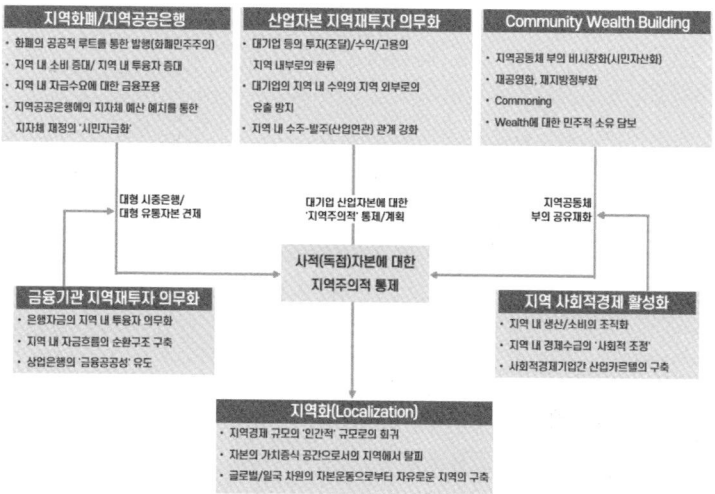

〈그림5〉 '지역순환경제'가 제시하는 정책적, 시민실천적 대안들

마지막으로, 안으로는 경제의 자기 완결적 구조를 구축하고 밖으로는 거대한 자본의 전략에 대해 대항하는, 또 지역 차원의 민주적 계획경제를 지향하는 '지역순환경제'를 구축하기 위해서는 지역 내에 다음과 같은 세 가지 '축적' 과정[22]이 중층적으로 전개되어야 할 필요가 있다는 점을 강조하고자 한다.

〈그림6〉 '지역순환경제' 구축을 위한 정치적, 경제적, 사회적 축적

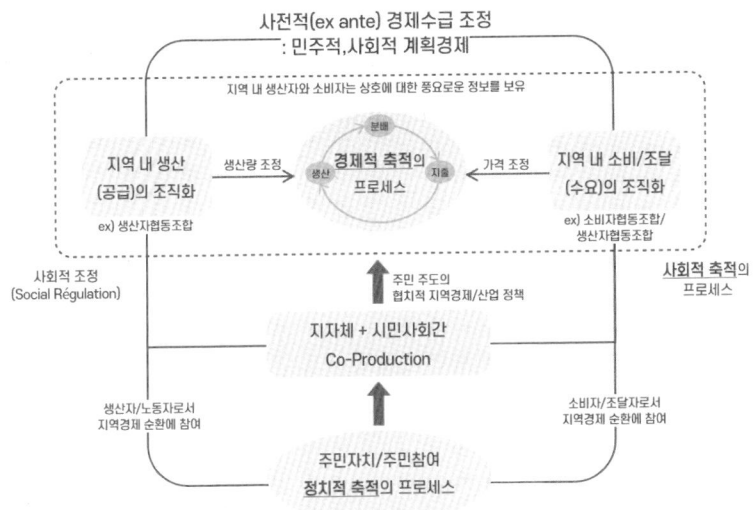

첫째, '지역순환경제'로 지역의 위기를 돌파하고자 하는 지역은 먼저 탄탄한 주민자치와 주민참여를 제도화하는 '정치적 축적'의 프로세스를 거쳐야 하며, 이 축적은 지역주의적인 경제

---

22) 여기서의 '축적(accumulation)'은 프랑스의 정치경제학자이며 조절이론에 기반한 국가론 연구에 특화하고 있는 브루노 테레(BrunoTh'eret Bruno)가 제시한 개념으로, 어떤 상황 혹은 구조를 지속시키는 '인적(人的)인' 동력 혹은 기반이 재생산되는 것을 의미한다. 그런 맥락에서, '사회적 축적'은 본고에서 논의한 '사회적 조정' 양식을 지속시키는, '정치적 축적'은 주민자치 혹은 주민참여와 같은 주민에 의한 직접민주주의 정치를 지속시키는, 그리고 '경제적 축적'은 생산, 분배, 지출이 지역주의적으로 편성되는 자기완결적인 지역경제의 작동을 지속시키는 조건으로서의 '인적인' 동력 혹은 기반의 재생산을 의미한다.

계획과 자본통제의 주체를 만들어내는 과정이라는 점에서 '지역순환경제'의 출발점이자 전제조건이다. 둘째, 이와 같은 정치적 축적의 귀결로서 나타나는 지자체와 지역 시민사회 간의 '공동제작(Co-Production)' 기조는 지역 내 생산, 분배, 지출이 지역 안에서 완결적으로 이루어지는, 즉 지역 안에서 '돈이 돌고 도는' 순환적 메커니즘을 핵심으로 하는 '경제적 축적'의 구축을 실현할 수 있게 하며, 또 이러한 축적 모델에 대한 이른바 '계획'을 제도화할 수 있게 해준다. 셋째, 지역 내 순환적인 경제구조, 즉 '지역순환경제'에 있어서의 '경제적 축적'은 앞에서 언급한 '정치적 축적' 뿐만 아니라 지역 내 공급자와 지역 내 수요자가 조직화되는 것, 그리고 이러한 조직화된 양자 간의 이른바 '사회적 조정'이 제도화되는 것을 의미하는 '사회적 축적' 역시 필요로 한다. 지역의 경제 수급조절을 자본주의적인 경로, 즉 '시장(Market)'에서 형성되는 가격변화가 아니라 새로운 경제조정 주체로서의 '사회(Society)'에 위임하기 위해서는, 독점자본에 대항하고 지역의 경제를 기획하고 설계할 수 있는 역량을 갖춘 공급자와 수요자 간의 '사전적 협의를 통한 경제계획'의 기조가 제도화되어야 하고 또 이를 위해서는 양자 간의 소통, 커뮤니케이션, 호혜의 원리, 즉 그 지역의 '사회적 축적'이 충분히 이루어져야 한다[23].

지역 차원에서 (독점)자본을 통제하고 새로운 경제조정 방식을 지향하여 자본의 공간적 전략에 균열을 일으키는 것을 목적으로 하는 '지역순환경제', 기존의 중앙정부나 지자체가 곧잘 언급했던 '골목상권 살리기', '지역경제 활성화', '지역소멸 대책' 등과는 차원이 다르다. 앞에서 언급한 자본, 그리고 자본주의에 대한 로컬의 '대항능력'을 갖추게 하는 개념임을 간과해서는 안 된다.

---

23) 박창규(2022)는 대구광역시 북구에서 활동하는 '협동조합농부장터'의 로컬푸드 운동의 사례를 통해 '지역순환경제' 구축을 위한 전제조건으로서의 '사회적 축적'을 강조하고 있다.

[참고문헌]

데이비드 하비 저, 최병두 역(1997) "자본의 한계:공간의 정치경제학" 한울
데이비드 하비 저, 임동근, 박훈태, 박준 역(2010)
　　　　"신자유주의 세계화의 공간들 :지리적 불균등발전론",
　　　　문화과학사
데이비드 하비 저, 최병두 역(2017) "데이비드 하비의 세계를 보는 눈" 창비
매튜 브라운 저, 김익성 역, 양준호 감수(2023) "프레스턴,
　　　　더 나은 경제를 상상하다: 쇠퇴한 지방 도시에서
　　　　영국 최고의 도시로 거듭난 프레스턴 이야기" 원더박스
박경(1999) '지역개발전략으로서 내발적 발전론
　　　　- 일본의 연구동향과 과제' 공간과 사회 제11권 제1호
박경(2008) 대안적 지역발전 전략으로서 내생적 발전론,
　　　　사회과학연구 제47권
박진도(2010) '한국농촌사회의 장기비전과 발전전략-내발적 발전전략과
　　　　농촌사회의 통합적 발전' 농촌사회 제20권 제1호
박진도(2011) '순환과 공생의 지역만들기
　　　　-농촌지역의 내발적 발전의 이론과 실체', 교우사
박창규(2022) '사회적자본'을 활용한 지역순환경제 구축방안 연구
　　　　:'협동조합농부장터'의 로컬푸드 운동 사례를 중심으로',
　　　　후기산업사회연구 제1권 제2호
박창규·양준호(2022) '지역순환경제 구축 방법론으로서의 사회적경제
　　　　:지역 내 '사회적 조정'을 통한 민주적 계획경제의 가능성',
　　　　후기산업사회연구 창간호(제1권 제1호)
양준호(2013) '사회적경제(Social Economy)의 의의와 과제
　　　　-협동조합 및 비영리 협동섹터를 중심으로',
　　　　한국사회경제학회 2013년 여름학술대회 자료집
양준호(2018) "지역회복, 협동과 연대의 경제에서 찾다",
　　　　인천대학교 출판부
양준호(2021a) '지역경제의 위기, 어떻게 돌파할 것인가?
　　　　:방법론으로서의 '지역순환경제'에 초점을 맞춰',
　　　　칼폴라니연구소 발제자료

양준호(2021b) '지역금융 활성화 방안으로서의 지역재투자법(CRA) : 미국 지역재투자법 관련 논쟁과 그 수정 과정을 중심으로' 산업혁신연구 제37권 제4g
양준호(2022a) '후기산업사회연구 창간호를 발간하며-'지역뉴딜'로서의 지역순환경제', 후기산업사회연구 창간호(제1권 제1호)
양준호(2022b) ''지역순환경제'로 지역경제 새판 짜기', 양준호 엮음 "시민이 주도하는 지역순환경제-위기의 지역경제, 그 새판 짜기", 한울아카데미
양준호(2022c) '지역경제 활성화를 위한 방법론으로서의 미국 지역재투자법: 지역금융의 '사회적 조정'에 초점을 맞춰, 인천학연구 제36호'
이민정(2014) 일본의 내발적 지역발전 사례와 충남의 발전정책, 충남발전연구원
임형우(2022) '순환경제 이행을 위한 녹색경제활동 및 녹색분류체계 연구', 한국환경정책학회 춘계학술대회 자료집
최병두(1997) '데이비드 하비의 정치경제학적 공간이론' 국토 제194호

칼 마르크스(2000). 정치경제학 비판 요강 II. 서울: 그린비
David Harvey, Limits to Capital, Basil Blackwell, 1982
David Harvey, Enigma of Capital, Profile Books, 2010
David Harvey, A Companion to Marx's Capital, Verso Books, 2010
David Harvey, A Companion to Marx's Capital, vol. 2, Verso Books, 2013
David Harvey, Marx, Capital and the Madness of Economic Reason, Profile Books, 2017
K. Marx, "Grundrisse der Kritik der Politischen Ökonomie", Karl Marx : Ökonomische Manuskripte 1857/58, MEGA, 2.Abteilung, Band 1, Dietz Verlag, 1976, S.438

新井田智幸(2019) デヴィッド・ハーヴェイのマルクス主義経済地理学，『歴史と経済』第245号
宇仁宏幸(2009)『制度と調整の経済学』ナカニシヤ出版
宮本憲一(1990) 地域経済学 - 有斐閣

2

자본주의적 존재로부터
벗어나고자 하는
대안적 실천

지역순환경제와 커먼즈

박창규

지역순환경제와 커먼즈
: 자본주의적 존재로부터 벗어나고자 하는 대안적 실천

박 창 규
인천대학교 후기산업사회연구소 부소장

Ⅰ. 시작하며

오늘날 '인간은 사회적 존재'라는 말의 현실적 의미는, '인간은 자본주의적 존재'라는 말과 같다고 해도 과언이 아니다. 자본주의 체제에 살면서 자본주의적 존재로 생활하는 것이 어쩌면 당연한 것으로 여겨질 수 있다. 자본주의 체제에서 사람들의 생활은 자본주의적 관계에 전면적이고 깊게 얽혀있을 수밖에 없고, 그래서 그러한 관계와 상호작용하면서 형성된 의식도 '경쟁과 경제적 이익 지향성'을 가질 수밖에 없기 때문이다.

자본주의 초기에 비하면 현대의 일상은 그 양상을 다 파악할 수 없을 만큼 복잡다단하지만 사람들의 자본주의적 경제활동은 상대적으로 단순한 형태로 추상화될 수 있다. 상품이 되어버린 노동력을 팔아야 생활이 가능하거나 그것을 사서 이윤을 남겨야 지속가능하게 사업을 유지할 수 있거나, 또는 자기 노동에 의지해서 자영업을 해야 살아갈 수 있다. 결국엔 그 경제활동의 목표도 화폐 형태의 '돈 벌기와 모으기', '자본 축적'으로 추상화된다.

자본주의적 존재로서 맺게 되는 경제활동 관계는 수평적이지 않고 위계적이다. 그 위계를 결정하는 핵심 요소는 생산수단의 소유 여부와 소유하고 있는 화폐액 및 화폐로 바꿀 수 있는 자산의 정도이다. 이러한 요소들은 사적으로 소유된 것인데 거기에는 역사적 과정에서 축적되어 상속·증여된 것도 포함되고, 사회적 자산의 사적 활용에 의한 것도 포함된다. 즉, 사람들은 자신들이 가진 생산수단과 화폐의 사적소유 여부, 소유 형태 및 소유량 정도에 따라 위계적 관계 안에서 특정한 지위를 갖는 '자본주의적 존재'가 된다.

그렇다면 사람들이 이러한 자본주의적 경제활동 관계로부터 자유로워질 수 있는 방법은 무엇일까? 자본주의적 경제활동 관계는, '신분제도로부터의 자유'와 '토지로부터의 자유'라는 두 가지 의미의 자유를 토대로 노동자들이 노동력을 상품으로 판매할 수 있게 해준, "역사적 발전의 결과이며, 수많은 경제적 변혁의 산물이자 일련의 낡은 사회적 생산구성체가 몰락하면서 만들어진 산물이다."(칼 마르크스, 2019a: 248) 그렇기 때문에 현재를 사는 대부분의 사람들은 역사적으로 형성된 자본주의적 경제활동 관계의 위계적 질서로부터 자유로워지기 어렵다.

한편, 자본주의적 경제활동 관계가 자연의 산물이 아니라 '역사적 발전의 결과'라는 점에서, 또 자본주의적 경제활동 관계로부터 자유로워지고자 하는 역사적 실천의 경험을 많은 사람들이 공유하고 있다는 점에서 인간 활동이 더 발전된 경제활동 관계를 만들어낼 가능성도 가지고 있다.

필자는 그러한 발전 가능성과 역사적 실천의 일 부분으로서, 즉 자본주의적 존재로부터 벗어나고자 하는 대안적 실천으로서 지역순환경제와 커먼즈를 파악하고 논의하고자 한다. 필자는 지역순환경제와 커먼즈를 실천하는 사람들이 자본주의 체제에서 경제활동 관계를 결정하는 핵심 요소인 생산수단에 관해 공통적 인식을 가지고 있다고 생각한다. 그리고 그러한 인식을 토대로 경제활동에 대해 공통의 지향성을 가지고 있다고 생각한다. 즉, 지역순환경제와 커먼즈는 경제활동에 필요한 생산수단의 사회적, 집합적 소유를 지향하며, 경제활동에 관해 사회 공공성을 토대로 한 사회적 규범을 설정함으로써 국가와 시장의 이분법을 넘어서는 비자본주의적 사회체제를 지향한다고 할 수 있다.

아래에서는 먼저 18세기 중상주의 시대의 끝자락에 사적소유를 비판했던 장 자크 루소의 논의를 비롯해서 자본주의적 사적소유에 대한 비판적 논의를 검토하고 시사점을 도출한다.(2장) 그리고 그 맥락에서 지역순환경제론의 이론적, 실천적 의미를 소개하고(3장), 지역순환경제론의 실천전략으로서 대안적 소유형태인 '지역 공동체 부'에 관한 논의를 통해 지역순환경제와 커먼즈의 공통적 인식과 지향성에 대해 살펴보고자 한다.(4장)

II. 자본주의적 사적소유에 대한 비판적 논의의 전개와 현재적 시사점

1. 장 자크 루소의 사적소유 비판과 그 의미

중상주의시대[1]에 새로 태어난 국민국가에서 상인들의 영향력은 절대적으로 컸다. "상인세력에게 봉사하고 굴종하는 것이 국민국가의 자연스러운 경향이었다."(존 케네스 갤브레이스, 2002: 48) 이 중상주의의 끝자락에서 계몽주의 철학자 장 자크 루소는 다음과 같이 탄식했다.

---

1) 15세기 중반부터 18세기 중반까지를 말한다.

"한 땅에 울타리를 치고 '이것은 내 것이야.'라고 말할 생각을 해낸 동류의 인간들에게 '여러분, 저 사기꾼의 말을 듣지 마시오. 만일 과일은 우리 모두의 것이고, 땅은 어느 누구의 것도 아님을 망각하면 당신들은 파멸이오'라고 고함을 친 사람이 있었다면 그는 인류에게 얼마나 많은 범죄와 전쟁과 살상과 불안과 공포를 면하게 해주었을 것인가"(장 자크 루소, 2015: 78)

이어 루소는 소유의 탐욕적 상승효과를 제기하며 "경쟁과 적대, 이익의 대립, 음흉한 욕망 … 그 모든 해악은 소유가 낳은 첫 번째 결과"라고 성토했다.(장 자크 루소, 2015: 93)

루소의 이 사적소유에 대한 탄식이 말하고자 한 것은 두 가지이다. 하나는, "소유가 도입되며 노동이 필요하게 되었고, 사람들은 예속 상태와 궁핍이 싹트고 커가는 것을 보게 되었다."(장 자크 루소, 2015: 88)라는 것이다.

다른 하나는, 루소가 지적한 인간의 사적소유 욕망의 증폭은, 당시 평화롭게 이해관계(돈벌이)를 추구하는 것으로 간주되던 인간의 경제활동이 다른 정념(passion)들과 마찬가지로 파괴적이라는 것을 말해주는 것이다.

루소의 통찰은 옳았다. 루소는 "경제의 확대는 결국 정념에 사로잡힌 행동을 더욱 많이 발생시키게 될 것이라는 것을 잘 이해했다."(앨버트 O. 허시먼, 2020: 192) 루소와 달리 18세기 중반의 프랑스 정치사상가였던 몽테스키외는 군주들의 탐욕을 억제하기 위한 통치술로서 "상업이 있는 어느 곳에나 온화한 풍속이 있다.", "상업은 … 야만적 풍속을 다듬고 온화하게 한다."고 상업을 미화했지만(앨버트 O. 허시먼, 2020: 107, 134) 현실은 달랐다. 마르크스는 『자본론』에서 비인간적이고 폭력적이었던 본원적 축적과정을 "평화로운 과정"(칼 마르크스, 2019b: 543-544)이라고 조롱했다.

2. 자본주의 체제의 사적소유에 대한 비판적 논의들

1) 칼 마르크스의 자본주의적 사적소유 비판과 그것의 논리적 귀결

19세기 중반 칼 마르크스는 "생산수단에 대한 노동자의 사적소유는 소규모 경영의 토대이며, 소규모 경영은 사회적 생산의 발전과 노동자 자신의 자유로운 개성의 발전을 위한 필요조건"(칼 마르크스, 2019b: 559)이라고 바랐지만, 이 생산방식의 파괴가 자본의 전사(前史)였다. 즉, "자신의 노동으로 획득된 사적소유는 … 형식적으로 자유로운 노동인 타인노동[2]의 착취에 토대를 둔 자본주의적 사적소유에 의해 축출된다."(칼

---

[2] 노동자들이 상품으로 판매한 노동력에 의한 노동을 말한다.

마르크스, 2019b: 559-560) 한편, 생산수단의 자본주의적 사적소유에 의해 잉여가치가 생성된다. 그리고 "잉여가치가 다시 자본이 되는 것을 우리는 '자본의 축적'이라고 부른다."(칼 마르크스, 2019b: 305)

칼 마르크스의 논의를 좀 더 구체적으로 살펴보면, 자본주의적 사적소유에 의해 생산된 "잉여가치는 총생산물 가운데 일정한 부분의 가치"이고, "이 총생산물이 판매되어 화폐로 바뀌면 자본으로의 회귀"가 이루어지며 "자본가는 화폐로 변한 자본가치와 잉여가치를 상품 구매에 투자한다."(칼 마르크스, 2019b: 306) 이렇게 칼 마르크스는 생산수단의 자본주의적 사적소유로부터 자본주의적 생산과정의 확대재생산과 자본의 축적을 설명한다. 하지만 이러한 자본주의적 생산과정은 잉여가치의 생산조건과 실현조건 사이의 내적 모순을 일으킨다. 칼 마르크스는 다음과 같이 설명한다.

"자본주의적 생산의 내적 모순은 생산의 외부 영역을 확대함으로써 해결을 구한다. 그러나 생산력이 발달하면 할수록, 생산력은 소비 관계가 입각하고 있는 좁은 기초와 더욱 더 충돌하게 된다. 이러한 모순에 찬 토대 위에서는, 자본의 과잉이 증대하는 인구의 과잉과 공존한다는 것은 전혀 모순이 아니다. 왜냐하면 과잉 자본과 과잉 인구를 결합한다면 생산되는 잉여가치량은 증대할 것이지만, 이것은 또한 이 잉여가치가 생산되는 조건들과 그것이 실현되는 조건들 사이의 모순을 더욱 증대시킬 것이기 때문이다."(칼 마르크스, 1989: 291-292)

이러한 자본주의적 생산과정의 잉여가치 생산과 잉여가치 실현의 모순은 "'사회적 생산'과 '사적 소유' 사이의 모순이다. 생산은 광범위한 사회적 분업을 바탕으로 고도의 생산력을 달성하지만, 소유는 사적 소유의 형태를 유지하고 있다. 따라서 생산력의 발달에 비해 소비력은 상대적으로 낮게 된다. 특히 과잉 자본과 과잉 인구로 인해서 잉여가치량의 생산은 증대하지만 소비력이 상대적으로 약하기 때문에 이러한 잉여가치가 화폐로 전환되기는 어렵다. 즉 자본주의의 내적 모순으로 인해서 잉여가치의 생산 조건과 실현 조건이 서로 충돌하는 모순 상태에 빠지게 된다."(손철성, 2004: 192)

칼 마르크스에 의하면 자본주의적 생산과정의 모순은 자본주의적 사적소유의 부정을 낳는다. 결국, "자기노동에 기초한 사적소유를 부정한 자본주의적 사적소유는 부정의 부정을 통해 생산수단의 공유를 토대로 하는 개인소유를 만들어낸다."(칼 마르크스, 2019b: 562) 즉, 칼 마르크스가 냉철하게 가했던 자본주의적 사적소유 비판의 논리적 귀결은 '생산수단의 공유를 토대로 하는 개인소유'이다.

그렇다면, 칼 마르크스가 도달한 소유의 대안인 "생산수단의 공유를 토대로 하는 개인소유"[3]란 무엇인가? "칼 마르크스가 말한 '소유'는 노동하는 개인과 노동조건들 사이의 '관계'를 이야기하는 개념"이며 "생산과정이라는 '심층'에서 '소유 개념'은 노동하는 개인들이 노동조건들을 자기의 것으로 관계를 맺는지 아니면 타인의 것으로 관계를 맺는지 나타낼 뿐이다."(김수행, 2012: 104)

그러므로 칼 마르크스가 말한 '생산수단의 공유를 토대로 하는 개인소유'는 "노동하는 개인들이 노동조건들을 타인의 것, 자본가의 것으로 관계를 맺는 상태(자본주의)가 다시 부정되면서 노동과 노동조건들의 통일이 회복되는 것(자개연)"(김수행, 2012: 105)이라고 보아야 한다.

2) R. H. 토니와 에른스트. F. 슈마허의 사적소유 비판

19세기 후반부터 20세기 중반까지 활동했던 영국의 사상가 R. H. 토니는 "경제를 다양한 소유형태들이, 각자가 기능적 목표를 이행하는 한, 피차 공존하며 유지되는 일종의 실험장"(고세훈, 2019: 168)이라고 생각했다. R. H. 토니는 재산권 보장

---

3) 칼 마르크스는 "개인의 자기노동에 기반을 둔 분산된 사적소유가 사회적 소유로 변하는 것은, 자본주의적 소유가 사회적 소유로 변하는 것보다 비교도 할 수 없을 정도로 더 오래 걸리고 힘들고 어려운 과정이다."(칼 마르크스, 2019b: 562)라며 '생산수단의 공유를 토대로 하는 개인소유'는 '사회적 소유'라고도 했다.

없이 부는 생산될 수 없고 사회는 유지될 수 없다고 생각했지만, "소유권이 탈집중화되고 분산된 조건 하에서 사유재산제도는 통합의 원칙으로 작동할 수 있다. … (하지만) 산업사회의 사유재산제도는 통합 아닌 분열의 원칙이다. … 대부분의 재산소유자들에게 재산소유권은 '노동의 수단이 아닌, 이익의 획득과 권력의 행사를 위한 도구'이며 이익이 사회적 기여와, 혹은 권력이 책임과 연결된다는 보장은 거기에 없다."(고세훈, 2019: 169), "문제는 사적 소유권 자체가 아니라 노동에서 분리된 사적 소유권"(고세훈, 2019: 184)고 산업사회의 사적소유를 비판했다.

또한, R. H. 토니는 "근본문제는 노동에 사용되는 재산이냐 노동 없이 소득을 벌어들이는 재산이냐의 문제"(고세훈, 2019: 185)라고 주장했고, "재산소유자의 경영통제로부터의 해방, 재산소유권의 성격변화를 위한 조치는 국가에 의한 입법 등 외부로부터 와야 한다. 핵심은 이윤과 통제 권리로서의 자본의 사유재산권을 철폐하는 것이다. 그 다음 단계는 재산권을 구성하는 요소들을 해체하고 세분화해서 그 권리들을 재배분하는 일이다."(고세훈, 2019: 192-193)고도 주장했다.

이어서 R. H. 토니는 "소유권이란 하나의 권리가 아니라 권리의 다발이기 때문에 … 자본소유주가 대리인을 통해 산업을 통제하는 일을 종식시키는 가장 합리적인 방식은 자본에 대해 고정된 봉급 그리고 고정된 이자를 받되, 모든 잉여이윤은 기금화하여 사용자와 노동자를 대표하는 중앙기관으로 하여금 관리하도록 하는 것"(고세훈, 2019: 193-194)이라고 주장했다.[4]

슈마허는 R. H. 토니의 소유권에 관한 논의를 계승, 발전시켰다. 슈마허는, "민간기업의 본질은 생산, 분배, 교환의 수단에 대한 사유재산권이다."라며, 사유재산을 "창조적인 작업에 도움이 되는 재산과 그렇지 않은 재산"으로 구분한다. 그리고 "일하는 소유자(working proprietor)의 사유재산이 창조적인 작업에 도움이 되는 재산"이며, "타인의 노동에 기생하는 소극적인 소유자의 사유재산이 창조적인 작업에 도움이 되지 않는 재산"이라고 설명한다.(에른스트. F. 슈마허, 2002: 333)

또한, 그는 "창조적인 작업에 도움이 되는 재산을 이용하여 운영되는 민간기업은 자동적으로 소규모 개인 기업이자 지역적인 기업이다. … 이러한 사유재산권 문제에서는 규모가 결정적인 의미를 갖는다."고 주장한다.(에른스트. F. 슈마허, 2002: 333-334)

슈마허는 대안적 소유권의 실현 방법에 대해 R. H. 토니의 '과잉집중화에 대한 대안은 … 공유재산에 대한 탈집중화된 소유이다.'라는 말을 인용하면서 다음과 같이 주장한다. " '국유

---

[4] R. H. 토니의 이러한 주장은 스웨덴 사민주의의 임노동자 기금 모델의 배경인 1920년대 중반 닐스 칼레비의 개혁사상과 그로부터 연원해 1960년대 후반에 전개된 기능사회주의 논의와 맥락을 같이하는 것으로 생각된다. 이에 대한 자세한 내용은 신정완(2000)를 참조하기 바란다.

화'는 … 새로운 '소유권'을 창조하는 것이 아니다. … 이것은 새로운 제도를 만들 수 있는 기회와 필요성을 창조하는 조치일 뿐이다."(에른스트. F. 슈마허, 2002: 340) 슈마허의 이러한 주장을 통해서도 '제도에 의한 소유권 기능의 분할과 그것의 제한'이라는 기능사회주의적 관점이 담겨져 있다.

3. 자본주의적 사적소유에 대한 비판적 논의의 현재적 시사점

위에서 검토한 자본주의적 사적소유에 대한 비판들은 자본주의 사적소유가 가진 성격, 즉 생산 및 분배과정에서 나타나는 착취와 노동소외, 경제의 비인간성 및 비도덕성, 사회적 목적 달성에 대한 무기능과 특권부여에 근거해서 제기된 것이다. 그리고 그 대안으로서 사회에서 노동하는 사람들의 협력과 공생을 강화하는 방향으로, 노동하는 사람들에 의한 집합적 통제를 전제하는 생산수단의 공유 또는 사회적 소유를 제시하고 있는 것이다. 그리고 그러한 생산수단의 공유 또는 사회적 소유 형태는 제도로서 형성될 수 있다는 것이다.

자본주의적 사적소유에 대한 비판적 논의가 제시하는 이러한 내용들은 두 가지 향후의 논의 과제를 남긴다. 하나는 자본주의적 사적소유를 넘어서는 대안적 소유의 구체적 구상 내용은 무엇인지에 관한 것이다. 다른 하나는 그러한 대안적 소유 구상을 누가, 어떻게 실천할 것인지에 관한 것이다.

이러한 논의과제와 관련해서 에릭 올린 라이트의 주장은 주목할 만하다. 그는 "생산수단의 '사회적 소유권'은 소득을 발생시키는 재산이 '사회'의 모든 사람들에게 공동으로 소유된다는 것을 뜻한다. 따라서 모든 사람들은 이 생산수단의 사용으로 발생되는 순소득에 대한 집합적 권리, 그리고 이 소득을 발생시키는 재산을 처분할 집합적 권리를 가진다."(에릭 올린 라이트, 2012: 173)고 설명한다. 또, 그는 "사회적 소유권의 '깊이'는 특정한 생산수단이 사회적 통제 아래 효과적으로 놓일 수 있는 정도를 지칭"하며, "사회적 소유권의 '넓이'는 사회적 소유권을 특징으로 하는 경제활동의 범위를 지칭한다.", "사회적 소유권의 '포괄성'은 '상호의존적 경제활동에 참여하는 사람들'이라는 개념 아래 포함되는 사람들의 범위를 지칭한다."(에릭 올린 라이트, 2012: 174)고 설명한다. 이러한 사회적 소유권의 실현방법과 관련해서 그는 "복잡한 사회는 국가 없이는 기능할 수 없을 것이다."(에릭 올린 라이트, 2012: 183)고 말한다. 따라서 우리는 대안적 소유형태로서 사회적 소유권의 구체적 내용을 '사회적 개인'의 관점에서 국가 차원의 제도를 통해 만들어 나가야 한다. 그러한 사회적 소유권의 형성은 '사회적 개인'의 집합적 행위와 제도 사이의 상호작용 과정에서 변화, 발전하는 형태로 이루어지기 때문에 '실사구시'(實事求是)

방법에 의한 사회적 실천을 전개해야 한다.

III. 지역순환경제론에 대한 이론적, 실천적 논의[5]

자본주의적 사적소유 문제가 놓여있는 시·공간은 '신자유주의 세계화'[6]라는 자본주의 역사의 한 국면이다. 따라서 시·공간적 관점이 결합된 반(反) 신자유주의 세계화 관점에서 어떻게 자본주의적 사적소유 문제를 넘어설 것인가 하는 구상과 실천이 필요하다.

신자유주의 세계화 시대에 자본주의적 사적소유 문제의 대안을 찾고자 하는 구상과 실천은 반(反) 신자유주의 세계화 관점의 대안적 지역발전 전략 방향에서 이루어져야 한다. 그리고 그러한 대안적 지역발전 전략 방향은 국가와 시장의 이분법을 뛰어 넘는 인식론적 지향성도 포함해야 한다. 따라서 본 장에서는 2장에서 논의한 자본주의적 사적소유 비판과 대안 논의의 맥락에서 지역순환경제론의 이론적, 실천적 의미를 소개한다.

---

5) 본 장은 2023년 5월에 발간된 『마르크스주의 연구』 제20권 제2호에 실린 필자의 논문 "대안적 지역발전 전략으로서 지역순환경제의 실천에 관한 연구: 협동조합과 커먼즈를 중심으로"를 보완한 것임을 밝힌다.
6) 제라르 뒤메닐·도미니크 레비(2014: 319)는 "신자유주의는 원칙 또는 이데올로기가 아니라 상위 계급의 권력과 소득을 목표로 한 사회적 질서"라고 정의했다.

1. 신자유주의 세계화의 대항담론으로서 지역에 관한 이론적 논의

1) '시간에 의한 공간의 절멸'과 '관계적 공간'

"공간은 인간과 관계없이 즉자적으로 존재하는 고정된 대상이 아니라 인간의 사회적 행위를 통해 생산되거나 역으로 이를 통제하기도 하는 역동적인 범주"이며, "공간은 병존하는 사회적 산물 및 인간들이 맺고 있는 권력관계가 어떻게 조직되어 있는지를 보여준다."(이현재, 2012: 225) 이러한 맥락에서 신자유주의 세계화는 자본이 자본주의적 생산관계를 통해 자본축적과 이윤추구를 실행해온 역사적 과정에서 공간적 확장을 극대화한 행위라고 할 수 있다. 따라서 신자유주의 세계화를 넘어서고자 하는 대안적 경제체제 지향의 이론 연구는 지역을 '관계적 공간'[7]으로서 분석함으로써 인간들의 대안적인 사회관계 형성의 지향성과 실천 가능성을 보여줄 수 있다.

칼 마르크스의 "시간에 의한 공간의 절멸"(칼 마르크스, 2000: 175-176)에 대해 데이비드 하비는 "'시간에 의한 공간

---

[7] 데이비드 하비(2017: 79)는 "자본주의하에서 공간의 의미와 인간 활동의 새로운 공간적 편성을 창출하려는 추동력은 시간적 요구와의 관계에 의해서만 이해될 수 있다."고 했으며, "데이비드 하비의 관계적 공간 개념은 행위자가 맺고 있는 다양하고 다층적인 시공간 관계들에 의해 공간이 구성된다는 것을 보여준다."(이현재, 2012: 242-243)

의 절멸' 문구는 오히려 공간이 어떻게, 그리고 어떤 수단에 의해 자본순환의 엄격한 시간적 요구에 조응하도록 이용되고, 조직되고, 창출되고, 지배되는가 하는 의문을 제기한다."(데이비드 하비, 2017: 79)고 했고, 이러한 논의의 연장에서 "공간의 중요성을 둘러싼 하비의 첫 번째 맥락은 자본 순환이며, 그것은 공간적 불균등 발전으로 나타나며, (공간적 불균등 발전은) 자본주의의 부차적 현상이 아니라 그것의 재생산에서 근본적인 것이다."(ベルント・ベリナ, 2013: 77)

이러한 논의를 토대로 칼 마르크스의 '시간에 의한 공간의 절멸' 문구는, '공간(거리)'에 따른 유통비용을 자본 순환 및 축적 '시간(속도)'의 단축을 통해 상쇄시킴으로써 특정한 공간의 고유성, 독자성이 소멸되는 동시에 자본주의적 생산관계에 편입된 공간이 새롭게 확장된다는 의미로 해석할 수 있다. 그리고 이러한 해석을 통해 자본주의적인 시·공간적 관계들에 의해 공간이 형성되며, 따라서 그러한 공간은 자본주의적 생산관계의 구성요소들, 즉 자본·노동·공동체 등이 고착된(박배균, 2001: 207) '관계적 공간'이라는 함의를 얻을 수 있다.

2) '생산물로서의 공간'에서 자본이 만든 '지역 불균등발전'과 '노동의 공간적 분업'

로자 룩셈부르크는 "잉여가치의 실현과 불변자본의 물적 요소 조달이라는 양 측면에서 보면, 주어진 구체적인 관계에서 본질적으로 자본주의적 생산 형태와 비자본주의적 생산 형태 사이의 세계적 차원의 교역(Weltverkehr)은 본래부터 자본주의가 존재하기 위한 역사적 조건"(로자 룩셈부르크, 2013: 583)이라고 주장했다. 이러한 로자 룩셈부르크의 분석은 레닌의 제국주의론과 이론적으로 연결된다.

1970년대 중반에 앙리 르페브르는 "공간은 사회적 생산물이며, 이렇게 생산된 공간은 생산의 수단이며 통제의 수단, 따라서 지배와 권력의 수단이 될 수 있다."(앙리 르페브르, 2011: 27, 30)고 설명했으며, 닐 스미스는 "(지역의) 불균등발전(uneven development of region)은 자본주의적 발전의 산물이자 지리적 전제"(닐 스미스, 2017: 271)라고 설명했다.

그리고 도린 매시는 "공간에 대한 생산관계의 조직 형태에서 다국적 기업의 특징"으로서 "관리위계라고 불리는 본사는 재정 및 행정 통제 기능, 장기 투자 결정 등 생산과정 전반에 대한 궁극적 통제, 노동력에 대한 궁극적 지배 기능을 수행한다." 그리고 이러한 본사-공장간 관계의 양상이 나타내는 것은 "경제적 소유관계의 공간적 조직형태"(Massey. D, 1984: 68)라고 설명한다. 또한, 그녀는 "자본주의 발전은 소유와 경제적 소유권의 분리에 의해서 그리고 그 안에서 기능의 복잡한 위계의 발달에 의해서 특징지어져왔다."며 "본사와 분공장이라는 용어 뒤에는 생산관계 일부의 지리적 조직 형태가 있고", "증가한 기업의 규모가 그러한 위계구조의 필요성을 생성한다.", "하지만, 소유와 소유권 관계의 위계는 서로 다른 공간 간에 퍼져있을 뿐만 아니라 생산 내에서 기술적, 세부적인 노동 분업에서도 그렇다."고도 설명한다.(Massey. D, 1984: 69)

이러한 '노동의 공간적 분업(spatial divisions of labour)'은 '통제기능'과 '생산'의 분리 등 "노동의 기술적 분업에 의한 부분 공정의 위계관계"를 넘어서 "(지역 간의) 부문별 분업이 심화되는 방향으로 공간구조가 변화"했으며, 이러한 공간구조의 변화는 "(지역 간) 경제적 격차가 더 벌어지는 상황을 강화한다."(도린 매시, 2015: 181-182)

이러한 '노동의 공간적 분업'의 영향과 관련해서 존 로건·하비 몰로치는 "공장이나 도시가 국제적 생산제도에 연결된 비숙련화된 모듈이 되어서, 필요에 따라 다른 모듈로 대체될 수 있게 되었다. 지역 생산품은 더 이상 시민자부심과 기업 필요가 합쳐진 상징물이 될 수 없다.", "다른 곳에 있는 이사진과 기술적 혁신자에 의해 어떤 지역의 경제활동이 통제되는 경향은, 시민자부심의 기반과 가치중립적 성장에의 열정을 무너뜨릴 수 있다."(존 로건·하비 몰로치, 2013: 273-278)고 설명했다.

결국, 자본주의적 생산방식의 공간적 위계질서에 의한 "노동의 공간적 분업은 상대적으로 정체된 성장의 흐름에서 탈산업화와 생산성 성장의 파괴적인 경제적, 정치적 영향을 알게 해준다."(Dunford, M., 2017: 974)

이러한 '관계적 공간'에 관한 정치경제학적 논의는 신자유주의 세계화에 대한 이해[8]은 물론이고 지역경제 위기와 '지역 소멸 위험' 현상의 본질적·구조적 원인을 규명하는 유용한 인식틀을 제공한다. 그리고 동시에 그것에 대응하는 대안적인 방법론도 제시한다. "공간은 … 인간 실천을 통해 새로운 대안적 세계를 꿈꾸고 이를 실현할 수 있는 장(또는 유토피아)을 제공한다."(최병두, 2011: 11)

따라서 이러한 논의를 토대로 지역의 사회경제적, 정치적 관계 속에서 신자유주의 세계화와 그 결과로써 나타나는 지역경제의 위기와 '지역 소멸 위험' 현상을 자본주의적 사적소유 문제 등과 연계해 본질적, 구조적으로 분석할 수 있다. 또, 그렇게 함으로써 신자유주의 세계화에 대한 지역 차원의 대항담론을 정책적, 실천적으로 검토할 수 있다. "지역은 자본주의적 생산방식의 실현공간으로서 자본에 의해 생산되고 규정되는 공간이자 자본주의적 생산관계 형성을 통해 자본과 노동이 고착된 공간"(박창규·양준호, 2022: 44)이기 때문이다.

---

[8] 데이비드 하비는 "세계화는 과정, 조건, 또는 특수한 종류의 정치적 계획으로 간주될 수 있다"며, "세계화는 공간의 자본주의적 생산과정을 뒷받침하는 것과 정확히 동일한 과정의 새로운 단계"이며, "자본주의의 근원적인 지리적 재조직화"를 나타낸다고 설명한다.(데이비드 하비, 2001)

2. 내발적 발전론의 등장, 개념, 가능성

1) 내발적 발전론의 등장과 개념

자본주의적 생산방식의 결과인 지역의 불균등 발전에 의해 야기된 "지역의 피폐화는 사회경제적 불평등의 지리적 표현이다."(박창규·양준호, 2022: 40) 따라서 저개발 지역에서는 '빈곤 악순환(vicious cycles)'을 끊기 위해 '대항력'(countervailing power)[9]과 함께 지역의 자원과 지역의 생산조직 및 그들의 네트워킹, 제도 및 거버넌스를 토대로 한 '내발적 발전'(endogenous development)이 추진되고 실현되어 왔다.

"'내발적 발전'은 지역적으로 결정되고, 지역 경제 내에서 높은 수준의 이익을 유지하는 경향이 있고, 지역적 가치를 존중하는 경향이 있다. '내발적 발전' 전략의 잠재적인 성공은 자본주의의 불균등한 개발과정에 저항하는 능력에 달려 있다."(Slee, B., 1993: 43). 그리고 "내발적으로 생성되는 지역

---

9) J.K 갤브레이스는 1951년 펴낸 『미국의 자본주의』에서 "실제로는 경쟁을 대신해서 사적인 힘에 대한 새로운 억제력이 출현했다. 그것은 경쟁을 저해 내지는 파괴한 그 동일한 집중과정에 의해 생겨나게 된 것이다. … 나는 그것을 대항력이라고 부르기로 한다."고 했다. 또, "그는 큰 정부와 강한(조직화된) 노동력이 대항력을 통해 거대기업을 견제해야 한다고 주장했다."(로저 헤이터·제리 파첼, 2020)

생산 시스템의 작동은 산업(생산), 공간 및 제도의 세 가지 차원을 갖는 상당한 수준의 자율성을 특징으로 한다."며 "산업(생산)은 부문별 전문화, 지역 생산 시스템 내에서 하도급 계약(subcontracts) 및 혁신적 조치의 개발을 말하며, 공간 집중 경제, 지역 기업가 정신 및 경제 단위 간의 시너지 효과가 공간적 차원을 정의한다. 제도적 차원은 지역 생산 시스템을 지원하는 제도 및 지역 시민 활동을 의미한다."(Christofakis, M·Tsampra, M., 2012: 22-23). 미야모토 켄이치는 "지역 내발적 발전론은 기술, 전통을 최대한 활용해 부가가치를 창출하고, 가능한 한 치밀한 산업연관을 만들어 사회적 잉여(이윤, 조세, 저축)를 지역에 귀속시켜 지역 내에 재투자하는 것을 강조하고, 지역의 기업·지자체· 개인·협동조합·NGO·NPO 등이 (내발적 발전의) 주체를 이룬다는 점에 주목한다."(미야모토 켄이치, 2009: 12-13)고 설명한다. 한편, 그는 "지역의 기업·노조·협동조합·NPO 등의 조직, 개인, 자치단체를 주체로 하고, 그 자주적인 결정과 노력 위에서라면 선진지역의 자본, 기술이나 인재를 보완적으로 도입하는 것을 거부하지 않는다."(미야모토 켄이치, 2016: 471)고도 강조한다.

2) 내발적 발전론의 가능성

이러한 내발적 발전론에 대해 신자유주의 세계화 국면에서 지속가능하게 실현될 수 있을까? 라는 질문이 제기되어 왔다. 이에 대해 미야모토 켄이치는 "진품·고급소비 지향, 레크레이션·레저·문화생활·지적활동의 증가, 제3차·제4차적 활동이 제2차적인 생산 활동을 선도·규정하는 것이 탈공업사회의 특징"이라며 "탈공업사회로의 이행은 노동시간을 단축하고 노동내용을 지적노동 중심으로 재편한다. 하이테크·소프트화·고도정보화를 기반으로 하는 탈공업사회에서는 어느 지역도 특정분야나 특정 기능에서 전국적·세계적 중심이 될 가능성이 커진다."(미야모토 켄이치, 2004: 133-134)고 설명한다.

그리고 지역은 다양한 규모의 사업체들이 집적되어 있는 공간이며, 지역에서 사업체들 사이에 산업연관을 형성하면서 규모의 경제(economies of scale)와 범위의 경제(economies of scope)를 실현한다. "'규모의 경제'가 하나의 상품이나 서비스의 생산에서 획득하는 효율성을 의미"하는 반면에 "'범위의 경제'는 동일한 작업장, 기계, 기술로 다양한 상품이나 여러 유형의 상품을 공급함으로써 획득하는 효율성을 의미한다.", 이러한 "'범위의 경제'를 추동하는 핵심 동인은 제품 다각화(product differentiation)이다. 이는 한 상품을 변형하여 여러 개의 유사하지만 다른 상품을 생산해 이전 상품과는 다른 시장을 겨냥한 것이다."(로저 헤이터·제리 파첼, 2020: 60, 63). 그리고 자본주의 체제의 대도시권 산업구조에서 "대기업의 본사기능만 있는 것이 아니다. 다수의 지장(地場)산업[10]이 존재하고 그 주력을 구성하는 중소기업이 도시형 산업으로 활약"(미야모토 켄이치, 2004: 376)하고 있다.

또한, "대도시의 공업지역과 상업지역에서 보여준 (내발적 발전을 통한) 지역만들기의 공통점은 지역의 경영체와 이들이 만든 협동조합이 산업이나 분야를 뛰어넘어 네트워크를 구축하면서 공동사업의 영역을 넓히고 자각적으로 지역 내 산업연관을 형성"(오카다 도모히로, 2016: 229)하고 있는 점도 내발적 발전론의 가능성을 증명한다.

또한, 성숙한 자본주의의 속성은 개성과 차별화 욕구를 낳는다. "예를 들어, 소프트 관광 상품, 공예품, 지역 특화 식품에 대한 수요 증가는 모두 대량 생산 상품에 대한 대중의 불만과 차별화된 상품에 대한 욕구의 신호이다."(Slee, B., 1993: 51) 이처럼 내발적 발전과 이후 논의를 전개할 지역순환경제는, 지역의 실천주체들이 신자유주의 세계화로 인한 "경제활동의 초국적 공간 입지가 국가 영토 내에 위치하고 있으며 주권국가의 지배를 받고 있는 현실"(사스키아 사센, 2016: 10)을 직시하고 세계화의 대항담론으로서 실천적 가능성을 모색해야 하는 전략적 프로그램이라고 할 수 있다.

---

10) 지역에 뿌리내리고 생산 활동을 하는 사업체 집단을 말한다.

3. 지역순환경제의 개념과 작동 원리 그리고 지향성

1) 지역 내 '재투자력'과 지역순환경제 그리고 호혜적 경제활동

앞서 논의한 내발적 발전론은 지역경제의 지속적 발전에 보다 더 착목하며 계속 진화해왔다. 이러한 내발적 발전 모델의 진화는 "생산 조직, 연구 및 기술 개발과의 상호 연결, 유통, 직업 훈련, 기업과 지역 조직 간의 새로운 관계 등에 관한 것이다."(Manolis Christofakis·Maria Tsampra, 2012: 22) 특히, "지역경제의 지속적인 발전이라는 것은 지역 내 재생산 시스템을 유지하고 또 이를 확대해 나가는 것을 의미하는데, 여기서 지역 내 재생산 시스템의 질과 양을 규정하는 것은 바로 그 지역 전체가 가지고 있는 '재투자력'이다."(양준호, 2016: 12)

이 '재투자력' 개념에 대해 오카다 도모히로는 "매년 특정한 형태의 자금을 지역 내에 재투자함으로써, 거기에서 고용이나 원재료·부품·서비스의 조달을 반복하고, 지역 내의 노동자와 농가, 상공업자의 생산과 생활을 유지·확대할 수 있는 힘"이라며 "지역 내 '재투자력'이 해당 지역에 구축된다면, 주민 한 사람 한 사람 그리고 지역경제의 지속적인 발전이 가능하다."(오카다 도모히로, 2016: 148-150)고 설명한다. 그는 "'재투자력' 안에는 물건을 만드는 기술과 기능이라는 질적 역량이나, 상품과 서비스를 판매하는 마케팅도 포함되어 있다.", "'지역 내 재투자력'의 주체는 민간기업과 농가, 협동조합, 비영리법인, 지방자치단체"(오카다 도모히로, 2016: 148-150)라고 설명한다. 그리고 이때 지역 내 자금순환 구조는 "'재투자력'의 주체들이 노동력과 생산수단을 지역 내에서 조달해 생산한 상품과 서비스가 지역 내에서 판매되어 이윤과 원재료비로 기업과 사업자·경영자에게, 임금으로 가계에, 세금으로 지자체에 환류된다. 환류된 임금으로 주민은 지역 내에서 상품과 서비스를 구입하거나 지자체에 세금을 납부하고, 지자체는 세금으로 사회보장급여 등 가계를 보충하는데 자금을 투입한다."고 설명한다.(오카다 도모히로, 2016: 151)

즉, '지역순환경제'(the local endogenous development)는 지역의 내발적 발전론이 담고 있는 '지역에 뿌리내린 다양한 생산 주체들의 조직화 및 네트워킹', '생산주체들을 지원하는 거버넌스 및 제도', '지역 자원[11]의 창조적 활용'을 토대로 지역 내 재투자력 및 산업연관 강화를 통해 지역 내에서 생산된 부(wealth)가 지역 내에서 순환되도록 하는 대안적 지역발전 전략이다.

---

11) 지역자원은 "첫째, 유용성 둘째, 범위의 협소성 셋째, 지역·장소에 관한 고유성·편재성 넷째, 인간-환경의 유기적 관련성 다섯째, 다른 곳으로의 이전 곤란성 여섯째, 비시장성을 갖고 있다."(한주성, 2018: 833-834) 또한, "지역 자원화는 인간이 의미를 부여하고 그 결과 다양한 활동이 일어나는 일련의 과정이다."(坂本優紀, 2018: 246) 즉, 지역자원은 지역성과 함께 지역주민들에 의해 사회경제적, 생태적 유용성이 확인된 결과 재발견된 또는 발명된 자원이라고 정의할 수 있다.

지역순환경제는 자본주의적 생산방식에서 집적과 집중을 통해 규모화하고 탈지역화하는 경향[12]을 가진 자본과 충돌하며 사회경제적 긴장관계를 형성하게 된다. 자본과 달리 노동자, 자영업자 등 지역 주민들은 "가지고 있는 자원이 너무 작아서 불확실한 이주를 쉽게 감행하기 어렵다. 그리고 이들의 생존에 중요한 거주 사용가치는 특정 환경과 얽매여 있다."(존 로건·하비 몰로치, 2013: 87)

따라서 지역순환경제의 실천 주체는 '공간적 이동이 자유로운 자본'에 대항하는 노동자, 자영업자, 시민운동, 정치세력 등 지역에 뿌리내린 개인과 조직들이다. '자본통제 역량'과 '지역자치 역량'을 갖춘 지역순환경제의 주체들은 혁신, 소통과 네트워킹, 지자체 정책, 거버넌스 등 제도를 통해 지역순환경제를 실천하게 될 것이다. 즉, 지역순환경제 제도에 의해 '제도화된 정신'[13]을 갖춘 지역경제 주체들이 지역순환경제의 장래성을 실천할 수 있다.(박창규, 2022b: 84)

이러한 지역순환경제 주체들의 제도화된 정신에 의한 실천은 '지역적 배태성'(regional embeddedness), 로컬리즘

---

[12] 자본은 보다 많은 이윤을 얻기 위해 지역을 떠나는 경향과 지역에 국지화되어 있으면서도 지역 밖으로 이윤을 유출하는 경향을 모두 가지고 있다.

[13] 미국의 경제학자 존 커먼스는 "인간은 제도적인 존재이다. 제도화된 정신만이 우리가 장래성(futurity)라고 부르는 활동의 탁월한 차원을 발전시킨다. 장래성은 제도적인 것이다."라고 했다.(베르나르 샤방스, 2009: 74)

(localism)과 관련해서 이해할 필요가 있다.

그라노베터는 "목적이 있는 인간의 행동은 구체적이고 지속적인 사회적 관계 체계에 배태되어(embedded) 있다."(Granovetter, M., 1985: 487)고 경제행위의 사회적 배태성을 설명한다. 이러한 맥락에서 '지역적 배태성'이란 "지역 혹은 특정 공간에 대한 정체성을 근거로 지역에서 생산된 생산물에 대한 특별한 태도나 동기를 의미하며, … 선호나 … 욕구, 그리고 … 인식 등 다양한 영역을 포괄하는 특징을 지니고 있다."(이해진·이원식·김흥주, 2012: 236). 또한, "다양한 로컬리즘(지방분권, 지자체 자율권 확대, 지역 공동체에 책임과 권한 위임)의 공통된 민주적 열망은 ▲시민들의 삶에 영향을 미치는 공공 정책 결정 및 서비스 결과를 형성하는 데 시민들이 보다 효과적으로 참여할 수 있도록 하는 것 ▲권한 부여를 통한 주민 참여 ▲시민에게 책임 부여 ▲신뢰와 사회적 자본 육성 ▲정부(지역사회 및 지방정부 부서)의 투명성과 책임성 개선"(Ercana, S. A. and Hendriks, C. M.(2013: 423)이다.

따라서 지역순환경제는 지역에 뿌리내린 경제활동 주체들에 의해 형성된 '지역적 배태성'과 로컬리즘에 바탕을 둔, 지역 내 재투자력 및 산업연관 강화와 사회적·생태적 가치 창출을 포함하는 '호혜적(reciprocal) 경제활동'을 지속적으로 실천하고자 하는 지향을 갖는다. 이러한 호혜적 경제활동과 관련해서 스테파노 자마니 등은 "호혜성 문화가 호혜성을 실천하는 사람들의 선호 구조를 내생적으로 바꾸는 경향이 있다."(스테파노 자마니 등, 2015: 240)고 했고, 보르자가 등은 "(경제활동의) 동기는 다면적이며 사람들은 이기심, 타인 배려 및 과정 관련 선호에 의해 동시에 움직인다."(Borzaga C., Depedri S., Tortia E., 2009: 10)고 분석한 바 있다.

2) 지역순환경제의 거시경제적 목표와 사회적조정

지역순환경제는 시장원리와 대비되는 '사회적조정'(social adjustment) 원리도 작동시킬 수 있다. '사회적조정'은 "지역경제의 수급(소비량-생산량) 불균형을 해소하기 위해서 조직화된 생산자와 소비자가 상호간의 신뢰를 바탕으로 직접 소통하여 생산량과 소비량, 가격, 품질 규격 등에 관한 사항을 '사전적으로' 공유하고 협의하여 생산과 소비를 결정하는 것이다. 이 '사회적조정'은 '시장적 조정'이나 국가사회주의에서 국가가 수급을 계획하는 것과 다른 개념이다. 즉, '사회적조정'은 조직화된 생산자와 소비자 시민이 경제를 직접 계획하고 민주적으로 조정하는 개념이다."(박창규·양준호, 2022: 55)

자본주의적 생산방식에서 생산수단의 사적소유는, 자본축적을 목적으로 잉여가치를 창출한 후 시장을 통해 그것을 화폐액으로 전환하는 과정에서 생산과 소비의 불일치에 의한 경제적 불확실성과 자원낭비, 나아가 경제적 모순을 낳을 가능성을 내포하고 있다.

반면에, 앞에서 논의한 바와 같이 사회에서 사람들의 협력과 공생을 강화하는 방향으로, 노동하는 사람들에 의한 집합적 통제를 전제하는 생산수단의 공유 또는 사회적 소유는, '상호의존적 경제활동 주체들'에 의해 생산수단의 사회적 통제 정도와 범위를 정하게 되고 자신들의 필요를 지속적으로 충족시키기 위해 재투자력 강화 활동과 '호혜적 경제활동'을 지속적으로 하게 된다.

즉, 지역순환경제는 생산수단의 사회적 소유와 통제에 참여하는 '상호의존적 경제활동 주체들'에 의한 '사회적조정' 원리에 따라 효과적으로 작동될 수 있다. 경제활동 주체들이 미시적 차원에서 "'사회적 조정'에 따라 행동함으로써 나타나는 거시적 차원에서의 사회적 가치 실현, 즉, 재화 및 서비스의 생산·유통의 탈 상품화, 인내자본의 형성, 생태친화적 생산과 소비, 민주적이고 공동체 지향의 자원 재분배, 지역 경제의 민주적 계획경제화 등 지역순환경제의 거시경제적 목표"(박창규·양준호, 2022: 56)를 실현하고자 한다.

미시적 차원에서 경제활동 주체들이 '사회적 조정'에 따라 행동하기 위해서는 두 가지 조건이 필요하다. 하나는 '사회적조정'에 참여하기 위한 생산자 및 소비자 조직의 내적 조건이다. '사회적조정'에 참가하기 위해서는 생산자 및 소비자 조직이 어떤 형태로든 규율에 의해 통제되는 조직이어야 한다는 점이다. 다른 하나는 '사회적조정'의 지속가능성을 충족시키기 위한 생산자 및 소비자 조직의 가치지향 및 활동 목표 조건이다. '사회적조정'에 참여하기 위해서 생산자 및 소비자 조직은 사회적 가치 지향성과 경제활동의 호혜성을 가져야 한다. 이러한 생산자 및 소비자 조직의 성향이 '사회적조정'에서 요구되는 이유는 시장적 조정의 불확실성과 대비해서 '사회적조정'의 확실성 및 안정성을 담보하기 위해서는 생산자 및 소비자 조직 사이에 그러한 성향을 합의해야 하기 때문이다.

이러한 조건의 충족을 경제활동 주체의 소유형태 측면에서 보면, 민간 영리조직의 경우는 일반적으로 규율에 의한 수직적 통제 시스템이 작동한다. 하지만 민간 영리조직은 사회적 가치 지향성과 경제활동의 호혜성을 안정적으로 담보하기 어렵다. 반면에, 집합적 소유형태의 비영리 조직 또는 사회적경제 조직은 민주적인 통제 시스템이 작동하며, 사회적 가치 지향성과

〈그림1〉 '사회적 조정' 개념도

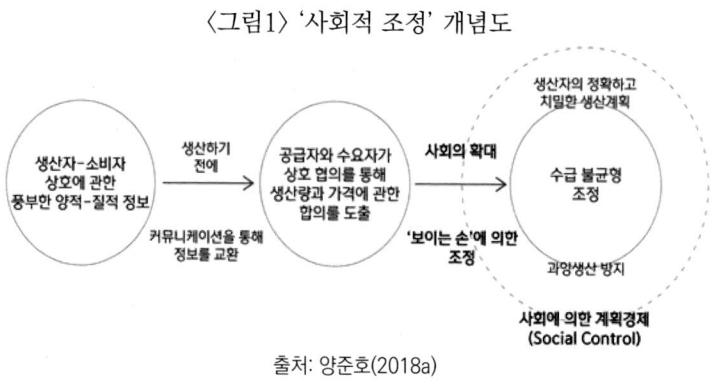

출처: 양준호(2018a)

경제활동의 호혜성을 안정적으로 담보할 수 있다. 이러한 점에서 '사회적조정'은 집합적 소유형태의 조직과 더 정합적이며, 이러한 집합적 소유형태의 조직들에 의한 '사회적조정'이 작동의 안정성과 지속성을 담보할 가능성이 더 크다고 추론할 수 있다.

이러한 '사회적조정'의 맹아적 사례는 사회적기업인 원주생명농업과 두레생협연합회 사이에 이루어지고 있는 '친환경농산물의 생산-공급 약정 체계'에서 확인할 수 있다. 이 '사회적조정'은 "쌀, 채소, 반찬가공품의 생산·공급 시기와 수량, 생산·공급 기준, 공급규격, 공급가격에 관한 양자 간의 사전적 정보교환과 합의를 통해 실행된다."(박창규·양준호, 2022: 59) 양자 사이의 구체적인 '사회적조정'의 실행절차는 아래 표와 같다.

〈표1〉 원주생명농업-두레생협연합회 생산-공급 약정 실행 절차

시 기	조직화 및 합의절차
매년 11월	(원주생명농업) 생산자에게 생산계획서 제출 요청 (원주생명농업) 두레생협연합회에 공급계획서(초안) 제출
매년 12월 중하순	(원주생명농업) 생산계획서 취합
매년 1월	(두레생협연합회) 원주생명농업 등 생산자단체와 생산품목, 생산시기 등 조정회의 및 결정
매년 2월 초	(원주생명농업) 생산·공급 품목 및 시기, 수량, 가격에 대해 생산자와 최종 약정

박창규·양준호(2022: 60)

원주생명농업과 두레생협연합회 사이에 지속되어온 '사회적

조정'은 생산자와 소비자 사이의 신뢰에 의해 지속되고 있으며, 이들은 "이 사회적조정' 활동으로 인해 친환경농업의 생산과 소비가 창출하는 사회적 가치를 내면화하게 되고, 그 내면화가 그러한 친환경농산물 생산과 소비 활동을 지속시키고 있는 것이다."(박창규·양준호, 2022: 60).

정리하면, 생산수단의 사회적 소유와 통제에 참여하는 '상호의존적 경제활동 주체들'에 의해 실천되는 지역순환경제 작동원리들-호혜적 경제활동과 사회적조정-을 통해 지역순환경제는 지역 내에서 생산된 부(wealth)가 지역 밖으로 유출되지 않고 지역 내에서 순환되도록 함으로써 지역에 뿌리내린 인내자본 형성, 생산조직 및 그들 간의 네트워킹 강화, 탈상품화 생산활동과 사회적 소비, 안정적인 일자리 창출을 지향한다. 이러한 지향은 자본주의적 사적소유에 대한 대안적 소유형태를 확산시키고 또 '경제와 사회의 관계를 재규정'[14]하고자 하며 시장과 국가의 실패를 넘어 시장과 국가와 지역 공동체가 새로운 경제주체로서 제 역할을 갖도록 하는 실천을 통해 구체화될 수 있다.

---

14) 이와 관련해서 칼 폴라니는 "시장경제는 경제가 사회적 관계들 속에 위치하는 비계약적인 사회를 인위적으로 파괴하며 창출되었고, 사회적 관계들이 경제체제 속으로 들어가 버린 상태를 말한다."고 했다. (와카모리 미도리, 2017: 99) 또한, '경제적'이라는 용어는 "인간의 자연적·사회적 환경과의 상호작용-그것이 인간에게 물질적 욕구 충족의 수단을 제공하는 결과를 낳는 한-을 가리키는 것이다."(칼 폴라니, 2017: 111)

Ⅳ. 지역순환경제론의 실천에 대한 이론적, 경험적 논의[15]

1. 지역순환경제 실천의 핵심요소
: 사회적·집합적 소유형태의 '지역 공동체 부' 형성과 그것의 민주적 통제

지역순환경제의 실천은 지역 내에서 생산된 부(wealth)가 지역 내에서 순환되도록 해 지역의 공동체 부(community wealth)를 구축하고, 그것을 통해 안정적이고 지속가능한 지역발전을 이루는 것이다. 이러한 실천전략은 이미 여러 지역에서 다양하게 실행되고 있다.

미국에서는 "임금 인상을 통해서 경제적 불평등을 해결할 수 없다. 부의 격차가 너무 크다."며 "우리 경제에서 부를 재조정하는 명확한 방법은 노동자들이 자신이 일하는 사업체에서 부(wealth)의 일부를 갖는 것이다."(Palladino, L., 2019)[16]라는 인식이 확산되었다. 이러한 맥락에서 지역 앵커기관들의 자산과 조달력을 활용해 협동조합, 사회적기업, 노동자 소유기업

---

15) 본 장은 2023년 5월에 발간된 『마르크스주의 연구』 제20권 제2호에 실린 필자의 논문 "대안적 지역발전 전략으로서 지역순환경제의 실천전략에 관한 연구: 협동조합과 커먼즈를 중심으로"를 보완한 것임을 밝힌다.
16) 미국 루즈벨트연구소 블로그. https://rooseveltinstitute.org/2019/05/15/inclusive-ownership-funds-for-the-united-states/.

등 자본주의적 사적소유 형태와 다른 "제도적 소유 형태의 '지역공동체 부' 구축"을 시도해오고 있으며. 이러한 "자산 축적과 지역공동체 공유 소유권(community-shared ownership)이 지역경제 개발에 집중되도록 만든다."(Howard, T., 2012: 206-207)

뉴욕시는 주민들의 자산 구축을 돕기 위해 "주민들의 금융 건전성 개선, 포용적 소유권을 위한 기회 창출이라는 두 가지 전략을 통해서 '공동체 부 구축' 작업을 추진했다."(New York City Department of Consumer Affairs, 2020: 8)

또한, 2011년부터 영국 랭커셔 주 프레스턴에서 '지역공동체 부 구축'(community wealth building)을 주도하고 있는 프레스턴 시의회 의장 매튜 브라운은 "나의 비전은 지역적으로 또 지역 안에서 생산되고 구축된 부(wealth)가 멀리 떨어져 있는 주주(distant shareholders)가 아니라 그것을 생산하고 구축했던 지역 주민들에 의해 통제되도록(controlled)하는 것이었다."(CLES/Preston City Council, 2019: 3)라며, 프레스턴 시 의회 등 지역 앵커기관들이 보유한 조달력을 원천으로 지역순환경제를 실천하고 있다.[17]

이들의 지역순환경제 실천의 공통점은 첫째, 지역시민들에

---

17) 이러한 미국과 영국의 '지역공동체 부 구축'(community wealth building) 사례에 대한 자세한 내용은 양준호 외(2022)의 『시민이 주도하는 지역순환경제』 제3장을 참조바람.

의해 민주적으로 통제되는 대안적 소유형태의 '지역 공동체 부'를 지역 내에 축적하고, 둘째, 노동자 협동조합 등 사회적·집합적 소유권 형태의 사회적경제 조직이 주도하는 경제활동을 조직함으로써 셋째, 지역 시민들의 경제적 평등과 안정된 생활 그리고 지역 사회의 지속가능한 발전을 추구한다는 점이다. 즉, 지역순환경제 실천전략의 핵심요소는, 지역 시민들에 의해 사회적·집합적으로 소유되는 '지역 공동체 부'를 구축하고 그것을 민주적으로 통제함으로써 지속적으로 경제적, 사회적 가치를 창출하는 것이다.

2. 지역순환경제론의 실천에 대한 이론적, 경험적 논의

1) 협동조합의 사회적자본 형성과 '지역 공동체 부' 구축

사회적·집합적 소유형태의 '지역 공동체 부' 구축은 지역 공동체(community)를 구성하는 시민들에 의해 자신들의 필요에 따라 의식적으로 이루어지는 과정이다. 따라서 지역 시민들의 '지역 공동체 부' 구축에 대한 참여 동기와 실천 방법에 대한 이론적 검토로부터 논의를 시작해야 한다.

앞에서 논의했던 경제행위의 사회적 '배태성'(embeddedness) 개념과 관련해서 그라노베터는 "행위자는 사회적 맥락 밖에서 원자처럼 행동하거나 결정하지 않으며, 우연히 점유하게 된 사회적 범주의 특정 교차점에 의해 작성된 대본에 노예처럼 집착하지도 않는다."(Granovetter, M., 1985: 487)며, 경제행위의 사회적 배태성 개념에 대해 "신뢰를 생성하고 불법 행위를 억제하는 구체적인 개인 관계 및 그러한 관계의 구조(또는 '네트워크')의 역할을 강조한다."(Granovetter, M., 1985: 490)

또한, 앞에서 언급한 바와 같이 생산수단의 '사회적 소유권'은 "소득을 발생시키는 재산이 '사회'의 모든 사람들에게 공동으로 소유된다는 것을 뜻한다. 따라서 모든 사람들은 이 생산수단의 사용으로 발생되는 순소득에 대한 집합적 권리, 그리고 이 소득을 발생시키는 재산을 처분할 집합적 권리를 가진다."(에릭 올린 라이트, 2012: 172-173)고 설명했다.

그렇다면 인간의 사회적으로 배태된 경제행위를 대안적 소유형태의 '지역 공동체 부' 구축으로 이어주는 실천방법은 무엇인가? 노동자 협동조합(workers' cooperatives)은 "기업에서 일하는 모든 사람들이 집단적으로 소유하고, 민주적으로 통치하는 기업 체계"(로버트 달, 2011: 103)이다. 이렇게 생산수단이 집합적으로 소유되고 있고 민주적 사업체인 노동자 협동조합에서 "조합원들은 기업에 대한 소유권, 사용권, 경영권, 임차권, 판매권, 양도권, 처분권, 지분이전권 등을 집단적으로 가질 수는 있지만 개인적으로 가질 수는 없다. 이런 의미에서 조합원이 가지고 있는 지분은 개인 재산(personal property)이라

고 할 수는 있지만 사유재산(private property)은 아니다."(로버트 달, 2011: 161)

또한, 협동조합은 "'사회적 자본'을 개발하는 조직과 기관을 세우고, 공동체가 의존할 호혜 관계와 보편화된 신뢰를 구축하는 전략에서 핵심이 된다."(존 레스타키스, 2017: 364) 그리고 사회적 가치를 창출하는 협동조합 운동은 "개방적인 조직 제도 설계와 운영을 통해 결속(bonding)을 강화하고 지역 공동체와의 연계(bridging)를 확대함으로써 '사회적자본'을 더욱 더 축적하며, 그러한 '사회적자본'의 축적이 협동조합의 성장을 가져다준다."(박창규, 2022a: 98-99)

이러한 논의에 따르면, 사회적·집합적 소유형태의 '지역 공동체 부' 구축 행위는 신자유주의 세계화로 인해 피폐화와 소멸 위험에 처한 지역의 생산관계 등 사회적 관계에 배태되어 있는 것이다. 그리고 집합적 소유형태의 조직인 협동조합이 '지역 공동체 부'의 소유자중 하나가 될 수 있으며, 협동조합이 '사회적자본'을 형성함으로써 지역 시민들이 자신의 필요에 따라 의식적이고 지속적으로 '지역 공동체 부' 구축에 참여할 수 있게 된다는 것을 시사한다.

즉, 조합원들에 의해 집합적으로 소유되고 민주적으로 운영되는 협동조합이 '사회적자본'을 형성함으로써 지역 시민들의 경제적 평등과 안정된 생활 그리고 지역 사회의 지속가능한 발전을 추구하는데 필요한 '지역 공동체 부'를 구축할 수 있다.

나아가 협동조합은 구축된 '지역 공동체 부'를 이용한 경제활동의 성과를 조합원들, 그리고 지역 공동체 구성원들과 나눔으로써 대안적 소유형태의 '지역 공동체 부' 구축을 지속해나갈 수 있다. 왜냐하면, "지역 공동체 문제의 해결을 촉진하는 핵심 정책은 구성원을 지역 공동체 성공의 수혜자로 만드는 재산권 분배"(Bowles, S·Gintis, H., 2002: 431)이기 때문이다.

2) '지역 공동체 부'의 민주적 통제

그렇다면 '지역 공동체 부'의 민주적 통제(democratic control)는 어떻게 가능한 것인가? 바람직한 경제 질서는 "역사적 경험을 했던 중앙집권적인 '관료적 사회주의'가 아니며 '민주적으로 통제되는 법과 규칙이라는 규제 틀'을 필요로 한다."(로버트 달, 2011: 102) 이때 '민주적 통제'란 간단하게 말해서 시민들에 의해 경제적 효율성뿐만 아니라 사회적 가치 지향성을 갖는 자원 배분이 이루어지도록 하고, 생산 및 분배 활동이 노동자를 비롯한 생산주체들에 의해 민주적으로 조직되도록 하는 것이다.

이러한 관점을 지역 공동체 차원에 적용하면 '지역 공동체 부'의 '민주적 통제'란 지역 시민들에 의해 경제적 효율성뿐만 아니라 지역 공동체가 필요로 하는 사회적 가치에 대한 지향성을 반영한 '지역 공동체 부'의 배분이 이루어지도록 하고 지역에 착근된 생산주체들에 의해 생산 및 분배 활동이 민주적으로 조직되도록 하는 것이다. 이를 위해서는 지역 공동체 구성원들과 생산자들의 실질적 참여와 권한을 보장하는 지역 내 제도의 형성이 뒷받침되어야 한다.

우선, 이러한 '지역 공동체 부'의 민주적 통제는 민간기업 내에서 스스로 실현되기 어렵다. 물론 1930~40년대에 미국 경제민주화론자인 벌리와 민스가 소유권이나 통제권 모두 "공동체라는 최상의 이익에 반할 수 없다."며 "공동체는 법인자본주의 기업조직이 소유자나 통제자의 이익을 넘어 전 사회에 대해 봉사하도록 요구하는 위치를 갖게 되었다."(이병천, 2013: 57)고 주장한 바 있지만, 이러한 주장은 "규범적 수준에 머물렀다."(이병천, 2013: 58) 생산수단이 사적으로 소유되는 민간기업[18]은 이윤추구를 목적으로 하고 노동소외를 동반하며, "사유화된 생산수단의 이용 방식에서 자본제적 사익 추구의 극대화와 독식 행동은 공유지 접근에서 배제된 무산자의 이해, 공공의 이익 및 민주주의와 끊임없이 충돌한다."(이병천, 2013: 37)

반면에 Jossa, B(2014)는, 협동조합 기업은 "수입과 운영책임을 적절하게 배분해 생산을 간소화하고 산출물을 늘리는 강력한 장치"이고, "협동조합의 노동생산성은 더 공정한 소득분

---

[18] 일반적인 민간기업 형태인 법인 자본주의 기업에서 "주주의 법적 소유권은 사람, 물재, 화폐자금 등 회사 자산의 사용-통제권에는 미치지 못한다. 그런 면에서 형식적 소유에 그친다."(이병천, 2013: 55)

배를 보증하며 추가로 인적자본 형성에 대한 더 큰 관심을 갖게 하고 해고를 자제하게 한다."(Jossa, B., 2014: 110). 또한, "가치재로서 민주적 기업은 조합원과 사회의 필요 둘 다를 만족시킨다."(Jossa, B., 2014: 145)

또한, '지역 공동체 부'의 민주적 통제는 개별 생산 기업을 넘어서 지역 공동체 차원의 공공성(公共性, publicness)을 지향하는 지역 시민들에 의한, 사회운동으로서의 거버넌스를 필요로 한다. "공공성의 분석적 정의는 한편으로 공공적 이슈를 감지하기 위한 발견적 도구이면서, 또한 공공성의 규범적 원칙을 도출하기 위한 토대이다."(신진욱, 2007: 31) 즉, '지역 공동체 부 구축'은 공공성에 의해 발견된 공공적 이슈이며, 공공성은 지역 시민들의 참여와 협력에 의한 '지역 공동체 부'의 민주적 통제라는 규범적 원칙의 토대이다. 또한, "공공성을 추구하는 사회운동은 그 운동의 당파적인 정체성을 사회 전체의 보편적 이익에 관련되는 이념 및 행동강령과 결합시켜야 하며, 이는 그람시가 말한 헤게모니적 정치의식을 통해서만 성취될 수 있는 과제"(신진욱, 2007: 24)라는 관점에서 지역 공동체 부 구축 운동은 지역 시민들의 구체적인 일상생활로 침투되어야 한다. 즉, '지역 공동체 부'의 민주적 통제를 위한 지역 차원의 거버넌스는 공공성을 추구하는 사회운동 차원에서 지역 시민들의 참여와 협력을 통해 이루어질 수 있다.

정리하면, '지역 공동체 부'의 민주적 통제는 첫째, 공공성을 추구하는 사회운동 차원에서 지역 시민들의 참여와 협력을 통해 이루어지는 거버넌스와 둘째, 조합원과 지역 시민들의 필요 둘 다를 만족시키는 생산 및 분배 활동이 가능한 협동조합 등 민주적 기업을 통해 이루어질 수 있다.

3) '지역 공동체 부'를 통한 지속적인 경제적, 사회적 가치 창출 가능성

'지역 공동체 부' 구축과 그것의 민주적 통제는 지역순환경제 실천전략의 필요조건이다. 지역순환경제 실천전략이 필요충분조건을 갖추기 위해서는 '지역 공동체 부'를 통해 지속적인 경제적, 사회적 가치 창출이 실현되어야 한다. 이것은 지역순환경제 주체들에 의한 '호혜적(reciprocal) 경제활동'을 지속적으로 담보할 수 있는 방안에 대해 좀 더 구체적으로 살펴보는 것이다.

이미 이와 관련한 실천에 대해 논의된 바가 있다. 영국의 국가기관인 '지역경제전략센터(CLES)'에 따르면, "지역적으로 소유되고 사회적 가치를 우선하는 기업은 지역적으로 더 많은 고용과 더 많은 구매 및 투자를 할 가능성이 높다."[19]고 분

---

19) CLES홈페이지 https://cles.org.uk/the-community-wealth-building-centre-of-excellence

석했다. 그리고 "강한 사회적경제 이니셔티브는 이윤 극대화보다는 형평성, 재분배, 연대성, 상호성 및 사회적 요구 충족의 원칙을 통합하는 지역 사회 기반 행동에 초점을 맞추고 있다."(Connelly, S., Markey, S., Roseland, M., 2011: 312)는 연구도 있다.

따라서 '지역 공동체 부'를 통한 지속적인 경제적, 사회적 가치 창출 방안으로서 협동조합 등 사회적경제 조직의 가능성에 대해 논의할 필요가 있다. "협동조합에는 공동체 의식을 이끌어내는 것과 더불어 경제구조의 문제를 파헤치고 개선할 수 있는 고유한 역량이 있다. … 일반기업이 주주들의 배당금을 만들어내지 못해서 일자리를 희생해야 하는 상황에서도, 노동자협동조합은 고용을 유지함으로써 노동이 의미를 갖도록 한다."(존 레스타키스, 2017: 364-368). 노동자협동조합 같은 "자치 기업은 수익 배분 정책으로도 주주 소유 법인들은 절대 달성할 수 없는 정도로 창조성, 에너지, 충성심을 고취시킬 수 있다."(로버트 달, 2011: 141).

이러한 분석들과 관련해서 국내외 협동조합들이 지속적인 경제적, 사회적 가치 창출을 실현하고 있는 사례들은 다양하다. 글로벌 금융위기 직후인 2010년 호세 마리아 알데코어 몬드라곤 총이사회 이사장은 "2010년 … 몬드라곤 소속 기업들이 노력한 결과 지난해에 비해 큰 성과를 거두었다. … 이 모든 것은 협동조합 모델의 틀 안에서 이루어졌다. 우리는 계속해서 부와 고용 창출을 통해 우리의 기업 정신을 실현할 것이다."(김성오, 2012: 177)라고 밝혔다. "몬드라곤협동조합그룹은 금융, 경영 및 기술지원, 교육훈련, 내부노동시장의 운영 등을 통하여 시장 및 기술 환경의 변화나 경기순환에 대응하여 실업문제를 대폭적으로 완화할 수 있다는 점을 이해할 필요가 있다."(장종익, 2013: 227)

이탈리아 사회적협동조합이 지역경제에서 수행하는 역할에 대해서도 많은 논의가 있었다. 이탈리아 트렌토(Trento) 대학의 카를로 보르자가 교수는 "사회적협동조합은 이탈리아의 경제성장에 크게 공헌하고 있으며, … 정신병력, 신체적 장애, 약물 및 알코올에 대한 의존성 등으로 인해 취업의 기회를 얻지 못하는 근로자에게 일자리를 제공하여 새로운 사업을 개발하고 고용을 창출하고 사회적으로 유익한 재화를 생산하고 빈곤감소에 기여했다"[20] 고 설명했다. 이탈리아 북부 폰도(Fondo) 지역에 위치해 있고, 지자체가 이사회의 구성원인 '스텔라 몬테스' 협동조합은 "고령자 시설을 운영하는 '다중이해관계자'형 협동조합의 성격상 지역사회의 다양한 이해를 풍부하게 대표하고 있고, 협동조합 구성원들의 적극적인 활동 참여가 이루어지고 있고, 시설운영의 이념과 목적을 중심으로 지자체와

---

20) 경기도 보도자료, 2012.11.15., "사회적협동조합, 한국 사회복지발전에 기여할 것"-'사회적협동조합 석학' 이탈리아 카를로 보르자가 교수 대담.

협동조합의 의사소통이 충실해졌다."(타나카 나츠코, 2014: 204-216). "다중이해관계자(multi stakeholder)에 의한 사회적협동조합의 구성과 운영(거버넌스)은 기금제공자나 공,사적 법인의 조합원 가입을 허용하는 규정을 마련함으로써 … 사업에 관계된 이해관계자라는 개념을 도입함으로써 획기적으로 달라졌다. … 이들은 각각 협동조합의 사업과 운동에 나름의 기대나 이해를 가진다."(이상봉, 2016: 278-279).

캐나다에서는 "1990년대 중반 이후 퀘벡에 사회연대 경제의 열풍이 불었다. 닙탄이라는 걸축한 여성운동가를 비롯한 시민운동 그룹은 퀘벡 지역의 여성운동, 문화운동, 환경운동 등 각종 시민운동과 기존의 공동체 경제발전 운동(CED)을 연결해냈다. 주정부는 이들과 협정을 맺어 지역 발전 전략을 수립하고 실천했는데 그 수단이 협동조합이나 사회적기업이었다."(정태인, 2013: 191-192) "캐나다 퀘벡의 사회적 경제를 사회혁신의 관점에서 분석한 마리 부샤드(Marie J. Bouchard)는 사회적 경제가 …'생산, 소비, 분배, 지역경제(고용)'에 관한 '대안적 실천을 실험하는 새로운 실험의 장'이라고 부른다."(정건화, 2016: 430)

국내 로컬푸드 직매장 사업분야의 '협동조합농부장터'는 "내부적 결속과 대외적 연계활동을 지속한 결과 설립 초기부터 조합원, 이용 소비자 조합원, 회원농가가 꾸준히 증가했으며, 특히 이용 소비자 조합원은 2022년 현재 3,059명에 이르렀다.

또한 2019년부터 2021년까지 3년간 매출액도 꾸준히 증가해 2021년 현재 44억원을 상회하는 등 안정적인 경영지표를 보이고 있다."(박창규, 2022a: 95)

따라서 협동조합 등 사회적경제가 '지역 공동체 부'를 활용해 지속적인 생산 활동 및 분배 활동을 실천함으로써 지역 공동체가 필요로 하는 경제적, 사회적 가치를 창출할 수 있다는 것은 경험적으로 확인 가능하다.

4) '지역 공동체 부'와 커먼즈의 개념적 연결
  : 소유 및 권리, 참여와 조정

앞에서 논의했듯이 지역순환경제를 실천하는 지역 공동체는, 자본주의적 사적소유 형태의 생산수단 대신 다양한 방식의 지역 공동체 소유인 생산수단과 그것에 의한 생산의 결과인 '지역 공동체 부'를 민주적으로 통제해 지역 내에서 순환하도록 함으로써 지역 경제의 지속가능성을 담보하고 지역 공동체 구성원들의 경제적, 사회적 필요를 지속적, 안정적으로 실현하고자 한다.

이러한 지역순환경제의 지향과 실천은 앞에서 언급한 바와 같이 시장과 국가의 실패를 넘어 시장과 국가와 지역 공동체가 새로운 경제주체로서 제 역할을 갖도록 하는 대안적 경제체제 모색의 한 실천과정이다. 그리고 사회적·집합적 소유형태인

'지역 공동체 부'의 구축은 "집단적으로 생산된 공유자산적 가치인 커먼즈(commons)"(양준호, 2018b: 158) 논의와도 연결될 수 있다.

오스트롬은 "사용자가 '공유 풀 자원'을 사용할 수 있는 사람을 결정하기 위한 '경계 규칙', 자원의 흐름 할당과 관련된 '선택 규칙', '규칙 위반자에 대한 모니터링 및 지역적 제재의 활동 형태'를 창출했음을 발견했다."(Ostrom, E., 2010: 650) 또, "'공유 풀 자원'은 정부 재산, 사유 재산, 커뮤니티 재산으로 소유 및 관리될 수 있으며 아무도 소유하지 않을 수 있다."(Ostrom, E., 2010: 650). 그리고 그녀는 개인이 누적적으로 가질 수 있는 5가지 재산권을 "(i) 접근-특정 재산에 들어갈 수 있는 권리 (ii) 추출-자원에서 특정 제품을 수확할 수 있는 권리 (iii) 관리-자원을 변형하고 내부사용 패턴을 규제할 수 있는 권리 (iv) 배제-누가 접근, 추출 또는 관리 권한을 가질 것인지 결정할 권리 그리고 (v) 소외-다른 네 가지 권리를 임대하거나 판매할 권리"(Ostrom, E., 2010: 651) 라고 설명했다. 이러한 권리는 사회적·집합적 소유형태인 '지역 공동체 부'에 대한 권리와 기능을 구체화하는 작업에 차용할 수 있다.

또한, 오스트롬은 "'공유 풀 자원'의 성공적인 거버넌스를 보장하는 공유 요소(common factor)는, 자원으로부터의 이익 흐름의 관리에서 자원 사용자의 적극적인 참여임을 시사한다." 며 "지역 사용자가 일부 제품을 수확 및 판매할 수 있도록 허용하고 프로젝트 설계 및 관리에 지역 공동체를 참여시키는 것이 모두 성공적인 결과를 위한 중요한 요소"(Ostrom, E., 2010: 664)라고 분석했다. 이러한 분석결과는 지역순환경제의 민주적 통제 과정의 사회운동적 거버넌스에서 지역 시민들의 '참여'와 '성과배분'에 대해 시사점을 제공한다.

이러한 논의를 통해 '지역 공동체 부'와 커먼즈의 개념적 연결은, 시장 및 국가와 함께 지역 공동체가 새로운 경제체제의 주체로서 역할을 하도록 모색하는 이론적, 실천적 과정을 통해서, 시장과 국가를 넘어서고자 하는 대안적 경제체제 지향의 이론적 방법론을 풍부하게 만든다. 즉, '지역 공동체 부'라는 대안적 소유형태와 그것에 대한 지역 시민들의 권리, 그리고 '지역 공동체 부'에 대한 민주적 통제의 핵심요소인 지역 시민들의 실질적 참여와 조정 방안은 커먼즈 논의와 연결된다.

소유형태의 측면에서 커먼즈는 " '소유'(ownership)에 대한 것이라기보다는 '관리'(stewardship)에 대한 측면이 더 크다. … 커먼즈는 많은 사람들에 의한 자원의 공동 관리에 관한 것이며, … 그 시스템은 모두 사회적 이해에 기초했다."(데이비드 볼리어, 2015: 154-155) 이러한 관점은 일본의 학계에서 제기된 현대총유론의 '총유' 개념과도 같다. 총유란, "법학적 시각에서, 공동소유의 한 형태이며, … 각 구성원에게는 목적물을 사용·수익할 권한만 있다. 사회학적 시각으로 보면, 공동체, 나아가 '지역'이라는 관념이 결부된 소유 형태이며, 역사학적으

로 돌아보자면, 인류사의 보편적인 소유 형식이었다."(윤여일, 2019: 185-186)

오스트롬과 연구자들의 연구에 따르면 "커먼즈의 성공 비결은 공동체가 자원을 관리하고, 자원에 대한 접근권과 이용권을 관리하고, 규칙을 어기는 사람은 효과적으로 처벌하는 독자적이고 유연한, 진화하는 규칙을 만들 수 있었다는 점에서 찾을 수 있다."(데이비드 볼리어, 2015: 57-58).

그렇지만 현대 자본주의 사회에서는 커먼즈를 위협하는 자본과 시장의 논리가 다양하게 관철되기 때문에 커먼즈의 성공비결은 오스트롬 등이 말하는 그러한 내부규칙의 설정만으로는 충분히 설명될 수 없다. 따라서 커먼즈 논의에서도 자본주의체제에 대한 대항담론이 제기된다. "공유재가 시장과 상호작용하려면, 인클로저·소비주의·자본축적에 대한 욕망, 그 밖에 자본주의가 가져오는 비슷한 병적 현상들에 저항할 수 있어야만 한다. … 시장도 공동체에 충분히 녹아들고 공동체에 대해 충분히 책임을 다한다면, 완전히 지역에 융합된, 공정하고 공동체 필요에 부응하는 존재가 될 수 있다."(데이비드 볼리어, 2015: 202) 이러한 맥락에서 커먼즈 개념에 대한 논의는 좀 더 자본주의 체제와 맞닿으며 전개되고 있다. "커먼즈는 시장 탐욕의 굴레로부터 벗어나 시민들 스스로 유·무형의 자원을 함께 생산·관리하는 협력의 관계이자 공동 소유권에 기초한 '반-인클로저'의 실천 운동으로 볼 수 있다. … 커먼즈는 지배 자본의 사적이익이나 국가의 공적 간섭으로부터 독립적으로 존재하면서도 이와 긴장관계 속에 놓인 유·무형 자원을 둘러싸고 시민 구성원들이 협력을 통해 자원을 공동 생산 관리하며 새로운 사회적 가치를 만들어내는 공생적 사회 공동체이다."(이광석, 2021: 106-107, 108)

따라서 이러한 커먼즈 개념 논의의 진화를 통해 커먼즈와 '지역 공동체 부'는 좀 더 구체적으로 연결된다. 즉, 자본과 시장의 외부적 영향력에 대항해 지역 상황에 맞게 다양한 사회적·집합적 소유형태의 '지역 공동체 부'를 구축하고 그에 따른 지역 시민들의 '권리' 그리고 '지역 공동체 부'의 '기능'을 제도적으로 규정함으로써 '지역 공동체 부'는 자본과 시장이 야기하는 지역의 문제를 스스로 해결하는 수단으로써 실질화될 수 있을 것이다.

한편, 스테판 메레츠(2019)는 "커먼즈는 생활을 생산하는 사회 형태다. … 생산은 사람들의 명확한 필요와 욕구에 따라 이루어진다. … 커먼즈 체계의 구조와 운영에서, 조정이 우선하고 생산은 뒤따른다. 이런 사전 조정은 커먼즈의 제도와 운영에서 규칙적으로 관찰된다."고 설명한다. 이러한 조정 개념과 같은 맥락에서 지역순환경제의 실현 원리 중 하나인 '사회적조정'은, 지역 시민들의 필요에 대응하는 생산 및 소비 조직화이자 '지역 공동체 부'의 민주적 통제 방안의 일환인 사회운동적 거버넌스로써 지역 시민들의 실질적인 참여를 보장하는 형태로 구체적으로 제도화될 수 있다.

V. 마치며

필자는 신자유주의 세계화라는 시·공간적 현실에서 지역순환경제와 커먼즈의 만남이 필요하고 가능하다는 가설을 가지고 본고의 작성을 시작했다. 그래서 자본주의적 사적소유에 대한 비판과 대안적 소유형태에 관한 역사적 논의를 간략하게 개괄했으며 그것을 통해 대안적 소유형태의 논리적 귀결로 노동하는 사람들에 의한 생산수단의 '사회적 소유'라는 것을 확인했다. 아울러 이러한 귀결은 두 가지 향후과제를 남겼는데 하나는 자본주의적 사적소유를 넘어서는 대안적 소유의 구체적 구상은 무엇인지에 관한 것이고, 다른 하나는 그러한 대안적 소유 구상을 누가, 어떻게 실천할 것인지에 관한 것이다.

필자는 이러한 검토 결과를 신자유주의 세계화라는 시·공간적 현실에서 지역순환경제와 커먼즈의 만남이 필요하고 가능하다는 연구 초기의 가설과 접목시키고자 했다. 해서 신자유주의 세계화라는 시·공간적 현실을 '지역의 불균등발전' 개념을 통해 파악하고 그것에 대항하는 대안적 지역발전 전략으로서 지역순환경제의 개념과 핵심요소, 실천전략을 살펴봤다.

필자는 '지역순환경제'는 지역의 내발적 발전론이 담고 있는

'지역에 뿌리내린 다양한 생산 주체들의 조직화 및 네트워킹', '생산주체들을 지원하는 거버넌스 및 제도', '지역 자원의 창조적 활용'을 토대로 지역 내 재투자력 및 산업연관 강화를 통해 지역 내에서 생산된 부(wealth)가 지역 내에서 순환되도록 하는 지역발전 전략임을 제기했다. 또, 지역순환경제는 '지역적 배태성'과 로컬리즘에 바탕을 둔 '호혜적(reciprocal) 경제활동'을 지속적으로 실천함으로서 '사회적조정' 원리에 따라 재화 및 서비스의 생산·유통의 탈 상품화 등 지역순환경제의 거시경제적 목표를 도출했으며, 지역순환경제 실천전략의 핵심 요소는 지역 시민들에 의해 사회적·집합적으로 소유되는 '지역 공동체 부'를 구축하고 그것을 민주적으로 통제함으로써 지속적으로 경제적, 사회적 가치를 창출하는 것임을 강조했다.

지역순환경제와 커먼즈의 만남 필요성과 가능성은 바로 지역순환경제의 실천전략을 통해 확인된다. 우선, 사회적·집합적 소유형태의 민주적 기업인 협동조합이 '사회적자본'을 형성함으로써 자본주의적 사적소유에 대한 대안적 소유형태의 '지역 공동체 부'를 구축할 수 있다. 둘째, '지역 공동체 부'의 민주적 통제는 1) 공공성을 추구하는 사회운동 차원에서 지역 시민들의 참여와 협력을 통해 이루어지는 거버넌스와 2) 조합원과 지역 시민들의 필요 둘 다를 만족시키는 생산 및 분배 활동이 가능한 협동조합과 같은 민주적 기업을 통해 이루어질 수 있다. 셋째, 협동조합 등 지역에 뿌리내린 민주적 기업들이 '지역 공동체 부'를 활용해 지속적인 생산 활동 및 분배 활동을 실천함으로써 지역 공동체가 필요로 하는 경제적, 사회적 가치를 창출할 수 있다는 것은 경험적으로 확인 가능하다. 넷째, 이러한 논의 결과를 통해 사회적·집합적 소유형태인 '지역 공동체 부' 구축은 "집단적으로 생산된 공유자산적 가치인 커먼즈(commons)"논의와도 연결될 수 있다.

'지역 공동체 부'는 자본과 시장의 영향에 맞서고자 하는 커먼즈 개념 논의의 진화를 토대로 지역 상황에 맞게 다양한 사회적·집합적 소유형태로 구축되고, 그것에 대한 지역 시민들의 '권리' 그리고 '지역 공동체 부'의 '기능'을 제도적으로 규정함으로써 자본과 시장이 야기하는 지역문제를 스스로 해결하는 수단으로써 실질화될 수 있다. 그리고 '사회적조정'은 사회운동적 거버넌스로써 집합적 소유형태의 조직들을 통해 지역 시민들의 실질적인 참여를 보장하는 방식으로 구체적으로 제도화될 수 있다.

지역순환경제는 자기생존의 진화 과정을 지속하는 자본주의 내에서 실천되고 그 실천이 촉진되어야 한다는 점에서 여전히 난제이다. 하지만 "낡은 형태 내부에서 새로운 형태로 출현하는 협동조합"(칼 마르크스, 1989: 541)처럼 지역순환경제는 신자유주의 세계화에 대한 비판과 회의가 확산되고 후기산업사회로의 변화가 모색되는 현실에서 그러한 사회경제적 변화에 조응하는 대안일 수 있다.

후기산업사회와도 연결되는 "탈공업사회는 경제효율과 성장 제일주의를 추구하는 '경제적 양식'에서 지식과 정보에 의해 사회적 문제를 해결하는 '사회적 양식'으로 관심이 변화한 사회라고 할 수 있다. 탈공업사회는 '시장경쟁'이 아니라 '공공계획'이 중심이며, '공공계획'은 사회적 가치를 실현하기 위해 의식적 선택과 계획을 요구하므로 '탈공업사회의 희소성'은 '정보, 조정능력, 시간' 이라는 희소성이다."(권영근, 2009: 56-57)

결국, '탈공업사회의 희소성'을 극복할 수 있고 경제적 효율성보다 지역 공동체가 공유하는 사회적 가치 실현을 더 중시하는 '사회 속에 배태된 경제' 실현 방안에 관한 연구는 필자의 지속적인 연구과제이다. 이를 위해 협동조합과 '지역 공동체 부', 커먼즈의 상호작용을 보다 더 구체적으로 모색하는 지역순환경제 연구가 필요하다. 즉, 인간의 호혜적 경제활동을 추동하는 내재된 동기와 그것의 지속적 실천을 담보할 수 있는 협동조합, 국가와 시장을 뛰어넘는 커먼즈 논의가 결합되어야 '사회적 개인'의 자기창조 과정을 통한 탈 자본주의적, 호혜적 경제활동 가능성을 보다 심층적으로 규명할 수 있다. 필자의 이러한 향후 연구과제가 이론과 실천의 상호작용을 통해 진전되길 스스로에게 바란다.

[참고문헌]

권영근, 2009, 『지역순환형 사회를 꿈꾸며-엔트로피와 어소시에이션』,
　　　흙내.
고세훈, 2019, 『R. H. 토니-삶, 사상, 기독교』, 아카넷.
김성오, 2012, 『몬드라곤의 기적』, 역사비평사.
김수행, 2012, 『마르크스가 예측한 미래사회』, 한울.
닐 스미스, 2017, 『불균등 발전-자연, 자본, 공간의 생산』
　　　(최병두 등 옮김), 한울.
데이비드 볼리어, 2015, 『공유인으로 사고하라』(배수현 옮김), 갈무리.
데이비드 하비, 2001, 『희망의 공간: 세계화, 신체, 유토피아』
　　　(최병두 등 옮김), 한울.
데이비드 하비, 2017, "자본주의적 축적의 지리학 :
　　　맑스 이론의 재구성", 『데이비드 하비의 세계를 보는 눈』
　　　(최병두 옮김), 창비.
도린 매시, 2015, "불균등 발전: 사회적 변화와 노동의 공간적 분업",
　　　『공간, 장소, 젠더』(정현주 옮김), 서울대학교출판문화원.
로버트 달, 2011, 『경제민주주의에 관하여』(배관표 옮김), 후마니타스.
로저 헤이터·제리 파첼, 2020, 『경제지리학-제도주의적 접근』
　　　(남기범·이종호·서민철·이용균 옮김), 시그마프레스.
미야모토 켄이치, 2004, 『지역경제학』(심재희 역), 전남대학교 출판부.
미야모토 켄이치, 2009, "지속가능한 사회를 위한 새로운 내발적 발전의 길",
　　　『지역재단 창립 5주년 기념 심포지움 자료집』.
미야모토 켄이치, 2016, 『환경경제학』(이재은·김순식 옮김), 한울.
박배균, 2001, "규모의 생산과 정치, 그리고 지구화",
　　　『공간과 사회』 제16호: 200-224
박창규, 2022a, "'사회적자본'을 활용한 지역순환경제 구축방안 연구:
　　　'협동조합농부장터'의 로컬푸드 운동 사례를 중심으로",
　　　『후기산업사회연구』 제1권 제2호: 75-108.

박창규, 2022b, "지역순환경제와 사회적경제-미국 클리블랜드와
　　　　영국 프레스턴 사례를 중심으로",
　　　　　『시민이 주도하는 지역순환경제』(양준호 외 지음), 한울.
박창규·양준호, 2022, "지역순환경제 구축 방법론으로서의 사회적경제 :
　　　　지역 내 '사회적조정'을 통한 민주적 계획경제의 가능성",
　　　　　『후기산업사회연구』제1권 제1호: 39-72.
베르나르 샤방스, 2009, 『제도경제학의 시간과 공간』(양준호 옮김),
　　　　한울.
사스키아 사센, 2016, 『세계경제와 도시』
　　　　　(남기범·이원호·유환종·홍인옥 옮김), 푸른길.
새뮤얼 보울스·허버트 긴티스, 2016, 『협력하는 종』,
　　　　　(최정규·전용범·김영용 옮김), 한국경제신문.
손철성, 2004, 마르크스『자본론』, 관악.
스테파노 자마니·루이지노 브루니, 2015, 『21세기 시민경제학의 탄생』
　　　　　(제현주 옮김), 북돋움.
스테판 메레츠, 2019, "공동관리주의자가 생산한 생계수단들",
　　　　　『공동자원의 영역들』, 보고사.
신정완, 2000, 『임노동자기금 논쟁과 스웨덴 사회민주주의』, 여강.
신진욱, 2007, "공공성과 한국사회", 『시민과세계』 제11호: 18-39.
앙리 르페브르, 2011, 『공간의 생산』(양영란 옮김), 에코리브르.
양준호 외, 2022, 『시민이 주도하는 지역순환경제』, 한울.
양준호, 2016, "옮긴이 서문-지역의, 지역에 대한
　　　　'재투자' 능력 강화하기",『지역만들기의 정치경제학』
　　　　　(양준호·김우영 옮김, 한울)
양준호, 2018a, 『지역회복, 협동과 연대의 경제에서 찾다』,
　　　　인천대학교 출판부.
양준호, 2018b, "도시권 운동과 그 방법으로서의 '커먼즈'",
　　　　　『인천의 도시공간과 커먼즈, 도시에 대한 권리』, 보고사.

앨버트 O. 허시먼, 2020, 『정념과 이해관계』(노정태 옮김), 후마니타스.
에른스트. F. 슈마허, 2002, 『작은 것이 아름답다
　　　　　-인간 중심의 경제를 위하여』(이상호 옮김), 문예출판사.
에릭 올린 라이트, 2012, 『리얼 유토피아』(권화현 옮김), 들녘.
오카다 도모히로, 2016, 『지역만들기의 정치경제학』
　　　　　(양준호·김우영 옮김), 한울.
와카모리 미도리, 2017, 『지금 다시, 칼 폴라니』(김영주 옮김), 생각의힘.
윤여일, 2019, "축소형 사회의 도래와 현대총유론",
　　　　『공동자원의 영역들』, 진인진.
이광석, 2021, 『피지털 커먼즈』, 갈무리.
이병천, 2013, "소유, 통제, 축적: 자본주의와 민주주의의 화해와 불화",
　　　　『사회경제 민주주의의 경제학-이론과 경험』, 돌베개.
이상봉, 2016, "이탈리아 사회적 협동조합의 이론적·실천적 의미
　　　　-공생의 지역사회 만들기의 관점에서",
　　　　『로컬리티 인문학』 16: 257-292.
이해진·이원식·김흥주, 2012, "로컬푸드와 지역운동 네트워크의 발전 :
　　　　원주 사례를 중심으로",
　　　　『지역사회학』 제13권 제2호: 229-262.
이현재, 2012, "다양한 공간 개념과 공간 읽기의 가능성",
　　　　『시대와 철학』 제23권 4호: 221-248.
장 자크 루소, 2015, 『인간 불평등 기원론』(김중현 옮김),
　　　　펭귄클래식코리아.
장종익, 2013, "이탈리아, 몬드라곤, 프랑스 노동자협동조합
　　　　발전시스템에 관한 비교분석",
　　　　『한국협동조합연구』 제31권 제2호: 209-230.
정건화, 2016, "한국경제와 사회적 경제",
　　　　『한국의 민주주의와 자본주의-불화와 공존』, 돌베개.
정태인, 2013, "사회적 경제와 경제민주주의",
　　　　『사회경제 민주주의의 경제학-이론과 경험』, 돌베개.

존 레스타키스, 2017, 『협동조합은 어떻게 세상을 바꾸는가(2017)』
  (번역협동조합 옮김), 착한책가게.
존 로건·하비 몰로치, 2013, 『장소의 정치경제학』(김준우 역),
  전남대학교 출판부.
존 케네스 갤브레이스, 2002, 『경제학의 역사』(장상환 옮김), 책벌레.
제라르 뒤메닐·도미니크 레비, 2014, 『신자유주의의 위기』(김덕민 옮김),
  후마니타스.
최병두, 2011, 「데이비드 하비의 지리학과 신자유주의 세계화의
  공간들」, 《한국학논집》, 42, 7~38쪽.
칼 마르크스, 1989, 『자본론Ⅲ[상](1981)』(김수행 역), 비봉출판사.
칼 마르크스, 2000, 『정치경제학비판 요강Ⅱ』(김호균 옮김), 그린비.
칼 마르크스, 2015, "포이어바흐에 관한 테제",
  『루트비히 포이어바흐와 독일 고전철학의 종말』, 돌베개.
칼 마르크스, 2019a, 『자본Ⅰ-상(1986)』(황선길 옮김), 라움.
칼 마르크스, 2019b, 『자본Ⅰ-상(1986)』(황선길 옮김), 라움.
칼 폴라니, 2017, 『인간의 살림살이』(이병천·나익주 옮김), 후마니타스.
타나카 나츠코, 2014, 『이탈리아 사회적경제의 지역전개』(이성조 옮김),
  아르케.
한주성, 2018, "지역자원과 글로컬리제이션을 위한 지역 만들기",
  『대한지리학회지』 제53권 제6호, pp833-834.

Borzaga C., Depedri S., Tortia E., 2009, "The role of cooperative and social enterprises: a multifaceted approach for an economic pluralism", Euricse Working Papers, N. 000 | 09

Bowles, S·Gintis, H., 2002, "SOCIAL CAPITAL AND COMMUNITY GOVERNANCE", 『The Economic Journal』 112 (November), F419-F436.

Christofakis, M·Tsampra, M. 2012, "Opportunities and restrictions for the local-endogenous development in metropolitan areas of high industrial concentration: the case of Thriasio Pedio in Attica", 「Bulletin of Geography. Socio-economic Series」 No. 17: 21-31.

CLES/Preston City Council, 2019, 「How we built community wealth in Preston」.

Connelly, S., Markey, S., Roseland, M., 2011, "Bridging sustainability and the social economy: Achieving community transformation through local food initiatives", 「Critical Social Policy」 Vol. 31(2): 308-324.

Dunford, M., 2017, "Spatial divisions of labour: Social structures and the geography of production", 「Regional Studies」, 51:6, 973-976

Ercana, S. A. and Hendriks, C. M., 2013, "The democratic challenges and potential of localism: insights from deliberative democracy", Policy Studies, Vol. 34, No. 4, 422440.

Granovetter, M., 1985, "Economic Action and Social Structure: The Problem of Embeddedness",「American Journal of Sociology」Vol.91, No.3:481- 510

Howard, T., 2012, "OWNING YOUR OWN JOB IS A BEAUTIFUL THING", the Democracy Collaborative.

Jossa, B., 2014, 「Producer Cooperatives as a New Mode Production」, Routledge.

Massey. D., 1984, 「Spatial Divisions of Labour : Social Structures and the Geography of Production.」, MACMILLAN.

New York City Department of Consumer Affairs, 2020, 『Municipal Policies for Community Wealth Building』.

Ostrom, E., 2010, "Beyond Markets and States: Polycentric Governance of Complex Economic Systems", 『American Economic Review』 100: 641-672

Palladino, L., 2019, "Inclusive Ownership Funds for the United States", the Roosevelt Institute.

Slee, B., 1993, "Endogenous development; a concept in search of a theory", 『CIHEAM - Options Mediterraneennes』, 43-54.

UNDRR, 2020, 『Human Cost of disasters, An overview of the last 20 years(2000-2019)』.

ベルント・ベリナ(遠城明雄 訳), 2013, "空間の資本制的生産と経済危機：デヴィッド・ハーヴェイの「空間的回避」の概念について", 『空間・社会・地理思想』, 16号, 75-88頁.

坂本優紀, 2018, "住民による地域のサウンドスケープの發見と活用 - 長野縣松川村におけるスズムシを活用した地域づくりを事例に -," 『地理學評論』 91-3: 229-248.

3

지역순환경제와 지역화폐 플랫폼 활용방안

송지현

지역순환경제와
지역화폐 플랫폼 활용방안

송 지 현
사. 시민정책공방 지역순환경제센터장

1. 코로나19와 지역화폐

코로나19 팬데믹은 2년여 시간 동안 전 세계적으로 많은 변화를 일으켰다.

일상의 대부분이 비대면 온라인화 되었고 특히 온라인 상거래는 팬데믹 이전보다 폭발적으로 성장하며 세계인의 눈을 모바일 기기에 묶어 놓았다. 미국의 온라인 식품시장은 2018년 260억 달러 규모였으나 2020년 510억 달러, 2023년에는 1,170억 달러 규모로 2배 이상 폭증할 것으로 전망되고 있으며 중국 온라인 유통 플랫폼 전체매출액은 2020년 이전연도 보다 470%나 증가하였다. 이탈리아의 경우 코로나 팬데믹 이전 2%

에 불과하던 온라인 식품 주문율이 팬데믹 직후 81%로 급격히 늘었으며 온라인 시장 전체규모는 전년 대비 35% 성장하였다.[1] 또한, 전체 유통시장 602조 규모의 우리나라에서 매년 4% 성장률을 보이던 국내 온라인 쇼핑 시장은 2021년의 경우 전년 대비 21.0%로 급성장, 매출액 192조 8,946억 원을 기록하기도 했다.[2]

코로나19 팬데믹은 이와 같이 글로벌 유통구조를 오프라인에서 온라인으로 급격히 변화시킨 반면에 대면 중심의 소상공인·자영업자를 위기로 빠트렸다. 이에 따른 대책으로 세계 각국은 자국의 소상공인·자영업자 문제를 해결하기 위한 다양한 지원 프로그램을 추진했으며 미국은 국가 GDP의 25.4%에 해당하는 재정을 동원하여 급여보호 프로그램(PPP), 중소기업 및 개인사업자 이자면제 프로그램(SBADA), 긴급보조금(EIDI)지급 프로그램 등을 시행했다. 독일은 코로나19 팬데믹 초기 229만 소상공인 사업장에 긴급지원금 136억 유로를 지원하고 매출감소 여부에 따라 3차례 걸쳐 추가적인 지원을 실시했으며 영국은 자영업자 소득지원제도를 통해 4차례에 걸쳐 255억 파운드를 지출하였다.[3]

우리나라의 경우 2020년 9월부터 4차례에 걸쳐 소상공인·자

---

1) 한국농수산식품유통공사(2020)
2) 통계청(2021), 온라인 쇼핑 동향
3) 국회입법조사처(2021)

영업자를 위한 긴급지원 프로그램이 시행되었으나 타 국가에 비해 낮은 금액과 복잡한 절차로 실질적 재난지원금의 역할을 하지 못했으며 오히려 지역경제 활성화를 위해 도입한 한국형 '지역사랑상품권(지역화폐)사업'이 대면 경제위기에 처한 소상공인·자영업자들에게 효과적인 대안으로 작동했다.

'지역사랑상품권 사업'은 팬데믹 이전부터 민간과 일부 지자체에서 도입, 발행해 온 전통적 형태의 '지역화폐'를 문재인 정부 들어 국가가 인센티브를 일부 지원하는 '지역사랑상품권' 사업으로 확대 시행한 것으로 2019년 고용위기지역 시범사업 후 전국적으로 발행되었다. 특히, 국가균형발전특별회계 2조 7,248억 원을 투입하여 2022년까지 약 68조 8,714억 원의 지역사랑상품권이 발행됨으로써 소상공인 업종에 대한 직접적인 수요를 창출하였다. 그러나 사업 초기 발생한 코로나19 팬데믹으로 지역사랑상품권 유통이 난항을 겪었고 해당 기간 매출 효과에 대한 실효성 논란과 함께 일부 국책연구기관의 연구가 2023년 국가 예산을 0원으로 만드는 원인이 되면서 지역사랑상품권은 한때 존폐위기를 맞기도 했다.

2022년 전국 191개 지자체가 발행했으며 2023년 국가 예산 3,525억 원과 광역지자체 일부를 제외한 193개 지자체가 발행[4]하는 지역사랑상품권은 전국 411만 7천 개 사업장과 720만

---

[4] 행정안전부 지방재정경제실 (2023.1)

소상공인·자영업자를 위한 유일한 지역경제 정책임에는 틀림이 없다. 특히 수도권과 비수도권의 양극화를 해소하고 국가균형발전 특별법의 법적 기반 아래에서 지역경제 활성화를 지향하는 지역사랑상품권의 지속가능성은 매우 중요한 문제이다. 이에 대다수 지자체가 지방 재정지출을 통해 구축해 놓은 지역사랑상품권 플랫폼과 지역사랑상품권이 직면한 다양한 문제들을 탈성장 기반 지역순환경제 관점을 통해 살펴보고자 한다.

수도권 양극화와 지역경제

우리나라 지역경제의 위기와 문제를 살펴보기에 앞서 수도권과 비수도권의 격차로 확인되는 양극화에 대해 짚어볼 필요가 있다.

우리나라 헌법 전문 및 헌법 제119조, 제120조, 제123조에는 국민 생활의 균등한 향상과 균형 있는 국토발전에 대한 국가적 책임을 명시하고 있다.

특히 박정희 정부부터 추진된 국토개발정책과 더불어 2004년 노무현 정부의 국가균형발전 로드맵에 따라 지난 30여 년간 꾸준히 지역발전 정책은 추진되었다. 그러나 수도권과 비수도권 격차는 해마다 벌어지고 있으며 단적인 예로 인구는 그림 1과 같이 2019년을 기점으로 수도권 인구가 비수도권을 넘어섰고 지역내총생산(GRDP)의 경우에도 1998년 46.55% 규모를

〈그림 1〉 수도권, 비수도권 인구 및 지역총생산 비중 변화 (단위: %)

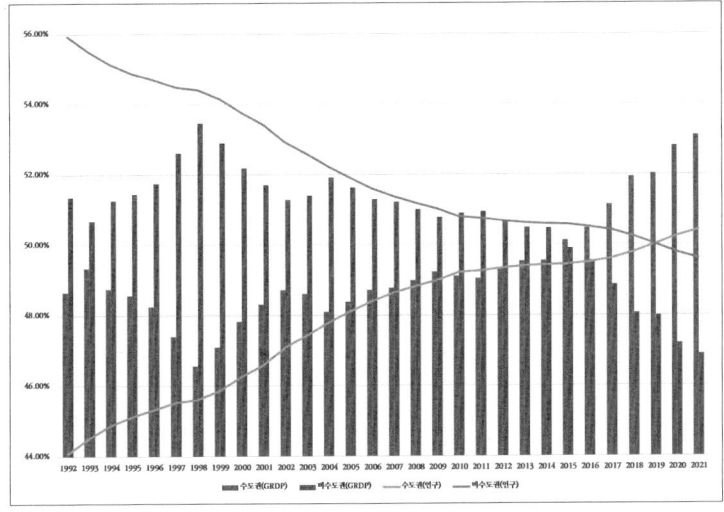

자료: 통계청(2022), KOSIS, 주민등록인구; GRDP(시도)

차지하던 수도권이 2021년 53.1%로 비수도권을 추월, 그 격차가 더욱 크게 벌어지고 있다.

또한, 국가 전체 제조업 비중은 1993년 31.7%에서 2018년 18.5%로 지속적으로 감소하고 있지만 비수도권 제조업 종사자 비중은 1993년 44.7%에서 2018년 55.4%로 증가하여 국가 전체 산업구조가 신기술과 미래산업 위주로 변화하고 있음에도 비수도권은 수도권에 비해 비숙련 대량 고용이 요구되는 기존 제조업을 중심으로 구조적 정체가 발생하고 있다.

따라서 글로벌 경기흐름과 긴밀한 산업적 관계에 있는 비수도권 조선, 기계, 자동차 산업 밀집 지역의 경우 글로벌 경기침체로 발생한 고용위기가 발생하기도 했으며 결과적으로 글로벌 경기 하강기에 접어들었던 2013년부터 2017년까지 해당 업종의 비수도권 산업 거점에서 35,395명이 전출하였고 그중 63.3%(22,407명)는 수도권으로 전입하였다.[5]

또한, 고등교육과 연계성이 높은 인적자본의 수도권 집중화는 속칭 '취업남방한계선'이란 용어에서 알 수 있듯 일자리의 양과 선택 측면에서 수도권과 비수도권의 일자리 불평등의 전개 방향을 짐작할 수 있게 해준다.

이상호(2020)는 지역 일자리 불평등에 대한 정책과제 연구를 통해 일자리 질의 공간적 분포가 수도권과 비수도권, 도시 규모 간 격차를 반영하고 있으며 시군구 단위 중 좋은 일자리가 분포해 있는 상위지역 39개 중 82%에 해당하는 32개 지역이 수도권에 소재함을 밝힌 바 있다.

그림 2와 같이 소상공인·자영업자 종사자 기준으로 분류한 2021년 수도권, 비수도권 업종별 사업체 수, 종사자 수 현황을 살펴보면 일반산업, 건설업, 숙박 및 음식점업, 개인 서비스업을 제외한 업종에서 수도권이 비수도권 보다 높은 비중을 나타내고 있으며 코로나 엔데믹 이후 산업 중요도가 높아질 것으로 예상되는 정보통신업, 전문, 과학 및 기술 서비스 업종의 경우

---

[5] 이상호(2020)

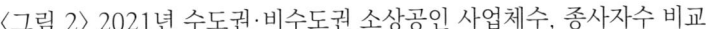

〈그림 2〉 2021년 수도권·비수도권 소상공인 사업체수, 종사자수 비교

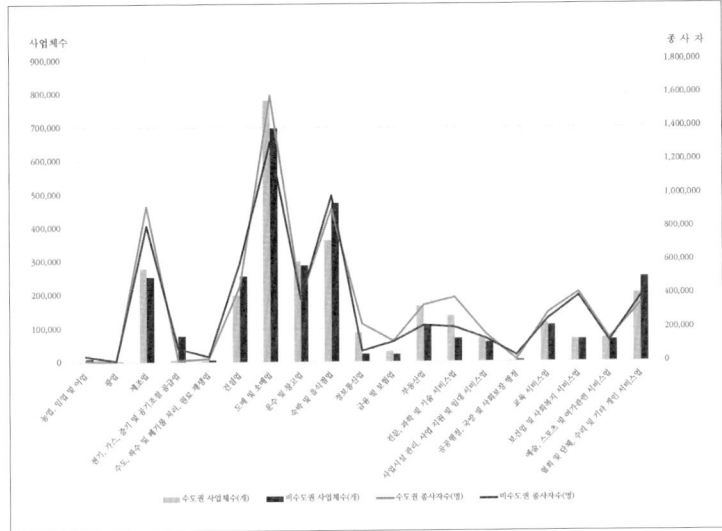

자료: 통계청(2023), KOSIS, 시도·산업·종사자 규모별 사업체수, 종사자수 (자료 재가공)
※ 소상공인 기준 종사자 수 20인 미만 사업체 기준으로 정리

뚜렷한 수도권 편중이 발생하고 있음을 확인할 수 있다.

이러한 현상의 발생 원인에 대해 다양한 의견들이 있으나 1970, 80년대 국가 주도 압축성장 과정에서 발생한 지역 간 산업발전 불균형이 가장 큰 원인으로 지목된다. 또한, 양극화의 경우 1997년 동아시아 외환위기 시 대부분 지역의 기반 산업 붕괴와 2008년 글로벌 금융위기, 2015년부터 시작된 국제 원자재 인플레이션, 주변국의 기술 추격에 따른 비수도권 산업도시에서 발생한 국지적 경기침체가 2021년 코로나19 팬데믹으로 심화된 결과로 보는 견해가 많다. 이는 연쇄적이며 인과적 요인들의 연성(軟性)화된 충격이 수도권과 비수도권의 인구, 산업 간 격차를 점증시켜온 것으로[6] 결과적으로 지역소멸과 수도권 과밀화가 더욱 공고해지는 원인으로 인식되고 있다.

코로나19 팬데믹, 지역경제, 지역사랑상품권

지역경제는 대부분 제조, 생산 중심 산업기반과 이를 지원하는 지역 내수 서비스업으로 구성된다. 따라서 소상공인·자영업자 대부분이 음식업, 도소매업, 운수업, 개인서비스업 등 실생활에 밀접한 대면 중심 업종에 참여하는 비율이 높은 편이다.

표 1은 2020~2021년 소상공인 지역별 사업체 및 종사자 수 현황을 나타낸 것으로 해당 기간은 코로나19 팬데믹 기간이면서 동시에 지역사랑상품권 사업이 전국적으로 발행된 시기이기도 하다. 표 1과 같이 서울은 2021년도 사업체, 종사자 수가 전년도에 비해 큰 감소세를 나타냈고 비수도권 광역시, 도 단위 일부에서도 감소세가 확인된다. 이는 코로나19 팬데믹으로 소상공인·자영업자 밀집도가 높은 지역의 폐업률이 높았음을 의미한다. 반면 대부분 비수도권 지역은 소상공인 수가 증가했으며 지역사랑상품권 발행금액 기준 전국 1, 2위인 경기도와

---

[6] 한웅규·김태양(2020)

<표 1> 2020년, 2021년 소상공인 지역별 사업체 및 종사자 수 비교

단위: 천개, 천명, %

지역구분		2020년		2021년		증감		증감률	
		사업체수	종사자수	사업체수	종사자수	사업체수	종사자수	사업체수	종사자수
수도권	서울	811	1,399	786	1,337	-25	-62	-3.0	-4.4
	인천	212	376	213	373	1	-3	0.5	-0.9
	경기	1,009	1,866	1,019	1,864	10	-2	1.0	-0.1
소계		2,032	3,641	2,018	3,574	-14	-67	-1.5	-5.4
비수도권	부산	274	478	272	475	-2	-4	-0.6	-0.7
	대구	203	352	199	342	-5	-10	-2.3	-2.9
	광주	116	201	115	199	-1	-2	-0.9	-0.9
	대전	114	194	112	191	-2	-3	-1.4	-1.6
	울산	82	139	80	134	-2	-5	-2.6	-3.5
	세종	19	33	20	36	1	3	5.2	9.1
	강원	136	234	140	239	4	5	2.8	2.1
	충북	130	226	131	229	0	3	0.4	1.4
	충남	170	297	172	300	3	3	1.5	1.1
	전북	143	245	143	245	1	0	0.6	-0.1
	전남	146	253	148	255	3	2	1.8	0.9
	경북	223	393	225	390	2	-3	0.8	-0.8
	경남	274	482	275	479	1	-4	0.2	-0.8
	제주	66	112	67	117	1	5	2.0	4.1
소계		2,096	3,639	2,099	3,631	4	-10	7.5	7.4
전국 합계		4,128	7,280	4,117	7,205	-10	-77	-0.2	-1.1

<표 2> 연도별 소상공인 관련 주요 지표 비교

단위: 천개, 천명, %

연도	사업체수	증감률	종사자수	증감률	사업체당 매출액	증감률	사업체당 이익률	증감률
2018	2,740	-	6,320	-	235	-	34	-
2019	2,771	1.1	6,443	1.9	235	-0.2	33	-3.0
2020	4,127	48.9	7,282	13.0	219	-6.8	20	-39.4
2021	4,117	-0.2	7,205	-1.1	225	2.7	28	40

자료: 통계청(2022), 2021년 소상공인실태조사 결과(잠정)

인천의 경우 큰 폭의 증가세를 나타내기도 했다. 그러나 인천, 경기와 같은 수도권 지역 소상공인 증가는 비수도권 전체 증가분의 50% 수준에 달해 수도권 일극화에 따른 인구 및 경제구조의 불균형도 확인되며 국가균형발전특별회계에 의해 지출되는 지역사랑상품권 인센티브 예산 적절성에 의문을 제기케 하였다.

또한, 소상공인 업종 전체 종사자 수의 경우 전반적인 감소세가 나타나 해당기간 고용인 없는 1인 사업자가 증가했음을 알 수 있다.

표 2, 연도별 소상공인 관련 주요 지표는 2020년도 소상공인 업종 매출액과 이익률이 2019년에 비해 크게 감소했음을 보여주고 있으며 이를 통해 코로나19 팬데믹으로 대면 중심 소상공인 업종이 많은 어려움을 겪었음을 짐작케 한다. 그러나 2021년의 경우 전년도 기저효과를 통해 코로나19 이전 수준으로 소상공인 매출이 회복되고 있음도 확인할 수 있다. 이는 2020년, 2021년 2년간 코로나19에 따른 정부 규제와 전국적 소상공인 사업체 수 변동이 크게 다르지 않다는 외부 환경적 조건에서 2021년도 소상공인 매출 이익률의 양(+)의 변화가 소상공인·자영업자 대상 유일한 경제정책 수단이었던 지역사랑상품권의 경제적 효과로 볼 수 있는 이유가 된다.

2. 정부지원형 지역사랑상품권의 성과와 한계

1998년 동아시아 외환위기에 따른 지역경제 회복 목적의 사회적 운동으로 전개된 국내 지역화폐는 문재인 정부의 소득주도 성장정책의 일환인 '자영업 소득증대를 위한 지역사랑상품권 발행 확대(소득주도성장특별위원회, 2018.12)'에 따라 역사적인 변곡점을 맞이했다. 일부 지역화폐 선도 지자체(강원도 양구군, 화천군, 경기도 성남시, 경북 포항시 등)에서 발행되고 있던 지자체 예산 기반 지역사랑상품권과 달리 인센티브의 국비지원이 가능해진 2019년 이후 지역사랑상품권은 외연이 크게 성장하였다. 정부지원형 지역사랑상품권은 인센티브를 중앙정부와 지자체 간 매칭하는 형태로 할인율을 제공하여 시민들의 사용유인과 이를 통한 역내 소비촉진 구조를 가지고 있다. 그러나 지역사랑상품권 전국 발행에 따른 과도기적 기간을 지나 많은 시민이 사용하는 안정적 운영기간에 접어들자마자 지자체에 인센티브 대부분을 부담하게 한 중앙정부 방침은 지역사랑상품권의 지속가능성에 문제를 야기했다. 이에 정부지원형 지역사랑상품권이 가진 성과와 한계가 무엇인지 살펴보고자 한다.

**지역화폐와 지역사랑상품권
: 한국의 정부지원형 지역사랑상품권**

지역사랑상품권은 일반적으로 지역화폐로 불리기도 한다. 그러나 지역화폐와 지역사랑상품권은 명확히 구분, 사용될 필요가 있다.

　지역화폐는 17세기 후반 영국 엘리자베스 1세의 구빈법 영향으로 최초 발행된 대안화폐에서 시작하여 1930년대 대공황, 1980년대 세계 경제위기, 1990년대 동아시아 외환위기, 2000년대 글로벌 금융위기 등 자본주의 내적모순에 의한 경제위기가 발생할 때마다 등장한 인간중심의 관계 지향적, 공동체적 화폐로 설명될 수 있다.

　따라서 공동체 화폐인 지역화폐만을 사용하여 재화와 서비스를 거래하는 본원적 의미의 지역화폐와 달리 법정화폐 등가교환, 금융관계 법률로 관리 감독을 받는 지역사랑상품권은 엄격한 의미로 지역화폐라 할 수 없다. 다만 학문적으로나마 지역화폐의 여러 유형 중 하나인 '소비촉진형' 화폐로 인정받고 있다.[7]

　지역사랑상품권은 1996년 4월 강원도 화천군의 '내고장 상품권'이란 이름으로 최초 발행되었고 고향사랑상품권(2017), 지역사랑상품권(2019)으로 제도상 명칭이 변했으며 2020년 5월 「지역사랑상품권 이용 활성화에 관한 법률(약칭: 지역사랑상품권법)」의 제정으로 명칭이 확정되었다. 2019년 이전 지역사랑상품권은 전국 61개 지자체에서 '지자체별 고향사랑 상품권 활성화 조례'에 따라 지자체 예산만으로 발행되었고 대부분 한국조폐공사가 인쇄, 공급하는 지류 상품권 형태로 2015년

---

7) 이점순, 양준호(2020)

892억 원, 2016년 1,087억 원, 2017년 3,066억 원이 지역에서 유통되었다.

2019년 이전 지자체 발행 지역사랑상품권이 현재에 비해 발행총액이 낮았던 이유는 지자체 예산한계에 기인한 면이 크다. 지역사랑상품권 발행을 위해서는 사용자 유인을 위한 구매할인에 많은 예산이 투입되어야 하며 이는 전액 지자체가 부담한다. 그러나 우리나라 세입세출 구조는 국세와 지방세가 8:2, 4:6의 구성비를 가져 중앙정부에 비해 지자체 재정이 턱없이 부족하다. 그러므로 지자체 예산으로만 발행되던 지역사랑상품권은 지역경제 내 열위에 있는 일부 상인을 지원하는 수준 정도로 발행되었으며 재정 건전성이 양호하여 타 지자체보다 발행금액이 많았던 성남시 경우에도 2017년 발행금액이 260억 원에 불과했다.

이에 문재인 정부 초기 행정안전부에서는 지역사랑상품권 활성화 정책을 별도로 추진했으며 2018년 고용위기지역으로 선정된 군산, 거제지역의 지역사랑상품권 지원을 포함, 전국적으로 3,714억 원 발행을 부처사업으로 추진한 바 있다.

또한, 문재인 정부는 100대 국정과제로 골목상권 전용화폐를 선정하고 대통령실 자영업 비서관실 신설과 각 분야 상인단체 대표와 중소기업벤처부, 산업자원부, 기획재정부 등이 참여한 관계부처 TF를 통해 골목상권 전용화폐 정책 도입을 추진하였다. 그 결과 2018년 12월 20일 발표된 '자영업 성장·혁신 종합대책'의 8대 핵심 정책에 "지역사랑상품권 8조원 + 온누리상품권 10조원 발행", 지역사랑상품권 10% 인센티브(선할인, 캐시백) 중 8% 국비 지원내용이 포함되었다. 그간 온누리상품권에만 지원되던 인센티브를 지역사랑상품권도 확보하게 됨으로써 지자체 재정부담 해소와 전국 발행 확대의 근거를 마련한 것이다.[8] 그러나 2020년 초 코로나19가 전 세계적으로 유행을 시작하고 2020년 3월부터 사회적 거리두기가 시작되면서 종교시설, PC방, 노래방, 학원 등 다중이용시설의 운영 중단 및 생활 속 거리두기, 3~5단계의 사회적 거리두기, 모임 및 행사 제한, 영업시간 제한 등으로 전국 발행을 시작한 지역사랑상품권의 시작은 어려움에 직면했다. 특히, 지역사랑상품권 가맹점인 대면 중심의 소상공인·자영업자 업종 및 골목상권은 코로나19 팬데믹 기간동안 비대면 거래의 증가, 온라인 쇼핑 급성장으로 이중고를 겪었다.

　선제적으로 지역사랑상품권 플랫폼에서 지역산물을 온라인 쇼핑으로 판매한 일부 지자체의 경우 소상공인을 위한 유통채널 다양화에는 성공했지만, 국내외 대규모 온라인 쇼핑몰에 비해 상품종류, 가격, 배송 등 취약한 부분이 많아 지역사랑상품권 온라인몰의 유통 활성화 기여 정도는 낮았다.

---

[8] 인천일보, "[지역화폐 전성시대] 15. 지역사랑상품권의 역사와 철학", 2021년 1월 28일자. 기사 요약 정리.

그럼에도 불구하고 지역사랑상품권은 1인당 충전한도 확대와 인센티브 10% 등의 사용자 유인구조를 통해 그림 3과 같이 2019년에는 전년도의 10배에 달하는 3조 2천억 원이 발행되었고 2020년 13조 3천억 원, 2021년 22조원, 2022년 27조 2천억 원으로 발행량이 기하급수적으로 증가했다.

〈그림 3〉 연도별 지역사랑상품권 발행금액 및 중앙정부 인센티브 예산 변화

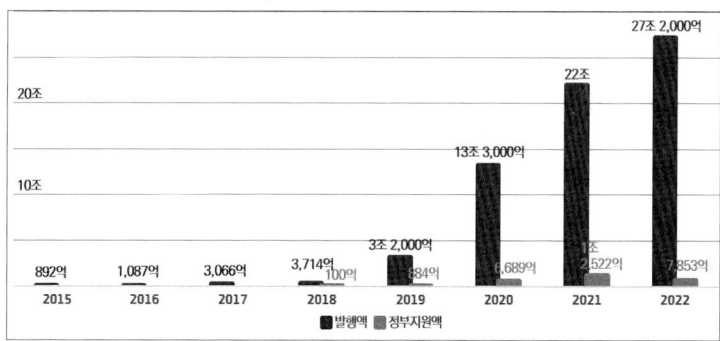

자료: 행정안전부(2023), 기획재정부 (2022)

그리고, 중앙정부 예산이 1조 2,522억 원이 지출된 2021년에 비해 2022년은 전년 대비 62% 수준의 예산으로 축소됐음에도 불구하고 전체 발행금액은 오히려 증가하여 전국적으로 지역사랑상품권 정책에 대한 높은 호응도를 보였다.

지역사랑상품권은 발행금액 증가 및 발행 지자체 확산에 따라 결제 수단의 변화도 있었다. 사용자 편의성에 의해 대부분 지류로 발행되던 지역사랑상품권은 제로페이, 선불카드, 하이

브리드 체크카드, 모바일 애플리케이션(이하 앱) 등으로 수단이 다양화 되었고 표3, 표4의 2022년 기준 정부지원형 지역사랑상품권 수단별 운영 현황과 같이 대부분 지역이 2종 이상 복합수단으로 상품권을 운영하고 있음을 확인할 수 있다. 특히 8개 특·광역시는 지역화폐플랫폼 운영대행사가 발행하는 하이브리드 체크카드 또는 선불카드, 모바일 QR결제가 가능한 앱 등 3개 이상의 수단으로 발행되기도 했다.

〈표 3〉 정부지원형 지역사랑상품권 특·광역시 수단별 운영현황

지역구분	제로페이	선불카드	체크카드	지류	모바일 (QR)
서울 (서울사랑상품권)	1	-	-	-	-
부산 (동백전)	-	1	1	-	1
인천 (인천e음)	-	1	-	-	1
대구 (대구행복페이)	-	-	1	-	-
대전 (온통대전)	-	-	1	-	1
광주 (광주상생카드)	-	1(gift)	1	-	-
울산 (울산페이)	-	-	1	-	1
세종 (여민전)	-	-	1	-	1
합계 (8개 특·광역시)	-	3	7	-	6

〈표 4〉 정부지원형 지역사랑상품권 광역 및 기초자치단체 수단별 운영현황

지역구분	제로페이	선불카드	체크카드	지류	모바일 (QR)
서울 (서울사랑상품권)	1	-	-	-	-
부산 (동백전)	-	1	1	-	1
인천 (인천e음)	-	1	-	-	-
대구 (대구행복페이)	-	-	1	-	-
대전 (온통대전)	-	-	1	-	1
광주 (광주상생카드)	-	1(gift)	1	-	-
울산 (울산페이)	-	-	1	-	1
세종 (여민전)	-	-	1	-	1
합계 (8개 특·광역시)	-	3	7	-	6

자료: 송지현(2022)

또한, 도 단위 광역 자치단체와 기초자치단체 대부분은 거주인구의 다수를 차지하는 고령층을 고려하여 지류 상품권을 주 사용수단으로 사용하고 카드, 모바일을 부수적으로 활용하기도 했다.

지역사랑상품권은 앞서 이야기 한 바와 같이 10%의 높은 할인 인센티브를 통해 사용자를 유인, 구매토록 하여 이를 지역 중소상공인·자영업자 가맹점에서 소비하게 하는 '소비촉진형' 지역화폐이다. 이를 위해 매년 대규모의 국가예산과 지자체 예산이 수반되었고 주무부처인 행정안전부는 '지역사랑상품권 발행지원사업 종합지침'을 통해 당해 지역사랑상품권 인센티브의 중앙정부와 지방정부 매칭비율을 고시했다. 지역사랑상품권이 전국적으로 발행되기 시작한 2019년의 경우 중앙정부와 지자체 매칭비율은 6:4였으나 코로나19에 따른 지역경제 위기를 감안하여 2020년부터 2021년에는 8:2 비율을 유지하였다. 그러나 2022년의 경우에는 정부의 인센티브 예산삭감에 따라 중앙정부와 지자체의 인센티브 부담비율이 4:6으로 조정되면서 지자체의 부담이 높아졌고 이로 인해 다수 지역의 지역사랑상품권 인센티브와 개인당 월 발행 한도금액이 낮아져 국가정책의 일관성에 대한 비판이 제기되기도 하였다. 정부지원 인센티브에 대해서는 사업 초기 지속가능성에 대한 비판적 여론과 지역화폐 연구에서 개선해야 할 사항으로 지적되었으며 정부지원형 지역사랑상품권의 최대 성과이자 한계로 인식되고 있다.

정부지원형 지역사랑상품권 성과와 한계

정부지원형 지역사랑상품권의 성과와 한계는 다음과 같다.

첫째, 지역사랑상품권은 가맹점과 비가맹점 간 가격효과를 통해 지역민의 가처분소득을 향상시켰다. 동일상품에 대해 지역사랑상품권 가맹점인 골목상권과 비가맹점인 대형유통점 간 가격은 인센티브에 의한 골목상권 상품의 가격인하로 사용자 소득효과가 발생했으며 원거리에 위치한 대형유통점보다 지역사랑상품권 사용자의 근거리에 위치한 골목상권에 대한 접근성 향상과 소비촉진 효과를 발생시켰다. 특히 캐시백(사후 인센티브) 지역사랑상품권의 경우 인센티브에 의한 신규소비창출 효과를 발생시켜 순소비 증대효과도 나타났다. 부산연구원(2020)의 부산지역화폐 경제효과 연구에 따르면 재정투입 대비 소비창출이 2.56배로 나타나 재정투입에 따른 지역경제 기여도도 높은 것으로 확인되었다. 그러나 양준석·장윤섭·구남규(2022)는 가처분소득증가에 따른 한계소비성향(marginal propensity to consume)이 순 소비 증가가 아닌 소비평탄화(consumption smoothing)효과로 나타날 경우, 즉 사용자가 지급받은 캐시백 인센티브를 일상적 소비로 사용하게 될 때엔 순 소비 증가 효과가 나타나지 않을 수 있다는 점을 지적했다.

이는 정부지원형 지역사랑상품권의 주 사용처인 일반음식점, 편의점, 병원 등[9]의 경우 소비에 대한 일상성이 있어 반드시 지역사랑상품권을 사용하지 않아도 되는 소비처임을 전제할 때 사후 지급된 캐시백 사용 시에는 소득 이전 효과만 발생하게 됨으로 지역사랑상품권에 따른 신규소비창출 효과가 나타나지 않는 점을 한계로 본 것이다.

둘째, 지역사랑상품권은 발행지역 내 소비를 촉진시킴으로서 자본의 역외유출 비율이 높았던 지역의 부가가치 유출을 방지하고 지역경제 선순환 효과를 발생시켰다. 충남연구원(2021)은 충남도민 4명 중 1명, 경제활동인구의 30%가 충남지역 지역사랑상품권을 사용하여 3조 5,000억 원의 지역자본 역외유출 방지 효과가 있음을 연구를 통해 밝혔으며 한국행정학회(2019)는 고용위기지역으로 정부지원형 지역사랑상품권 발행을 시작한 군산시 데이터를 활용하여 가맹점 4,436개소의 2019년 총매출액이 전년대비 7.9% 증가, 고용률 4.3%의 기여를 했음을 분석함으로써 지역사랑상품권의 지역경제 선순환이 실제 발현되고 있음을 확인시켜 주었다. 또한 윤성진·유영성(2021)은 2019년 1분기부터 2020년 3분기까지 경기도 내 소상공인 점포의 패널자료를 이용하여 지역사랑상품권의 경제적 효과를 연구, 소상공인 점포 중 지역사랑상품권 결제고객이 있

---

9) 이경아(2020)

는 점포가 상대적으로 매출액이 높았다는 결과를 밝혔다. 그러나 해당 매출액이 지역사랑상품권 고유 결과인지 선호도나 생산성 높은 점포에 대한 선택편의(selection bias) 결과인지 불분명하다는 한계도 있음을 밝혔다.

셋째, 지역사랑상품권 플랫폼의 다양한 서비스를 통해 '공공서비스 확장효과'가 발현되었다는 점이다. 지역사랑상품권은 지류와 같이 별도의 충전, 결제 플랫폼 없이 단순 발행, 유통으로 운영되기도 했지만 인천, 경기, 부산, 대전 등 발행(충전) 및 결제는 물론, 지역화폐 온라인 몰, 음식배달, 택시호출 등 다양한 지역기반 부가서비스를 활용할 수 있는 지역공공 플랫폼으로도 발전하였다.

특히 인천의 e음 플랫폼은 지역산품 중심의 인천e몰, 인천지역 아이디어 상품 및 우수상품 판매 중심의 인천직구 등의 지역사랑상품권 결제기반의 온라인 몰과 가맹점에서 인센티브를 제공하는 혜택 플러스 가맹점, 음식배달을 앱 내 전화 주문하여 할인받을 수 있는 전화주문 등 서비스를 광역, 기초 지자체에서 동일하게 이용할 수 있는 '중층 서비스 구조'를 구현하였고 부산의 동백전 플랫폼의 경우에는 지역택시업계의 전용 호출 서비스인 '동백택시'를 통해 대기업 모빌리티 서비스보다 효율적인 지역민의 교통편의를 제공하기도 했다. 그러나 지역사랑상품권 플랫폼은 공적자산인 동시에 별도 계약조건이 없는 한 운영대행사의 사적자산이기도 해 운영대행 독과점 문제 및 사업해지 시 서비스 공백 문제가 한계로 지적된다.

마지막으로 지역사랑상품권의 유통구조에 따른 '단위경제 파급효과'이다. 지역사랑상품권은 온누리상품권과 동일한 정부 지원 할인 인센티브로 사용자 유인효과를 가지지만 온누리상품권과는 다른 배타적 경제구조가 형성된다. 배타적 경제구조란 지역사랑상품권만 사용하는 경제권역을 의미하며 사용자가 증가 할수록 해당 지역 경제 활성화 정도가 높아지는 네트워크 효과를 의미한다. 즉 할인율은 유사하지만 온누리상품권은 전국 전통시장에서 사용 가능하여 지역경제 예속력이 낮은 반면 지역사랑상품권은 구매지역에 대한 예속력이 높고 사용처가 온누리상품권에 비해 상대적으로 넓어 발행 단위경제에 대한 파급력이 높다. 또한, 지류 이외의 상품권 수단의 경우 가맹점 사업자에 대한 매출 양성화로 과세표준 도출, 중소상공인 관련 정책 수립을 위한 데이터 확보가 용이하여 운영 지자체 차원의 경제분석 효과도 높다. 그러나 인센티브를 위한 중앙정부와 지자체의 지속적인 재정부담이 가장 큰 한계로 지적된다.

플랫폼만 남은 지역사랑상품권
: 민간기업 이권 다툼의 장으로

윤석열 정부는 2022년말 지역사랑상품권을 온전한 지역사무라고 천명하며 정부 첫해 예산에서 관련 예산을 전액 삭감하였다. 이후 국회 예산심의과정에서 3,525억 원이 증액되기는 하였으나 주무부처인 행정안전부는 2023년 1월 "지역사랑상품권 국비지원 방향"을 통해 지역사랑상품권이 그동안 쌓아온 국민적 신뢰마저 무너뜨렸다. 행정안전부가 지침으로 확정한 인센티브 국비지원 내용은 인구감소지역 할인율 10% 중 5%, 일반자치단체 7% 중 2% 지원에 대한 것으로 그동안 동일비율 인센티브 적용으로 지역 간 경쟁없는 발행과 균특회계 예산지출을 통한 국가균형발전 국가사무로서 민생경제 전반에 영향이 컸던 지역사랑상품권 정책의 일관성을 크게 훼손시켰다. 더불어 2월 행정안전부 지방재정경제실은 '2023년 지역사랑상품권 지침 개정사항'을 통해 지역사랑상품권 가맹점 매출기준마저 30억 원 이하로 한정하고 1인당 구매한도도 70만원으로 제한하는 등 온전한 지역사무라고 스스로 천명했던 중앙정부가 세세한 부분까지 관리 감독하는 모순적인 행태를 보였다.

이는 정책조정 범위를 넘어 정책 자체에 대해 중앙부처의 편협하고 일관성 없는 시각을 보여줌과 동시에 지역사랑상품권이 스스로 고사하게끔 유도하려는 중앙정부의 의도를 스스럼없이 드러낸 것이라 할 수 있다.

2022년 기준 전국 191개 지자체가 발행했던 지역사랑상품권은 오히려 2023년 193개 지자체로 발행지역이 늘어났고 용역사업계약을 통해 이를 운영하는 기업도 늘어났다. 2023년 현재 국내 지역사랑상품권 운영대행 기업은 공기업인 한국조폐공사와 민간기업 KT, 코나아이, NICE정보통신, KIS정보통신, 비플페이(구.제로페이), 신한카카오컨소시엄, 부산은행컨소시엄, 대구은행, 광주은행, 인조이웍스 등이 있다.

지류 상품권 발행 대행을 주로 하는 조폐공사를 제외한 민간기업들은 용역대행기간 내 기업이익을 최대한 확보하기 위해 노력한다. 따라서 해당 기업들은 지역사랑상품권 플랫폼을 통한 다양한 수익원을 개발하고 용역대행기간 이후에도 합법적으로 사업을 영위하는 방법들을 찾아 내었다. 특히 합법적 절차를 통해 취득하는 지역사랑상품권 가맹점, 사용자 정보, 금융거래정보는 기업영업에 즉시 활용하고 지역사랑상품권 플랫폼 특화 서비스 개발을 통해 용역기간 후에도 수익을 확보 할 수 있도록 지자체와 별도 계약을 추진하고 있다. 또한, 지역사랑상품권 플랫폼을 운영하는 민간기업은 운영대행 기간동안 기업이익 확보에 주력함으로써 지역사랑상품권의 공적 요소(소상공인 결제수수료 절감, 공공쇼핑몰, 고령층 대상 특화서비스 등)에 대한 투자에 소홀했다. 따라서, 지역사랑상품권 인센티브 예산감소, 지자체 예산부족에 따른 플랫폼 운영 한계, 가맹점 기준 강화에 따른 사용 가맹점 부족, 개인별 한도 축소에 따른 지역사랑상품권 발행(충전)액과 결제액 감소는 용역대행을 맡은 기업들의 수익을 감소시키게 되고 민간기업의 용역대행 플랫폼 서비스의 품질저하를 야기하며 고객서비스 부실로 이어진다. 이는 결국 사용자 감소와 가맹점 감소라는 악순환을 유발하여 최종적으로는 지역사랑상품권 발행규모 축소를 가져오게 된다.

그리고 최근 지자체의 지역사랑상품권 운영대행 용역계약들은 3년 이상의 장기계약으로 추진되어 사용자 또는 가맹점 급감으로 지역사랑상품권 유통이 어려워도 지자체는 플랫폼 용역비용을 고정적으로 지출해야만 해 민간기업들은 지역사랑상품권 활성화와 상관없이 최소한의 수익을 확보하는 구조를 가진다. 따라서, 지역사랑상품권 플랫폼은 지역경제 활성화와 역외자본유출을 막는 최초 목적과 달리 민간금융기업의 이권 다툼의 장으로 변질되고 있으며 금융자본의 수도권 집중을 위한 중앙정부 정책 방향과 맞물려 중앙으로의 지역자본 수탈구조를 공고히 하고 있다.

3. 탈성장 흐름에 따른 내생적 지역순환경제 모델

앞서 심각한 수도권 대 비수도권의 양극화와 지역 특성을 고려하지 않은 중앙주도 발전전략에 의해 지역별 발전격차와 함께 계층간, 구조적인 격차 등 다양하고 복잡한 양상으로 지역경제 전반이 쇠퇴하고 있는 중이다. 따라서, 지역경제가 글로벌 자본과 수도권 종속에서 벗어나 독자적 지속가능성을 확보하기 위해서는 자본주의적 성장중심이 아닌 탈성장 기반의 내생적 지역순환경제 모델을 통한 지역 경제회복을 추진하여야 한다.

 지역경제 회복을 위해 도입된 지역사랑상품권 정책은 지역경제 활성화에 전반적 기여를 한 것으로 여러 연구를 통해 확인되고 있지만 결과적으로는 중앙정부 중심의 정책결정 과정과 수도권 금융기관에 의해 지역 내 투입된 자본이 자본 순환과정을 거치면서 중앙으로 회수되는 문제가 드러났다.

 따라서, 지역자본이 지역을 벗어나지 않고 축장되어 지역의 부로 작동하고 이윤을 위한 생산과 소비가 아닌 공동체적 삶을 위한 생산과 소비가 될 수 있는 탈성장 기반의 지역순환경제 모형이 반드시 필요하다.

탈성장과 지역순환경제

 1972년 로마클럽의 "성장의 한계" 이후 지속가능성에 대한 아이디어는 1972년 프랑스 철학자 앙드레 고르츠(André Gorz, 1923~2007)가 데크루아상스(décroissance)를 주창함으로써 시작되었다고 알려져 있다.

 탈성장은 1990년대 동유럽의 공산주의 포기와 시장경제 개방으로 시작된 미국 중심의 세계화, 이로 인해 나타난 전 세계의 상품화, 환경파괴, 기후위기 등 자본주의의 무제한적 성장에 대한 안티테제라 볼 수 있다. 북반구 선진국의 남반구 천연

자원 착취가 당연한 현실이 된 세계화는 극도의 불평등 구조에서 성장과 번영만을 강조하는 자본주의의 민낯을 보여주고 있다. 라틴아메리카 해방 신학자 우고 아스만은 "성장과 개발에 목맨 자본주의는 인류의 문화가 되었다."라고 평하며 오직 성장과 개발, 그리고 반드시 효율적이어야만 가치가 있는 것으로 인식되는 현재 사회문화가 현 인류의 의식과 같다고 했다.

지역경제도 마찬가지다. 현재 지역경제는 글로벌 경제체제의 세계화에 의한 자본종속과 분업화된 글로벌 메뉴팩처링 시스템의 최하부 구조로써 존재한다. 지역의 정치가와 자본가는 지역은 반드시 개발, 성장해야만 하고 성장하지 않으면 모두 절멸할 것이라며 지역민들을 선동하고 있으며 역외 대기업들은 지역의 바다를 매립하고, 산을 깎고, 마을을 부수며 그 자리에 마천루를 올리고 있다. 그 결과 지역민은 시장에서 요구하는 성장개발중심주의의 피해자, 고통을 감내해야만 하는 존재로 남게 된다. 이러한 자본주의적 불합리성을 해결하고 새로운 대안을 제시하는 것이 바로 탈성장에 바탕을 둔 지역순환경제 모델이다.

지역에서의 탈성장은 자본주의 시스템 경제구조를 혁파하거나 탈성장론 진영에서 이야기하는 '자본주의 극복과 같은 것'이 아니다.

지역순환경제 모델은 자본주의 체제와 완전히 단절하고자 하는 사상적 탈성장과는 결을 달리하며 지역을 자본주의 구조의 수탈 대상, 즉 하부구조로 인식하여 해결방안을 제시한다. 따라서 상품, 화폐, 자본, 임금노동 뒤에 숨어있는 자본주의 경제법칙을 철저하게 해부하여 탈성장 지역순환경제에 기반한 지역만의 지속가능성을 담보한다.

자본주의는 철저하게 잉여가치, 즉 이윤을 위해 모든 경제활동이 작동되는 구조이다. 자본주의 이전에도 상품, 화폐, 자본, 임금노동은 존재했지만 이윤의 목적이 아닌 오직 교환을 위한 구조를 가졌다. 그러나 자본주의 시스템은 이윤을 위한 생산과 소비, 그리고 화폐의 자본화를 통한 재생산 알고리즘의 무제한적 성장만을 목적하기 때문에 내부적인 모순이 발생할 수 밖에 없다.

지역순환경제는 이러한 자본주의적 성장으로 희생되는 지역소멸을 막는 방안으로,

첫째, 지역공동체 필요 수준의 생산과 소비, 교환을 위한 적절한 금융시스템,

둘째, 인간의 존엄성에 기반한 임금노동,

셋째, 지역 내 교환수단으로서 지역화폐 활용 및 이를 통한 지역자본의 역외유출 방지와 자연스러운 내부 순환에 따른 역내 공동부 형성. 마지막으로 지역공동체 관계금융 영역 확장을 목표로 한다.

지역사랑상품권 플랫폼과 지역순환경제

앞서 논한 바와 같이 지역사랑상품권은 자본주의 금융의 하부구조 역할에 충실한 시스템이다. 지역사랑상품권 발행주체는 지자체장이지만 관계법적으로 이를 운영·대행하는 주체는 거대 금융자본과 민간금융기업이다.

지역사랑상품권은 지역에 부족한 자본을 케인스주의적 사고에 따라 국가재정을 투입하여 지역경제 활성화를 목적으로 한 금융상품이고 지역경제 성장이라는 명제를 바탕으로 쇠퇴해가는 지역소비를 유인하고 역외금융자본이 생산한 재화와 서비스를 소비하게 하여 재(再)자본화를 만드는 과정을 위한 수단이다. 따라서 지역사랑상품권은 단 1회 지역에 투입되고 난 후 법정화폐로 교환되어 수도권과 글로벌 자본으로 돌아가는 태생적 한계를 가지고 있다.

지역사랑상품권을 운영하는 플랫폼도 마찬가지다. 운영대행사는 대부분 수도권에 본사를 둔 금융기업이고 지역사랑상품권의 유통 수단인 카드, 모바일은 수도권, 글로벌 금융의 소유이며 몇몇 지방은행이 운영대행을 하고 있지만, 이 또한 글로벌 자본에 종속된 금융의 속성을 크게 벗어나지 못하고 있다. 물론 현재 지역사랑상품권이 지역경제를 회복시키는데 최소한의 역할을 하고는 있지만 지역 자체가 글로벌 경제 하부구조 종단에서 수탈을 당하고 있는 현실에서는 지역사랑상품권 역시 글로벌 자본의 여러 가지 수탈 도구 중 하나로 각인될 뿐이다.

따라서, 지역사랑상품권 플랫폼이 원래 목적에 맞는 지역순환경제 수단으로 동작하기 위해서 지역민 중심의 공적 플랫폼으로 변화해야 한다.

교환경제를 기초로 하여 지역 내 물질순환을 원활하게 하고 지역의 생산과 소비를 위한 정확한 정보를 제공하며 지역에서 필요 이상의 공급과 수요가 발생하지 않도록 조정하는 역할과 역내 자본이 재투자 되며 공공자본으로 작동되는 구조로의 변화를 통해 지역경제 매개(Medium)로서 지역화폐와 지역화폐 플랫폼이 마이그레이션(Migration)되는 것이다.

첫째, 금융하부구조에서 작동되는 지역사랑상품권 플랫폼 사용을 중지해야 한다.

법정화폐를 지역사랑상품권과 교환하고 가맹점 결제 후 다시 법정화폐로 돌아가는 플랫폼은 더 이상 지역경제 활성화를 담보하지 못한다. 일부 지역화폐 연구[10]에서 확인되는 지역사랑상품권의 재유통률 즉, 지역사랑상품권 가맹점주가 지역사랑상품권을 재구매하는 비율이 지역사랑상품권 발행금액의 9% 수준에 머물러 있다는 것은 발행금액의 91%가 지역 자본시장을 거쳐 수도권과 글로벌로 이전된다는 것을 의미한다. 이러한 구조는 지역자본 역외유출을 막는다는 지역화폐의 가장 중요

---

10) 송지현·손지현(2022)

한 과제를 현행 지역사랑상품권 플랫폼이 수행하지 못한다는 것을 반증한다.

이러한 문제를 해결한 예로 충청남도 부여군의 '굿뜨래페이'를 들 수 있다. 굿뜨래페이는 국내 지자체 중 유일하게 독립된 금융환경과 독자적인 지역공동체 전용 화폐를 유통하는 플랫폼으로 잘 알려져 있다.

부여군의 '굿뜨래페이'는 부여군이 발행하는 공동체 순환형 지역사랑상품권으로 블록체인 기술 기반의 전자식 화폐이다. 국내에서 유일한 완전 순환형, 즉 사용자 결제 시 가맹점이 현

〈그림 4〉 충청남도 부여군 지역사랑상품권 '굿뜨래페이'앱 및 NFC카드

자료: 굿뜨래페이 누리집, https://goodtraepay.buyeo.go.kr (2022)

금이 아닌 공동체 화폐인 굿뜨래페이로 정산 받고 가맹점주가 이를 다시 지역 내 타 가맹점에서 재사용하는 구조이다. 굿뜨래페이는 2023년 2월 기준 부여군 전체 인구 6만 2천 명 중 사용가능 인구(만14세 이상)의 90%가 사용하고 있으며 2021년 10월 코로나 상생 국민지원금 지급 당시 굿뜨래페이를 지급수단으로 신청한 군민이 50.2%에 이를 만큼 지역경제에 밀착되어 사용되고 있다. 특히 2022년 12월에는 출시 3년 만에 발행금액 3천억 원을 돌파하여 인구 10만 명 미만 소지역 중 가장 높은 발행실적을 나타낸 바 있다. 부여군의 굿뜨래페이가 지역순환적 요소를 가장 많이 가진 지역사랑상품권으로 알려지게 된 이유는 현재 금융기관 중심의 결제 시스템을 사용하지 않고 독자적으로 구축한 자가 결제망과 오직 부여군에서만 사용 가능한 NFC카드, 휴대전화 QR결제의 지역사랑상품권 플랫폼 역할이 컸다.

전자거래방식 중 결제수수료가 없는 것으로 알려진 QR결제의 대표적인 플랫폼으로는 제로페이가 있다. 그러나 제로페이 플랫폼은 사용자나 가맹점은 결제수수료가 없지만 이를 운영하는 지자체가 결제수수료를 대신 부담하는 구조로 되어 있다. 만약 제로페이 플랫폼으로 지역사랑상품권 3천억 원을 발행하면 발행금액의 1.65%에 달하는 결제수수료, 즉 49억 5천만 원을 지자체가 운영대행사에 지급해야 하며 제로페이를 운영하는 플랫폼 비용은 별도로 부담해야만 해 운영 시 고정비 비율이 높은 구조를 가지고 있다. 그러나 부여군은 QR결제 플랫폼의 독자 개발을 통해 3년간 별도의 결제수수료 없이 20억 원 안팎의 플랫폼 운영비만 지출했다.

발행금액 3천억 원 기준으로 부여군 플랫폼을 제로페이 플랫폼과 비교하면 결제수수료 30여억 원, 운영수수료 29억 원 등 합계 59억여 원의 비용절감 효과와 지역자본의 역외유출 방지, 지자체의 지역사랑상품권 운영예산 절감 등의 부가적인 효과도 발생하는 것으로 분석된다. 또한, 지역순환경제 관점에서 중요한 요인으로 보는 지역 내 자본화의 경우 발행액 3천억 원의 인센티브 10%로 지출된 국비, 지방비 예산 300억 원이 굿뜨래페이 플랫폼 내에 그대로 잔존하고 또 순환되어 지역경제의 든든한 기초자산 역할을 하고 있다는 점이다.

이와 같이 부여군의 플랫폼을 통해 지역화폐 플랫폼이 현재의 중앙종속적 금융시스템에서 분리 및 독자적으로 운영될 수 있으며 현재 운용되는 지역사랑상품권 플랫폼에서 발생되는 여러 가지 문제점을 해소할 수 있다는 점에서 좋은 대안이 될 수 있다고 본다.

둘째, 지역 정보 플랫폼으로의 전환이다.

현재 지역사랑상품권 플랫폼은 충전, 결제를 위한 역할에 한정되어 사용자에게 충전금 입출장부 제공 외 부가적인 기능은 없는 편이다. 또한, 지역사랑상품권 플랫폼 앱은 금융소비자가 은행 앱에서 얻을 수 있는 정보와 수준 면에서 비슷하여 개인 사용자에게 필요 이상의 정보가 제공될 필요가 없는, 즉 정보 비대칭적이다. 이와 같은 구조는 지역 경제공동체를 위한 쌍방향 구조가 아닌 단방향으로 지역사랑상품권 플랫폼의 역할을 한정시켰음을 의미한다. 앞서 예를 든 부여군의 경우 타 지역 지역사랑상품권 플랫폼에서는 볼 수 없는 "부여누리 우리마을"라는 서비스가 있다. 매월 부여군 내 16개 읍면의 굿뜨래페이 사용지역을 순위별로 나타낸 것으로 각 면 단위 지역사랑상품권 사용자끼리 경쟁심리를 자극하고 마을 소재 가맹점 이용

〈그림 5〉 '굿뜨래페이'앱 내 '부여누리 우리마을' 서비스

자료: 굿뜨래페이 스마트폰 캡쳐

을 높이는 수단으로 활용되고 있다. 물론 사용자 수와 가맹점 수가 가장 많은 부여읍과 은산면, 세도면이 부동의 1, 2, 3위를 기록하고 있지만 이러한 양방향 서비스의 시도는 타 지역사랑상품권 플랫폼에서 볼 수 없는 새로운 접근이다.

따라서 지역사랑상품권 플랫폼은 지역민 관점, 지역공동체 관점으로 설계되고 작동되는 것이 가장 중요하며 탈성장의 중요한 규칙들, 즉 자타밀접(自他密接), 공생공락(共生共樂), 절제검소(節制儉素), 다원체제(多元體制) 등이 플랫폼에 장치됨으로써 지역순환경제의 중요한 기반으로 역할을 할 수 있다.

4. 지역순환경제 모델 기반 지역화폐 플랫폼

탈성장·지역순환경제에 기반한 지역화폐 플랫폼 발전방향

과거 그리스 시대, 콜로네이드 아래에서 시민들이 시장을 형성하고 민주주의적 의사진행을 했던 아고라는 그리스와 로마 문명을 발전시키는 원동력이 되었고 직접 민주주의와 공화정을 탄생시켰다. 지역순환경제 기반의 지역화폐 플랫폼은 아고라와 같이 운영되어 지역민 전체가 참여하고 지역민이 제공하는 정보를 기반으로 시장기능과 더불어 직접 민주주의 플랫폼으로 발전해 갈 때 진정한 지역화폐 플랫폼으로 자리잡을 수 있을 것이다.

　과거에는 쌍방 간 즉시적 정보전달과 방대한 정보를 처리할 수 없어 개개인의 의사는 물론 의식주에 필요한 정보마저도 쉽게 교류하기 어려웠다. 그러나 현재에는 정보통신 기술의 발달로 개개인의 의사전달, 민주주의적 절차에 의한 온·오프라인 정치 행동, 재화의 즉각적인 거래나 이동이 가능하다. 더 나아가 지역 단위의 생산과 소비, 금융거래 등의 데이터를 가공하여 지역이 필요로 하는 정보로 생성하는 일은 훨씬 쉬워졌다.

　지역순환경제모델 기반 지역화폐 플랫폼은 지역의 모든 시민이 플랫폼에 참여하고 자신이 필요로 하는 정보(욕구)를 공유하고 생산자와 유통자 역(役)의 시민들의 정보 공유를 통해 적정수준의 생산물과 공산품이 지역 내에서 거래되는 공공거래 플랫폼으로 진화해야 한다.

　그러나 자본주의 시장체제에서 시민이 소비하는 모든 재화와 서비스가 한 지역에서 모두 생산되거나 제공될 수 없으며 지역 내 생산과 서비스가 지역 시민요구에 부합하지 않을 수도 있다. 따라서, 지역화폐 플랫폼에서는 지역에서 공급 가능한 것을 중점적으로 역내에서 생산 및 거래하고 역외 재화의 경우 유통업을 하는 시민들을 통해 제공 받는 구조를 가진다. 이렇게 함으로써 역내 거래로 생성되는 자본은 역외로 이전되지 않고 지역의 부족한 부분에 재투자되는 순환고리를 형성할 수 있다.

　이러한 지역화폐 플랫폼 운영이 가능한 이유는 지역화폐를 사용하는 경제 범위에서 자본주의 시장체제와 구분되는 교환 중심의 화폐경제 구조가 가능하기 때문이다. 앞서 부여군의 예와 같이 지역에서 순환되는 지역화폐 가치가 지역에 내재화되는, 즉 지역화폐로 유입되는 자본이 역내 잔존하고 지역화폐 승수효과로 인해 새롭게 창출되는 자본이 역외로 유출되지 않음으로 지역 내에서만 순환되는 구조가 된다면 더 이상 필요 이상의 재원이 투입되지 않아도 자생성을 가진 지역화폐 플랫폼으로서 작동되기 때문이다.

이러한 지역화폐 플랫폼이 가능한 기저에는 블록체인 기술의 영향이 크다.

블록체인의 거래기능은 자본주의 금융시스템과 달리 신뢰된 제3자를 별도로 두지 않는 분산형 네트워크(P2P) 환경에서 작동되며 모든 거래기록에 대해 공개적으로 접근 가능하다. 그리고 거래된 내역은 블록체인 네트워크 참여자 모두가 공동으로 소유함으로 데이터 조작이 어렵고 무결성을 보장하기 때문에 지역순환경제를 위한 도구로서 매우 적합하다. 따라서, 이와같은 지역화폐 플랫폼이 성공하기 위해서는 무엇보다 시민의 플랫폼 참여도가 높아야 한다. 높은 참여도는 블록체인의 네트워크 효과와 직접적인 관련이 있기 때문에 소규모 인구 지역에서의 블록체인 기반 지역화폐 플랫폼은 지역민 상호 간 강한 친밀도에 의한 높은 참여율, 화폐 발행과 유통, 재화의 이동 등 지역화폐 운영 전반에서 유리한 부분으로 작용될 수 있다.

탈성장론은 거대기계 같은 대도시가 아닌 소규모 공동체의 자율성과 공생을 자본주의 체제의 대안으로 제시하고 있다. 이윤추구를 위한 재화 생산이 아닌 관계형 재화 생산과 지역 기반 경제의 재구성, 시민의 직접 민주주의 확대, 단위당 노동시간 축소를 통한 일자리 공유 등 조금은 더디고 불편한 공동체적 생활을 통해 공동체 내 열외자가 발생하지 않고 일자리, 재화의 분배를 비롯하여 화폐가치에 따른 차별이 없는 새로운 사회로의 변화를 만들 수 있기 때문이다.

지역순환경제 또한 동일한 목표와 방안들로 탈성장과 궤를 같이한다. 그러나 자본주의 시스템과 갑자기 괴리될 수 없는 실제 삶이 존재하기 때문에 소규모 지역에서부터 자본주의 시장경제와 공존하며 새로운 경제시스템을 만들어 나가야 한다.

그림 6은 지역공동체 내에서 자본주의 시장경제와 탈성장 기반 지역순환경제의 구조적 변화를 도식화 한 것이다.

기존 자본주의 시장경제 기반 지역에서 유통되는 법정화폐, 즉 자본은 지역화폐 플랫폼으로 이전되어 내적순환과 지역화폐 유통속도에 의해 증가하게 된다. 지역화폐 플랫폼으로 이전된 자본은 자본주의 이전의 화폐경제와 같이 축적 대상으로서 화폐가 아닌 교환 매개로서만 작동하게 된다. 따라서 지역은 글로벌 자본에 종속적인 법정화폐를 최소한만 사용하게 되고 지역화폐 플랫폼을 통한 내생 경제와 역내 교환을 위한 화폐로서 축적된 지역 순자본을 중심으로 지역경제가 운영된다. 이는

〈그림 6〉 지역공동체 내 자본주의 시장경제, 탈성장 지역순환경제 구조변화 요약도

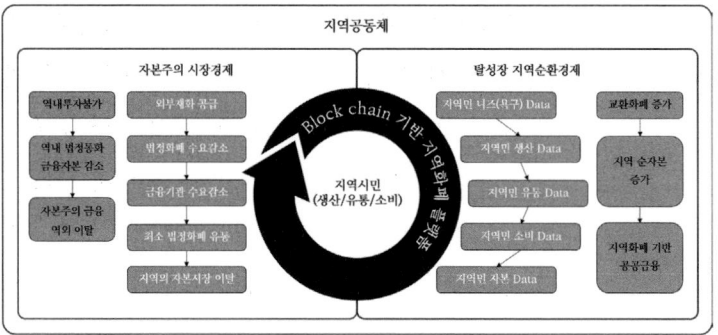

자료: 자체작성

글로벌 자본과의 결별을 의미하며 무제한적 성장의 악순환에서 지역이 자유로워짐을 의미한다.

교환화폐로서 축적된 지역자본은 공공금융을 통해 지역의 소외된 사람들의 경제적 자유를 돕기 위해 사용될 수 있고 지역화폐 기반의 새로운 일자리 창출과 함께 지역이 자본주의적 발전이 아닌 탈성장적 발전으로 나아가는 기제로 작동할 수 있게 한다.

지역을 위한 지역화폐 패러다임 시프트

1998년 동아시아 외환위기 이후 지속적으로 악화되고 있는 한국의 양극화는 국가 잠재성장률 감소와 함께 인적자원 중심 경제구조에서의 생산성 하락, 사회적 갈등을 심화시켜 국가 시

스템 전반에 악영향을 끼치고 있다.

특히 비수도권은 인구, 경제, 사회 시스템 등 모든 부분에서 수도권과 격차가 커지고 있으며 글로벌 자본에 종속적인 국가 금융체계와 정보통신 기술 발달로 지역자본의 역외 이전 속도는 이전에 비해 훨씬 빨라졌다. 이러한 비수도권 지역경제 상황은 앞서 이야기 한 바와 같이 소상공인·자영업자 중심의 경제구조와 인구 및 일자리 감소 등으로 지역소멸 위기에 처해있으며 이러한 문제를 해결하기 위한 여러 가지 수단 중 하나로 '지역사랑상품권'이 대안으로 제시되었던 것이다.

그러나 지역에서 필요로 하는 자본의 흐름과 지역경제 활성화의 마중물로 도입된 정부지원형 지역사랑상품권 사업은 초기 활성화 단계에 맞닥트린 코로나19 팬데믹의 영향으로 정책 효용가치에 의문을 품는 정부 기관과 언론, 특히 포퓰리즘으로 치부하며 정권교체 후 관련 예산 전액 감액을 주장한 여당과 행정부로 인해 국가정책 지속성에 대한 우려를 낳았다. 그리고 지역사랑상품권 운영을 위해 투입된 막대한 인센티브 예산과 지역사랑상품권 유통을 위해 전국 191개 지자체가 혈세를 들여 만든 플랫폼, 앱 등은 매몰비용으로 처리될 위기에 놓여 있다.

한국의 정부지원형 지역사랑상품권은 전 세계 지역화폐 중에서 유래없이 성공한 정책이자 사업 중 하나이다. 중앙정부와 지자체가 매칭하여 인센티브 예산을 투입한 사례에서부터 사용자 수, 가맹점 수, 발행액수, 재정지수 효과, 소상공인 경영

개선 효과 등 다양한 연구결과에 나타난 객관적 수치만으로도 우수한 정책임을 입증할 수 있는 부분이 많다.

그러나 사업초기 국비 인센티브 지역사랑상품권 정책은 지역경제를 위한 마중물 역할을 명확히 밝히고 있었고 따라서 지역사랑상품권을 운영하는 지자체들은 해당 사업의 지속가능성을 염두에 두고 정책을 추진했어야 했다. 물론 관계법에서 정한 수단적 정의, 판매대행 협약 등 기존 금융시스템을 기초로 한 법적 조항들이 중앙 민간금융이 대행할 수 밖에 없는 조건을 만들어 놓았지만 부여의 사례와 같이 성공적인 지역자본화를 이룬 지자체가 있는 반면 이윤 중심의 금융기업 수익모델만 남은 지자체가 다수이다. 이러한 운영구조상의 문제로 지역사랑상품권은 국가예산에 좌우되는 형태를 벗어날 수 없게 되었고, 결국 미래를 장담할 수 없는 상태가 된 것이다.

이 문제는 결국 자본주의 시장경제 체제의 중앙중심적 국정운영과 금융구조 문제로 귀결된다. 이에 자본주의의 무제한적 성장과 그 대척점에 서 있는 탈성장 지역순환경제를 통해 지역화폐가 진정 가야할 방향성을 되짚어봐야 한다.

지역화폐를 기제로 한 지역순환경제가 지금 당장 자본주의 경제 시스템 전부를 대체할 수 없다. 단, 지역화폐를 통해 무제한적 성장으로 점철된 자본주의 구조와 의식에서 벗어나 이윤을 위한 생산, 유통, 소비가 아닌 인간적인 삶, 공동체적 삶을 위한 경제활동으로 점진적 탈성장 사회를 구현해 나가는 것이 지역순환경제시스템을 위한 첫걸음이 아닌가 생각된다.

탈성장은 과거로의 회귀가 아닌 미래를 살아가는 현재의 약속이다.

지역순환경제는 자본주의가 가진 내재적 모순을 풀어내기 위한 하나의 솔루션이며 보다 더 다양하고 새로운 미래 대안들을 위한 하나의 교두보이다.

이러한 탈성장적 방어기제마저 없다면 인류사회의 지속가능성을 담보하는 것은 더욱 어려워질 것으로 보인다. 이런 의미에서 지역순환경제와 지역화폐 플랫폼은 기존 금융시스템이 아닌 새로운 기술을 활용한 지역자본을 위한 금융시스템으로 혁신되어야 하며 독자적이며 자율적으로 지역에서 설계, 실증되어야 할 것이다.

[참고문헌]

김준헌·박인환(2021), 주요국의 재난지원금 지급사례와 분석,
국회입법조사처 『NARS 현안분석』 제214호.
류영아(2020), 지역사랑상품권의 의의와 주요쟁점. 국회입법조사처
『이슈와 논점』 제1760호.
송지현·손지현(2022). "2021년 부산 동백전 성과분석을 통한
지역경제 활성화 및 기여효과 분석". 신라대학교 산학협력단.
송지현(2022). '지역화폐 예산삭감이 지역경제 활성화에 미치는 영향'.
여민연구소 출범기념 정책토론회 발제문.
이경아(2020), 지역화폐와 소비자 상생방안 연구.
한국소비자원 정책연구 20-08호.
이상호(2020), '포스트코로나 시대, 지역불평등 현황과 이슈'
-지역 일자리 불평등과 정책과제. 2020 대한민국
균형발전 정책박람회 '지역주도 한국판 뉴딜 균형발전의
길을 찾는다!' 특별3. 산업통상자원부·국가균형발전위원회.
이재원·김성우(2012), "지역경제구조변화에 따른 지방세 영향분석".
2012 한국지방재정학회 동계학술대회 발표논문집.
이점순·양준호(2020). '지역화폐의 의의 및 그 활성화 방안에 관한 연구
-국내외 지역화폐 사례를 중심으로", 동북아경제연구
오주현(2020). '지방 재정 투입에 따른 국내 총생산 및
지역 내 총생산 기여효과 산출모델'. 행정안전부
정미애·추수진(2021). '포스트 코로나 시대의 지역양극화'.
Future Horizon+ 2021년 제3호(Vol.50).
과학기술정책연구원.
한웅규·김태양(2020). "국가난제 해결을 위한 과학기술 관점의 경제·
사회 시스템 혁신전략 연구(2차년도) 제3권:
지역 분야 난제. 한국기술정책연구원
앙드레고르츠(2015). 「에콜로지카」. 갈라파고스.
리카르도 페트렐라·세르주 라투슈·엔리케 두셀(2021).
「탈성장-경제체제연구」. 대장간

인천일보(2021). 1월 28일. "[지역화폐 전성시대] 15.
　　　　지역사랑상품권의 역사와 철학"
sbn뉴스(2022). 11월 21일. "부여군, 농어민수당 굿뜨래페이로 지급"
충청뉴스(2022). 12월 1일. "자립형 지역화폐 정착,
　　　　부여군 굿뜨래페이 3천억 돌파"
디트뉴스(2022). 12월 26일. "부여군 굿뜨래페이,
　　　　지역화폐 평가 '대통령상' 수상"

굿뜨래페이 누리집(2022), https://goodtraepay.buyeo.go.kr
부여군지역공동체활성화재단 누리집(2023),
　　　　https://blcrf.co.kr/sub.php?menu=18
통계청(2021), 온라인 쇼핑동향.
통계청(2021), KOSIS GRDP(시도).
통계청(2021), KOSIS 시도·산업·종사자 규모별 사업체수, 종사자 수 ('20~).
통계청(2022), KOSIS 주민등록인구.
통계청(2022), 2021년 소상공인실태조사 결과(잠정)
한국농수산식품유통공사(2020). "covid-19 이후 주요국
　　　　온라인 유통시장 동향". 농식품수출정보.
행정안전부(2021년 1월). 지역사랑상품권 발행지원 사업 종합지침.
행정안전부(2023년 1월 15일). 보도자료. "행정안전부,
　　　　2023년 지역사랑상품권 국비지원 방향 발표".
행정안전부(2023년 2월 22일). 보도자료. "지역사랑상품권 사용처,
　　　　영세 소상공인 중심으로 바꾼다-사용처 재편,
　　　　구매한도 축소 등 2023년 지역사랑상품권 지침
　　　　개정사항 발표-".

4

녹색운동가가 본
탈성장과 지역순환경제

현영애

또 다른 삶의 방식 : 상상력이 필요하다

현 영 애
다큐영화 만들고 농사짓는 녹색당원

탈성장 : 공생공락의 삶

 녹색당에 탈성장 의제 모임이 만들어지고 지금까지 만 3년 이상을 함께 참여하고 있다. 모임 첫날 함께 읽고 토론한 책은 2018년 그물코 출판사에서 발행한 『탈성장 개념어 사전』으로 모임 날 각자 책 속에 하나의 개념어를 뽑아오기로 했다. 내가 고른 개념어는 오스트리아에서 태어난 사상가 이반 일리치의 철학을 함축하는 말이라고 할 수 있는 '공생공락'이었다.

 "탈성장 사회를 위한 프로젝트는 의식적이고 민주주의적으로 조직되어야 하는 자기제한을 제시한다. 이는 자율성, 공생공락, 재생산을 특히 중시하고, 한계 없는 경제성장 이데올로기를 거부하는 세계를 세우기 위해서이다. 이반 일리치에게 자율성이란 대규모 기반시설과 이를 관리하는 특정 공공집단 또는 사적인 관료주의 제도로부터의 자유였다."
(『탈성장 개념어 사전』 중에서)

이반 일리치가 자주 언급한 공생공락의 원어 'conviviality'는 처음 국내에 '공생성'으로 번역됐었는데 원어가 갖고 있는 뜻을 잘 전달하지 못한다는 지적이 많았다. 원어 conviviality는 사전에 '유쾌함, 기분 좋음, 연회'로 나와 있다.
이반 일리치를 잘 모르던 때 우연히 참석했던 어느 강연에서 강사는 공생성에는 원 뜻에 있는 유쾌하게 여럿이 어울려 적당히 취한 상태인 연희의 뜻을 담지 못하고 있어서 제대로 일리치의 사상을 전달하는 것이 아니라고 했었다.

'적당하다'는 말도 풍족함에 밀려 부정적으로 여겨지고 있기도 한다. 지역에서 지속적인 생산과 소비가 가능하도록 만들어진 기술을 일컫는 적정기술(適正技術, appropriate technology)도 원래는 적당기술로 번역하려고 했는데, '적당하다'가 '적당적당' 등 열심히, 풍족하게 하지 못한 상태를 뜻하고 있어서 석성기술이라고 했나고 한다.

적당함을 알고 멈춘다는 게 참 대단한 것이었다. 그래서 여럿이 적당히 취한 상태로 연희를 즐기는 것이 어떤 이의 사상의 핵심이라니, 너무 멋졌고 바로 그의 책을 뒤적이게 했다.

의제모임 초기에 탈성장이라는 말이 과거 곤궁한 삶으로 회귀한다는 저항에 부딪칠 수 있다는 걱정이 많아 다른 말을 만들자는 의견이 있었지만, 나는 탈성장의 공생공락을 계속 화제로 꺼내며 다른 말로 순화하는 것에 반대했었다.

탈성장에 대해 이반 일리치는 1971년 『성장을 멈춰라』라는 책에서 급진적으로 주장했다. 책 전체를 관통하는 내용은 일반적인 생태주의자들이 주장하는 '지구에 한계가 있으므로 파국을 막기 위해 생산과 소비를 줄여야 한다'는 말과는 달리 '인간은 스스로의 목적을 설정하고, 창조적인 행위를 할 평등한 자유를 가지며, 자기 삶을 자율적으로 관리할 권리가 있다'라고 말한다. 자율성은 공생공락과 함께 이반 일리치를 대표하는 단어 중 하나다. 그는 '생산과 소비 과정에 사용되는 도구가 인간을 지배하고 수단으로 만들어버리기 때문에 인간성을 회복하기 위해서는 그 도구의 성장에 한계를 부과해야 한다'고 일관되게 주장한다. 그가 예를 드는 도구들은 학교로 대표되는 교육, 의료제도, 교통수단 등이다.

"나이별로 학년이 나누어 진 채 이루어지는, 일생을 결정짓는 특권을 따느냐 마느냐를 결정짓는 강제적인 경쟁은 평등을 진작시키기는커녕, 남보다 빨리 시작하거나, 더 건강하거나, 교실 밖의 자원이 더 많은 사람에게만 유리한 결과를 낳을 뿐이다. 필연적으로, 의무경쟁 체제는 여러 층위의 실패자로 나뉜 사회를 조직하게 된다. 이 각 실패자의 층은 학교 교육의 각 단계에서 탈락한 사람들로 채워진다. 실패자들은 자기보다 교육을 더 많이 소비한 사람들이 사회 전체에 더 가치 있는 자산이기 때문에 더 많은 특권을 가질 만하다고 믿게 된다. 학교라는 수단에 의해 교육이 구성된 사회는 따라서 정의로운 사회가 될 수 없게 하는 필연적 기능을 포함하는 셈이다."
(1971년, 『성장을 멈춰라』)

탈성장의제 모임에서는 『성장을 멈춰라』를 함께 읽었다. 나는 10여 년 전에도 이 책을 읽었지만 그 때는 어떤 의무감으로 책장을 끝까지 넘겼다고 밖에 할 수 없다.

탈성장 사회가 어떻게 가능할 수 있는가에 대한 질문으로 책을 다시 읽기 시작했고, 책에는 질문에 대한 답이 들어 있다는 걸 알게 됐다. 탈성장을 명료하게 해주는 말들은 프랑스 철학자 앙드레 고르의 저서들 속에서도 발견할 수 있다.

"지구의 균형을 이루기 위해서는 물질 생산에 있어서 무성장, 나아가 탈성장이 필요조건이다. 그렇다면 지구의 균형은 자본주의 시스템과 양립할 수 있는가?"
(1972, 『에콜로지카』)

"오늘날 비현실적인 주장은 탈성장을 통해 더 많은 복지를 이루고, 우리 시대를 지배하는 삶의 방식을 전복하자는 주장이 아니다. 경제 성장이 여전히 인간 복지를 증진하고, 물리적으로 경제 성장이 가능하다고 생각하는 것이 바로 비현실적이다."
(1980, 『프롤레타리아여 안녕』)

탈성장은 '부족함을 아는' 함께 좋은 삶을 뜻하는 라틴 아메리카의 토착 사상 '부엔 비비르(Buen Vivir)'와도 통한다. 부엔 비비르는 원주민 공동체에 널리 퍼져있는 전통으로 볼리비아와 에콰도르는 헌법에도 명기한 사례로 주목받았다.

모임을 계속해가면서 나는 탈성장은 성장주의에 대한 비판임은 분명하지만, '보다 적게'가 아니라 '다름'에 방점이 찍힌 개념이구나 하는 생각이 들었다. '우리의 목표는 코끼리를 날씬하게 만드는 것이 아니라, 코끼리를 달팽이로 변화하는 것'이라고 한 『탈성장 개념어 사전』의 저자들 말도 이해하고 공감하게 되었다.

탈성장 사회를 위한 설계도

 탈성장에 이해가 명료해지고 확신이 생기면서 녹색당 탈성장 의제모임은 탈성장 사회에 맞는 시스템을 구상하는 단계로 이어졌다. 로드맵에 내가 제안한 주제는 기본소득, 농업 그리고 화폐였다. 기본소득은 내가 녹색당 당원이 되는 결정적인 계기였고, 화폐에 대한 관심은 오래 전부터였다. 농업은 사실 한 번도 관심을 가져보지 않았던 분야였는데, 2019년 콜롬비아 생태공동체 가비오타스에 관한 다큐멘터리를 만드는 동안 기후생태위기의 심각성을 알게 되면서 관심을 갖게 되었고 이제는 내 삶의 한 부분으로 들어와 있다.
 기본소득은 화폐와도 맥이 닿아있어서 화폐에 대해 관심을 갖게 된 계기를 이야기해보려 한다. 창작공연극을 직접 제작하겠다고 해서 은행과 카드사에 빚을 지고 빚 독촉에 시달리던 때였고 돌려막기를 하면서 점점 더 높은 금리의 나락으로 떨어질 때였다. 나는 그때 가난하고 경제적 어려움을 겪고 있는 사람이 더 높은 이자로 돈을 빌릴 수 밖에 없다는 사실에 직면하게 되면서 너무 어이가 없었다. 신용이 낮은 사람들은 대출금 상환을 하지 못할 확률이 높기 때문이라고 너무나 당연한 듯 말하는 사람들이 오히려 알 수 없는 세상처럼 아스트랄하게 보일 정도였다.
 '그래서 더 높은 금리로 가능할 때까지 받아내고 중도 포기해도 어느 정도 받아냈으니 다행으로 여긴다는 건가' 빚 갚기에 쫓기고 있어서 분노할 겨를도 없었지만 이건 아니다라는 생각만큼은 잊어버리지 않기 위해 가슴 한 켠에 접어두었다.

그리고 한참 세월이 지나 조금 안정이 되었을 즈음 녹색평론을 통해 지역화폐, 대안화폐, 공동체 화폐라는 게 있다는 걸 알게 되었다.

'돈의 본질은 사용자들 사이에서 돌고 돌아야 하는데 지금의 법정화폐는 자본가의 은행 잔고 안에만 머물고 그 돈에 또 이자가 계속 불어난다. 이에 우리는 새로운 대안화폐를, 우리 지역의 지역화폐를 만들려고 한다.'

녹색평론 읽기 모임의 한 회원은 대안화폐, 지역화폐 운동을 하고 있는 사람이었고 나는 바로 그가 활동하는 수원의 지역화폐 추진 모임에도 나갔다. 지역화폐에 대한 다큐멘터리를 만들면 좋겠다는 생각을 한 것도 아마 첫 모임에 참석하고 바로였던 거 같다.

'돈이란 무엇인가, 돈은 누가 어떻게 만들어내는가, 그리고 돈은 결국 누구의 것인가, 이런 질문을 평소에 해본 사람은 거의 없을 것이다. 그러나 위기의 시대는 근본적 질문이 제기되는 시대이다. 우리는 이 질문을 통해서 경제의 원점을 확인하고, 나아가 지금 우리가 직면한 복합적인 위기상황을 넘어서기 위해서 우리에게 필요한 것이 무엇인지 곰곰이 생각해볼 수 있게 된다. 그리고 대안을 찾은 사람들은 행동에 나선다.' 2014년 당시 썼던 기획의도다.

다큐멘터리 초안의 제목은 '모모의 개혁(부제: 화폐를 점령하라!)'였는데 미하일 엔데의 모모가 등장한 건 카와무라 아츠노리 책 『엔데의 유언』 때문이다.

일반적으로 〈모모〉는 우리가 시간에 허덕이면서 삶의 의미를 잊는다는 메시지를 전해준다고 생각했는데, 엔데는 이자가 붙으면서 기하급수적으로 증가하는 돈의 모습을 시간이 시간을 낳는 환상적인 모습으로, 이자를 통해 손쉽게 살아가는 이자 생활자를 회색신사로 묘사했다는 해석은 말 그대로 신선한 충격이었다.

"엔데는 현대 사회가 돈이라는 질병에 걸렸다고 진단하면서 자연 파괴, 전쟁, 빈곤, 실업 등의 문제도 '화폐의 기괴한 자기증식'과 '상품으로 매매되는 돈'에 관련되어 있다고 지적한다. 돈의 자기 증식과 불멸성은 구체적으로 어떠한 문제를 불러왔을까? 물건은 시간이 지나면 낡거나 없어지는데 비해 돈만은 시간이 흐를수록 이자가 붙으며 가치가 증가한다. 인간의 필요로 만들어진 돈은 이제 인간이 섬기는 신-정확하게 우상-이 되었다. 1929년 대공황, 최근 2008년 금융위기, 그리고 우리 삶을 송두리째 뒤흔들었던 1997년 IMF 사태는 막대한 돈이 유령처럼 떠돌면서 생겨난 파국의 상황이다. 엔데는 돈을 근본적으로 바꾸지 않으면 어떠한 희망도 찾을 수 없다고 주장한다."
(김지환 <갈라파고스> 편집부장)

모모를 새로 사서 읽으며 오래전 어려운 사람들에게 오히려 더 높은 금리로 돈을 버는 은행에 대한 문제의식을 분노로 불러일으키며 의욕을 불태웠지만 아쉽게도 다큐제작은 미완성이다. 제작비를 마련하지 못한 것도 원인이지만 안타깝게도 당시 수원의 지역화폐 모임도 여러 사정으로 인해 지속되지 못해 몇 번의 촬영 후 다큐멘터리 제작을 접고 말았다.

수원에서 시도하는 지역화폐 이외에 미국의 이타카아워, 독일의 교환링, 스위스의 협동조합은행, LETS(Local Exchange Trading System) 등 세계 곳곳에 시도됐었고 시도되고 있는 다양한 지역화폐와 대안화폐 관련 기사와 책을 찾아보고 새로운 희망을 걸기도 했지만 점차 관심은 사그라들었다. 오랫동안 잊고 지냈는데 탈성장을 공부하면서 다시 화폐문제를 마주하게 된 것이다.

2021년, 2022년 국내 출간된 탈성장과 기후위기 관련 책들에서 지속가능한 사회를 위해 필요한 것으로 화폐개혁이 언급되는 경우가 많았고 녹색평론에서는 연속으로 새로운 화폐에 대한 담론들을 소개했다.

내가 처음 화폐에 관심을 가졌을 때는 기존의 법정화폐는 그대로 두고 새로운 대안화폐를 직접 만들자는 데 초점이 있었다면 최근에는 법정화폐가 만들어지는 근본 문제를 지적하고 화폐, 돈을 만들어내는 시스템을 바꾸자는 주장을 하고 있었다. 현대화폐이론과 주권화폐론, 보다 원대한 구상에 다시 관심을 갖지 않을 수 없었다.

 그러던 중 탈성장과 화폐민주주의연대라는 기획으로 녹색당 내 토론회를 기획했고 당내에 화폐문제에 관심을 갖고 있는 당원들이 여러 명 있다는 것도 알게 됐다. 그들 중에는 『화폐의 비밀』책을 공동번역하고 화폐민주주의연대라는 시민단체를 준비하고 있는 당원도 있었다. 2022년 가을 나는 한국 최초로 만들어지는 화폐 관련 시민단체 화폐민주주의연대에 함께 하자는 제안을 받았고 일 초의 망설임 없이 바로 동참하기로 했다.

탈성장과 화폐민주주의

 왜 탈성장과 화폐민주주의가 이야기되는가, 의아할 수도 있다. 화폐시스템은 한 사회경제의 근간이라고 할 수 있다. 돈이 어떻게 만들어지고 어디로 어떻게 흐르는가를 결정하는 사람들은 누구인가. 우리는 그 진실을 밝혀내고 말할 수 있어야 한다. 그것은 옳지 않다, 그리고 새로운 대안을 말하는 것이다

"'화폐민주주의연대(Solidarity for Monetary Democracy)'는 민간영리은행에 의한 화폐의 공급시스템을 혁파하고 화폐민주주의에 입각한 새로운 화폐의 공급시스템의 구축을 목적으로 삼는 비영리민간단체이다. 화폐민주주의는 한마디로 '국민의, 국민에 의한, 국민을 위한 화폐'를 주장한다.

현행 시스템에서는 시중의 돈 중 96% 이상을 민간영리은행이 공급하고, 중앙은행은 고작 4% 정도를 현금으로 공급할 뿐이다. 민간영리은행은 법적으로 중앙은행만이 행사하도록 규정된 발권력(통화발행권)을 아무런 법적 근거도 없이 위탁/양도 받아 '신용창조' 기법을 통해 허공에서 통화를 창조하여 개인이나 기업은 물론 심지어 정부에게도 빌려주고 연간 수십조 원의 이자를 수취하는 특권과 특혜를 누리고 있다.

화폐민주화 운동은 은행이 가진 통화발행권을 정부(중앙은행)에게 되돌려주고 민주적 통제를 받는 공공기관이 신규통화 전액을 발행해 공급하는 새로운 통화 시스템의 구축을 주장한다.

반면, 국민은 상환과 이자 불입에서 해방된 비채무성 공공통화인 국민주권통화를 기본소득 형태로 나누어 가질 수도 있고, 환경·교육·문화·복지·통일 등 여러 분야에서 공익을 위한 투자자금으로 사용할 수도 있다.

결론적으로 화폐민주주의연대는 화폐주권을 되찾고 화폐가 사회공동체 구성원 모두에게 봉사하는 것이 되도록 만들고자 한다. 이 길은 경제성장 지상주의를 극복하고 민주적이고 생태적인 경제발전 패러다임으로 나아가는 길이자 형식적인 민주주의를 넘어서 실질적인 민주주의로 전진하는 길이기도 하다."
(화폐민주주의연대 발기문 중에서)

화폐문제를 자세히 들여다 보면, 지금의 화폐금융시스템이 성장주의와 연결되어 있다는 걸 알게 된다.

"강제된 경제성장, 지금 화폐 발행권을 민간은행이 갖고 서민들에게 고금리의 빚에 허덕이게 만드는 문제는 단순히 소수 자본가들의 부도덕함에 관계된 것은 아니다. 경제성장을 불가피한 것으로 만드는 근본 원인이 있다. 경제성장은 결코 소비자 복지와 경제적 번영을 증가시키기 위해 이루어지는 것이 아니다. 경제성장은 시스템의 붕괴를 막기 위해 필수적인 것이다."
(제라르 푸셰의 『화폐의 비밀』)

책에서는 현재 기후위기와 불평등을 발생시킨 근본적 원인은 도덕성을 상실한 자본주의에 있으며, 도구로 사용된 것이 바로 현행 금융시스템이라고 말한다. 바로 자본주의 붕괴를 막기 위해 경제성장이 필요하며, 화폐금융은 도구로 사용된다는 것이다. 탈성장으로 전환해야 하는 이유가 된다.

저자 제라르 푸셰는 재미난 이력을 가지고 있다. 그는 대학교수도 경제학자도 아닌 연극인이며 연출가이다. 그런 작가가 2018년MMJ(Mouvement Monnaie Juste) 공정화폐운동이라는 사회단체를 공동창립하기도 했고, IMMR국제화폐개혁운동 단체의 멤버가 된다.

책을 읽으면서 처음 화폐관련 다큐멘터리를 만들 때 가졌던 질문이 떠올랐다. 누군가 대출을 하고 이자를 지불할 때 그 이자에 해당되는 통화는 어디에서 나오는가? 채무자는 그 돈을 어디에서 구할 수 있을까?

"애당초 대출이 이루어질 때 이자 지불에 필요한 돈은 아직 존재하지 않았다. 앞서 보았듯이 은행이 이자에 해당하는 돈을 자신의 지출을 통해 경제 속에 확산시킨다 하더라도 이 돈이 경제에서 사용 가능한 것이 되려면 절대적으로 누가 사전에 차입을 했어야만 한다. 바로 이러한(이자로 인한-옮긴이) 사전 차입의 필요성이 우리 사회에 영구적인 성장을 강제한다."

(『화폐의 비밀』)

푸세의 글은 어렵지 않다. 화폐 공부를 시작하고자 하는 사람들에게 그래서 이 책을 추천하고 싶다. 그리고 화폐민주주의연대에 참여해 함께 공부하고 토론하는 시간을 가졌으면 좋겠다. 토론이 깊어지고 마을로 마을로 이어진다면 함께 좋은 세상 만들기는 이미 시작되었다고 말할 수 있을 것이다.

2023년, 화폐민주주의연대는 화폐 관련 다큐멘터리 제작을 신년 사업으로 정했다.

"돈은 무엇이고 신용이란 무엇인가? 진짜 돈은 누가 어떻게 만드나? 돈을 바라보는 관점이 바뀌면 세상을 이해하는 방식도 극적으로 달라진다.

인류 최고의 발명품 돈과 화폐 창작소라고 할 수 있는 은행의 파란만장한 과거와 현재를 보여주고, 왜 세계 여러 나라에서 화폐제도에 대한 개혁운동이 시작되었는지, 국내에서는 어떻게 경남 창원마산에서 '화폐민주주의연대'라는 전국적 시민단체가 만들어졌는지를 알아보고자 한다."

(다큐멘터리 기획안 중에서)

새 다큐멘터리의 주요 내용이다. 그렇다. 한국의 화폐민주주의 운동은 서울이 아니라 경남 창원마산에서 시작됐다. 모든 것이 서울 중심이다라고 비판하는 단체와 활동 역시 서울을 중심으로 세상을 바꾼다는 거대 담론에 익숙해져 있다.

다큐 기획안을 경남 모 방송사에 제안했을 때 처음 나온 의견도 이런 주제는 서울에서 기획할 수 있는 거 아닐까였다. 창원마산이 고향이고 활동을 하고 있는 분들이 처음 만든 단체이고 새로운 화폐시스템은 지역공공은행을 통해 먼저 시도될 것이다. 그래서 지역공공은행 건립도 주요 내용이 될 거다,라는 설명을 하고 나서야 방송사가 제작에 공동제작사로 참여하기로 결정을 했다.

창원마산은 부마민주항쟁이 있었던 지역이고 '부마 민주항쟁이 형식적 민주주의를 위한 투쟁이었다면, 내용적 민주주의가 화폐민주주의다' 다큐의 슬로건으로 내세워질 예정이다. 바로 화폐와 은행을 바꾸면 세상이 바뀌고 지역을 바꾸면 세상이 바뀌는 것에 대해 이야기하고자 한다.

탈성장과 지역순환경제

2020년 9월부터 2022년 9월까지 나는 녹색당 서울시당의 공동운영위원장을 맡았었다. 서울시당 운영을 책임지는 직책였지만 나는 임기 2년 동안 지역문제를 더 많이 고민하게 되었고 녹색당 서울시당이 지역당을 지원하는 책임을 져야 한다는 주장을 펼쳐나갔다. 서울 당원들의 불편함을 마주 대해야 하는 순간들도 있었지만 지난 해 총선에서도 그동안 지역 당원들이 서울 선거를 위해 당비를 모아 주었듯이 이번에는 서울 당원들의 특당비가 지역 선거에 우선 쓰여야 한다는 생각으로 선거비 배분을 결정하는 전국위원회 회의에 참여했고, 서울 선거가 어려워질 수 밖에 없는 결정에 서울 당원들의 반대가 커지지 않도록 노력했다.

대한민국 정당은 중앙당 사무실을 서울에 두어야 한다는 정당법이 당장 바뀌지 않는다고 해서 당 운영을 꼭 서울 중심으로 해야하는 것은 아니라고 생각한다.

물론 나도 이런 생각을 처음부터 한 것은 아니었다. 서울에서 나고 자랐고 지인도 거의 없어서 여행으로도 지방에 가는 일이 거의 없었던 사람이었다.

몇 차례 지역당을 방문해 지역당원들과 만나면서 나는 지역이 자기 기능을 회복하도록하는 게 바로 녹색당이 이루고자 하는 세상이라는 걸 깨닫게 됐다. 녹색당은 서울이 중앙이라는 사고를 깨고 각 지역당의 연합체로서 전국당이라는 개념을 당 강령에 두고 있는 정당이기도 하다.

"권력이 대통령과 정부, 국회에 쏠려있는 중앙집권 정치로 인해, 우리 사회에 많은 문제들이 발생하고 있습니다. 특히 수도권 집중은 삶의 질을 떨어뜨리며, 대도시는 과밀해지고 농·어촌은 텅 비게 만들었습니다. 그러나 '균형발전'을 빙자한 또 다른 개발은 문제를 악화시킬 뿐입니다. 이제 지역과 풀뿌리 시민들에게 권력이 분산되어야 합니다."
(녹색당 강령 중에서)

이 즈음 알게 된 '지역순환경제' 개념은 바로 나의 단순한 관심을 확장시켜 어떻게 실천해야 하는가하는 문제를 풀어나갈 나침반이 돼 주었다. 탈성장 의제 모임에도 지역순환경제를 같이 공부해야 한다는 의견이 나왔고 관심있는 당원들이 늘면서 화폐금융&지역순환경제 연구모임이 새로 만들어졌다.

하지만 여기에서 약간의 오해가 있기도 했는데 지역과 경제가 묶이면 바로 지역경제 활성화가 떠올라 혹시 지역경제를 성장시키자는 이야기로만 흐르는 것이 아니냐고 걱정하는 사람이 있었다. 지역 경제 활성화가 얼마나 지역과 지역민들을 위한 정책으로 왜곡돼서 견고하게 지역 정책의 핵심으로 자리잡고 있는가 새삼 느끼게 되는 에피소피다.

지역순환경제를 처음 듣고 내가 먼저 떠올린 사람은 『오래된 미래』를 쓴 생태환경운동가 헬레나 노르베리 호지였다. 그가 최근 생태주의의 구체적 실현으로 지역순환경제를 말하는 기사를 본 적이 있었기 때문이다.

"얼마나 더 부유하고 얼마나 더 빨라져야 인간이 행복할 수 있을까. 그런 행복이 가능하기나 할까. 국가간의 무역으로 경제가 성장한다는 건 일종의 신화다. 오히려 이 과정에서 인간적인 규모와 속도가 무너지고 있다. 행복하고 만족하려면 풀뿌리 지역경제를 추구해야 한다."

2019년 11월 노르베리 호지는 여성환경연대·숲과나무가 주

관한 초청 강연에서 "생산자부터 소비자가 공동체라는 직조 안에서 연결하며 지식과 보살핌을 나누는 순환경제를 하면 사람과 사람이 이어지고 사람과 자연이 이어진다. 이것이 바로 행복과 안녕으로 가는 길이다. 이는 작은 시골 동네에서만 일어나는 게 아니라 전 세계 대도시에서도 일어난다"고 말했다.

서울에서 또 다른 삶의 가능성에 집중하고 있을 때여서 대도시에서도 가능하다고 말했다는 기사를 한참을 보고 또 봤었다. 서울시당 공동운영위원장 선거에 출마하면서 도시농업을 주요 공약으로 발표했던 것도 노르베리 호지의 강연에서 영향을 받았던 거 같다.

노르베리 호지는 점점 더 많은 국가간의 무역으로 이 '성장'이 만들어지고 있지만 실상은 이 '성장'이 국제무역가들의 부 축적을 의미한다고 말하기도 했다. 각 나라의 국경 안에서 작동하는 기업들은 더 많은 규제를 받고 있지만, 거대 기업은 이 규제에서 벗어나 더 부자가 되어가고 있다는 것이다. 그럴수록 지역기업은 세금과 규제로 거대 기업과 경쟁할 수 없게 되는 악순환이 반복한다는 설명이다.

그날 강연에서는 국가 간의 무역을 예로 들며 이야기했지만 이 상황은 한 국가 내 대도시와 지역 중소도시와의 관계에서도 그대로 나타나고 있다는 사실을 누구도 부인할 수 없을 것이다.

서울 집중화는 계속되고, 지역소멸을 걱정하는 기사들은 매년 비슷한 패턴으로 나오고, 해결책으로 내놓은 내용을 보면 대기업 체인망을 지역에 끌어오는 것에서 변함이 없다. 빵가루만을 조금 남기고 알맹이는 그대로 그 망을 타고 서울로 유입돼 빠져나간다는 걸 정말 모르고 하는 걸까. 그렇다면 우리가 먼저 이제 그만이라고 선언해야 하겠다.

"미국 국민들의 생활 수준이 3% 증가하는 데 드는 비용은 인도 국민들의 생활 수준 3% 증가하는 데 드는 비용의 25배다. 인도는 인구가 훨씬 더 많고 더 빨리 증가하는 데도 그렇다. 가난한 사람들을 위해 유의미한 혜택을 주려면 부자들의 자원 사용량을 줄이는 것으로 족하지만 부자들에게 혜택을 유의미하게 늘리려면 가난한 사람들의 자원을 살인적인 정도로 빼앗아야만 한다."
(1971년, 『성장을 멈춰라』)

지역순환경제, 농촌마을과 신도시

예산에 이주해 살고 있는 집 근처에 내포신도시라는 데가 있다. 내포신도시는 충청남도의 중서부에 위치한 홍성군과 예산군의 경계 지역(홍북면 및 삽교읍)에 조성되었는데 대전이 1989년 직할시로 승격되고 나서 충남도청을 다시 도내로 이전하기로 결정하자 서천과 태안을 제외한 모든 시, 군이 유치전에 뛰어들었는데, 2006년 2월 12일 홍성·예산이 실현 가능성 및 행정효율성에서 모두 높은 점수를 받아 충남도청 이전지로 최종 선정되었다고 한다.

애초에 2020년까지 10만 인구의 신도시를 완성할 계획이었으나 2022년 말까지 인구 약 3만 미만으로 당 초 목표보다 현저히 못 미치는 결과였다.

신도시 선포 10주년을 맞았던 2022년 12월에는 관련 기사가 많는데, 2020년 11월 충남혁신도시 지정과 연계하여 공공기관의 대거 유치를 성사시키는 기반을 형성하였고 최근 아파트를 비롯한 공동주택 분양 및 신축, 학교 추가 신설이 대거 추진되면서 2022년 하반기 이후 지속적 증가 추세로 지난 몇 년간 유입이 더뎠던 내포신도시의 인구 증가가 촉진되고 오는 2024년에는 인구 5만 명 이상이 될 것으로 전망한다, 는 내용이 대부분이었다. 그리고 이어서 역시 빠지지 않는 내용은 대형마트와 쇼핑몰, 극장이 신설될 거라는 내용 등이다.

내포신도시는 신도시대로 인구가 목표만큼 늘지 않아서 고심했다고 하지만 그나마 적정 수준을 유지하고 있던 예산과 홍성 구도심 상가들은 지난 10년 동안 인구가 지속적으로 줄어 읍내에 나가도 빈 집과 빈 상가를 보는 일이 어렵지 않다. 내포신도시로 들어가는 사람들도 수도권에서 이주해 오는 경우는 많지 않고 바로 가까운 농촌지역에 살던 젊은 세대들이 대부분을 차지한다.

신도시 개발이 지역 공동체가 회복할 수 있는 가능성을 높이기는커녕 어떻게 무너뜨리는가를 가까이에서 생생하게 보고 있다. 지역 내에서 생산해 마을장터를 통해 판매되고 그런 과정에서 사람들이 일할 기회를 얻던 거래의 장은 점차 사라지고 지역 자산은 대기업 대자본의 이익으로 빨려들어 간다. 사람들이 사라지면 사람들이 만들어내는 많은 이야기 공간도 함께 사라진다. 동그랗게 순환하는 구조에 틈이 생기고 서울로 향하는 직선 경제 구조가 만들어지면 바로 하나의 마을은 어느새 해체되고 말 것이다.

지역순환경제가 어떻게 지역 사람들 한사람 한사람의 구체적인 삶에 영향을 줄 수 있는지 실체적인 돈이 쓰이는 과정을 같이 보면서 체감할 수 있는 경험이 만들어지고 쌓여야겠다는 생각을 절실하게 하게 된다.

지역순환경제와 지역공공은행

귀농귀촌 관련 교육도 받으면서 지원사업들에 대해서도 찾아봤는데 가장 중점을 두고 있는 건 역시 재정지원이다. 곧 대출사업이다. 주소지 변경을 위해 들린 행정복지센터 안내 전단지 중에는 충청권 지방은행설립에 관한 내용이 있었다.

560만 충청민의 숙원인 충청권 지방은행의 밑그림이 제시됐다라는 제목 아래 충청 연고 기업과 주민, 금융기관, 국내외 연기금의 출자를 받아 자본금 5,000억 원 규모로 설립, 지역밀착형 관계형금융, 디지털 중심 금융 등을 통해 출범 2년 차부터 흑자를 올리는 방안도 마련돼 있다고 한다. 많은 지방 은행들이 운영에 어려움을 겪고 있다고 하는데 충남권 은행 설립의 앞으로 행보를 꼼꼼히 살펴봐야 하겠다. 560만 충청민은 정말 지방은행설립을 숙원했는지도….

지금 내가 살고 있는 예산 응봉면에서 잎이라는 지역화폐를 발행하고 있는 홍성 홍동면은 그리 멀지 않다. 홍동면 '잎'을 발행하는 운영위원 이동근은 2022년 녹색당 정책 토론회에서 '홍성 지역화폐 운용을 통한 지역화폐와 공공은행의 가능성'이

라는 발제를 했었다. 홍성 지역화폐의 현황과 홍성지역공공은행의 구상을 주요 내용으로 했는데 맺음말 중에서 아래 두 꼭지가 가장 크게 인상에 남아 있다.

"지역순환경제를 위한 정책은 종합적으로 계획되어야 하며, 지역 공공은행의 설립과 지역화폐발행은 그 정책의 중심에 있다."

농업생산기반을 가진 농촌지역에 초점을 맞춰 지역공공은행과 지역화폐 사업을 펼치는 것은 매우 중요하며, 특히 농민기본소득과의 연계 방안을 미리 준비하면 해야 한다는 생각이다.

앞으로 이 곳에서 생활하면서 같이 고민하고 풀어나갈 과제가 담겨져 있다. 우선 지역공공은행 또는 지방은행이라는 주제로 조만간 토론회를 열어보면 좋을 것 같다. 녹색당 관련 의제 모임에서 지난 11월 한차례 발표했던 정책에 대한 당원 의견을 듣고 자리를 마련했었는데 참가자 중에는 탈성장과 지역순환경제 화폐민주주의가 같이 이야기되는지 연결성을 찾지 못해 화폐발행과 금융문제 보다는 기후 환경 문제를 해결하는 녹색전환의 정책이 필요하겠다는 의견을 말하기도 했다.

내포신도시 아파트 분양 광고 중에는 농촌 전원생활의 로망과 도시의 편리함을 누릴 수 있는 내포에서의 삶이라는 문구가 눈에 띄었다. 예산에 와서 직접 경험하는 바이지만 병원이나 문화시설은 분명히 더 농촌지역에 지금보다 더 많이 필요하다. 도시의 편리함을 갖췄다는 내포신도시에도 아직 정형외과와 안과도 없다고 한다. 탈성장과 기후위기를 말하는 사람들도 성장이 필요한 지역이 있다는 걸 말하고 있다.

"돈이 많은 나라는 더 빨리 탄소 배출량을 제로로 만들어야 합니다. 그 사이에 가난한 나라 사람들이 우리는 이미 가지고 있는 도로, 병원, 전기시설, 학교 깨끗한 물을 공급할 수 있는 사회 기반 시설을 지어서 삶의 질을 높일 수 있도록 해야 합니다."
(2019년 그레타 툰베리 프랑스 국민의회 연설 중에서)

그렇다면 농촌 전원생활의 로망은 뭘까? 물론 도시에서 은퇴를 하고 내려와서 익숙한 아파트에 살면서 가까운 곳에 텃밭을 가꾸는 삶을 누릴 수 있다면 좋을 것이다. 나도 서울 지인들에게 언젠가는 서울을 떠나서 살라고 한다. 바로 농촌 마을 한가운데로 들어가기 보다는 근처 신도시가 적응하기에 좋고 우선 추천한다. 내가 선택한 곳도 신도시는 아니지만 걸어서 편의점에 갈 수 있어서 선택한 것이기도 하다.

내포신도시의 발전과 예산 홍성의 농촌 마을이 공존할 수 있는 방법은 뭘까?

새롭고 구체적으로 이제 내가 살고 있는 지역이 펼쳐놓을 이야기다.

그동안 공부했던 내용을 정리하고 지역에서 함께 좋은 삶을 위한 표어를 적어본다.

'탈성장 사회는 지역순환경제라는 시스템을 통해 작동될 수 있고, 지역공공은행이 매개가 된다'

5

지역화폐를 활용한 협치적 순환경제의 구축가능성 연구

일본의 지역화폐 운영사례를 중심으로

이점순

지역화폐를 활용한
협치적 순환경제의 구축가능성 연구[1]
- 일본의 지역화폐 운영사례를 중심으로 -

이 점 순
인천대학교 후기산업사회연구소 책임연구원

1. 들어가며

최근 일본에서 '지역화폐(Local Currency)'가 새롭게 주목받고 있다. 비영리단체(NPO)나 시민단체가 주체가 되어 많은 지역화폐가 발행된 것은 2000년 전후였다. 그때는 직접적인 인간관계의 확대와 심화를 지역 내의 자원봉사활동이나 복지의 실천을 통해 실현하는 것이 주목적이었다. 이에 반해 지금은

---

[1] 본 고는 인천대학교 후기산업사회연구소 발간 학술지 『후기산업사회연구』(제4호)에 게재된 논문의 내용을 토대로 수정·보완한 글입니다.

인구 감소와 고령화의 진전, 지역 산업의 공동화와 외부 자본에 의한 서비스 제공 증가 등의 영향을 받아 지역의 경제사회 시스템이 붕괴될 수 있다는 위기감이 커지면서 지역화폐가 클로즈업되고 있다.

특히 지역 자원을 어떻게 발굴 활용해 나갈 것인가, 또 그것을 어떻게 지역 내에서 순환시켜 지역경제를 되살리고 지역사회 내에 축적시킬 것인가? 즉 지역의 경제사회시스템을 어떻게 내발적으로 재구성해 나갈 것인가가 당면 과제로 급부상하였다. 이런 상황에서 글로벌화에 대항해 지역 내에 자기완결적인 순환형 경제 구축을 강조한 지역순환경제론이 기존 지역의 경제사회시스템을 새롭게 재구성할 대안 담론으로 주목받고 있다.

양준호(2023)는 "지역순환경제(Local Endogenous Development)를 지역경제를 떠받치는 지역 안의 소비, 자금, 투자(조달), 기업수익 등의 여러 경제 동력들이 지역 공간 내에서의 내생적 순환을 거침으로써 지역 내부의 '누적적 인과관계(Cumulative causation)'를 작동시켜, 일국, 글로벌 경제로부터 자유로울 수 있는 로컬 차원의 경제를 지향하는 것"이라고 개념 정의를 하였다.

이러한 지역순환경제 담론이 갖는 의의로는 첫째, 서울을 제외한 전국 각 지역에서 벌어들인 돈을 지역 밖으로 유출하는 주범인 재벌 대기업과 같은 독점자본과의 싸움이라는 점, 둘째, 권위적이고 관료적인 중앙정부와 그에 엮인 기득권들이 획책하는 '위에서부터의' 지역개발과 그에 따라 일방적으로 규정되어 버리는 지역의 작동 방식과의 싸움이라는 점, 셋째, 지금껏 우리 지역을 좌지우지하면서 경제적, 정치적으로 잇속을 챙기고, 지역민들의 주권을 훼손해 온 지역성장연합과의 싸움이라는 점, 넷째, 경제성장을 명분으로 모든 이들의 공유재인 지역의 생태와 환경을 파괴하는 '성장주의'와의 싸움이라는 점, 다섯째, '지구경제'를 명분으로 내세우며 선진국들과 독점자본의 이해관계를 위해 지역에 자기완결적 경제구조가 구축되는 것을 막는 글로벌화의 대응수단인 점 등을 들 수 있다(양준호, 2022).

나아가 지역순환경제를 실현하기 위한 핵심 구성요소로서 지역화폐, 사회적경제조직(생산조직, 소비자협동조합 등), 지역공동체 부의 구축(Community Wealth Building), 지역재투자, 지역공공은행, 커먼즈(공동자원) 등이 주목받고 있다. 그 중 특히 지역화폐는 지역에서 창출된 소득이 지역 외부로 유출되지 않고 지역의 소비로, 지역의 투자, 지역의 고용으로 순환될 수 있도록 하는 매개로 작용한다는 점에서 주목할 만하다.

여기서 지역순환경제의 관점에서 지역화폐의 특징을 정리하면 첫째로, 지역화폐의 이용 범위가 일정 범위로 한정되는 특성으로부터 지역화폐 사용은 일정 지역 내에서 순환·재투자된다. 또한 지역화폐 운영에 있어서 유효기간을 설정함으로써 지역화폐는 장기간 예금되거나 축적되지 않고 계속 사용됨으로써 소비를 환기시킨다. 이 사이클이 수차례 반복되면서 지역 내 경제순환 속도가 빨라지고 승수효과를 증폭시켜 지역경제 성장을 도모하게 된다. 둘째로, 지역화폐를 매개로 교환되고 유통되는 재화는 반드시 시장에서 평가될 필요는 없으며, 지역의 니즈에 맞춘 로컬 제품이 된다. 만일 법정화폐로 가치가 낮게 평가된 교환대상이라도 당사자 간의 합의나 지역·커뮤니티의 유용성에 기초해 독자적인 가치평가 기준을 갖고 있다면 제품의 교환 및 유통이 촉진된다. 예를 들면 지역에 애착이 큰 기업에게 있어서는 그 생각을 실천하는 유용한 틀로서 지역화폐를 선택할 수도 있다. 또한 지역 내 수요를 노리고 커뮤니티 비즈니스(Community Business) 사업[2]을 적극 전개함으로써 새로운 사회서비스 확충에 기여할 것으로 기대된다.

　이러한 상황을 감안하여 본 연구는 지역 내 경제순환을 구현하기 위한 내발적인 실천을 지역화폐 순환을 통해 만들어 낼 가능성에 초점을 맞추고자 한다. 구체적으로는 지역화폐를 활용한 일본의 실천사례들을 살펴봄으로써 지역순환경제 구축을 위한 지역화폐의 역할과 가능성을 검증해 보고자 한다.

---

2) 커뮤니티 비즈니스(Community Business)란 지역주민이 직접 참여하는 경제활동을 통해 지역사회의 문제를 풀어가는 접근방식을 뜻하며, 특히 커뮤니티 비즈니스는 외부의 기업을 끌어오는 것이 아닌 지역 내부의 기업 역량을 강화하는 것으로 second wave적인 지역개발 정책의 특성을 띠고 있다(현대경제연구원, 2006).

2. '지역순환경제론의 원류로서의 내발적 발전'에 관한 이론적 논의

1) 내발적 발전의 개념

내발적 발전(Endogenous Development)이라는 개념은 1970년대 중반 스웨덴의 더그 해머쇨드 재단이 국제연합경제특별총회(1975) 보고에서 '내발적'이란 용어를 사용한 것이 시초라고 알려져 있다. 그 핵심적 내용은 첫째, 빈곤퇴치를 위한 주민들의 기초수요인 식량, 주거, 교육 등이 충족될 수 있는 발전이 되어야 하며, 둘째, 자체 역량을 강화하기 위한 내발적 발전을 위해 외부 자원에 의해서가 아닌 자립적이고 내생적인 동기부여와 자원동원에 의한 발전이어야 하며, 셋째, 발전과정에서 환경과의 조화를 추구해야 한다는 점 등이다.

한편 일본에서는 1970년대 중반 이후 鶴見(1976), 宮本(1989) 등을 중심으로 내발적 발전에 관한 논의가 본격화하였다. 그 내용은 고도의 경제성장을 이루었지만, 공해문제나 지역 간의 불균형 심화를 가져온 전후의 외생적 지역개발을 넘어 자율적이고 친환경적이며 나아가 지역주민 주체의 지역개발을 주장한 것이었다.

그중에서 특히 宮本(1989)는 지역개발론적 관점에서 전후 일본의 지역개발정책을 '외생적' 개발방식이라고 비판하면서 지역의 내발적 발전을 위해 다음 4가지를 핵심 요건으로 꼽았다. 첫째, 대기업, 중앙정부에 의한 지역개발사업이 아니라 지역의 고유자원을 토대로 지역 내 시장을 대상으로 한 산업 중심으로 지역주민들이 주체가 되어 계획 운영되며, 둘째, 지역개발은 환경보전의 큰 틀에서 자연 보존이나 아름다운 마을 만들기 등을 목적으로 추진하며, 셋째, 산업개발을 특정 업종에 특화하는 것이 아니라 모든 산업부문에서 부가가치의 지역 내 귀속을 도모하는 지역 내의 산업연관을 강화하며, 넷째, 주민참여 및 자치권(자본이나 토지이용 규제)을 제도적으로 보장하는 점 등이다. 이와 같은 주장은 전후 일본의 지역개발정책을 비판한 것으로, 환경보전, 지역주민들의 주체적인 대응 등을 담고 있다는 점에서 지역개발정책의 대안적 성격을 띠고 있다. 여기서 지역의 내발적 발전개념을 정리하면 아래 〈그림 1〉과 같다.

〈그림 1〉 지역의 내발적 발전 개념도

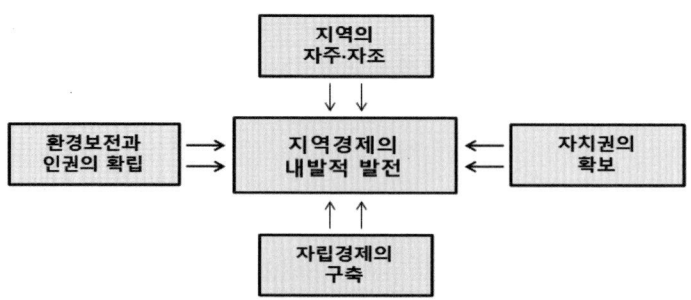

자료: 宮本(1989) 자료에 의거 필자작성.

2) 선행연구의 검토

내발적 발전(Endogenous Development)에 관한 대표적 연구로는 鶴見(1976), 宮本(1989), OECD(1992), 佐々木(1994), 西川(2004), 岡田(2005) 등을 들 수 있다.

鶴見(1976)는 지역사회학적 관점에서 지역의 내발적 발전에 대하여 서구의 근대화 과정에서 나타난 폐해를 해결하거나 혹은 예방하기 위한 사회변화의 과정으로 규정하였다. 특히 내발적 발전의 실현방법으로는 지역의 자원, 전통을 새로운 지식과 기술을 도입하여 현대적으로 재생하여 지역 내 산업연관을 고도화하는 '전통의 재창조'를 중요한 요소로 간주하였다. 여기서 전통의 재창조란, 지역의 전통을 그대로 이용하는 것이 아니라 낡은 것은 새로운 환경에 맞게 창조하고, 거기에 따라 다양한 발전의 경로를 개척해 가는 것이라 할 수 있다.

宮本(1989)는 지역개발론적 관점에서 전후 일본의 지역개발 정책을 '외생적' 개발방식이라고 비판하면서 일본의 독자적인 내발적 발전 모델을 제시하였다. 그는 내발적 발전을 '지역 내의 기업·단체나 개인이 자발적인 학습으로 계획을 세우고, 자주적인 기술개발을 토대로 지역의 환경을 보존하면서 자원을 합리적으로 활용하고 해당 지역의 문화, 교육에 뿌리를 둔 경제발전을 도모하면서 지자체와 주민조직 간의 파트너십으로 주민복지를 향상시키려는 지역발전 방식'이라고 정의하였다.

佐々木(1994)는 일본의 가나자와(金沢)시와 이탈리아 볼로냐(Bologna)시의 비교연구를 통해 도시경관, 문화시설, 도시의 문화, 예술 등을 하나의 사회자본으로 작용하도록 배치한 '문화창조도시'를 21세기형 내발적 발전 도시로 제시하였다. 특히 창조도시로의 발전은 도시 고유의 문화적, 사업적 전통과 현대의 첨단적 기술, 문명과의 교류에 의해 촉진되며, 학술교류나 신기술 등의 도입과 응용에서 도시 독자의 산업과 문화 창조의 장을 만드는 비영리조직 등과 연계한 창조지원시스템에 주목하였다.

　西川(2004)는 지역의 내발적 발전의 특징으로 ① 역사의 발전은 일원적이 아니라 다면적이며, ② 따라서 단순한 경제인이 아닌 인간의 전인적인 성장을 중시하며, ③ 경제적 발전과 동시에 문화적, 사회적 발전에도 주의를 기울이면서, ④ 지역발전에 기여할 핵심 동력으로써 국가 및 기업에 더해서 비영리적인 시민사회의 역할도 중요하다는 점을 강조하였다.

　岡田(2005)는 지방의 심각한 재정위기와 시정촌(市町村) 합병이 가속화하는 가운데, 지역 내 산업연관에 따른 지역 내의 경제순환을 강조하였다. 특히 경제적 관점에서 볼 때, 내발적 발전은 지역 내 산업연관에 경제순환을 추구하는 것으로, 지역의 경제주체 들간에 네트워크화를 강화시켜 지역 내 산업연관을 재구축하고 지역 내 경제순환을 만들어냄으로써 지역 내 재투자력(역내 자급률을 향상시키는 능력)을 확대시키는 것을 중요시하였다.

그 밖에 OECD(1992)는 지역의 내발적 발전의 성공요인으로 ① 지역자원의 활용, ② 산업 다변화, ③ 토착기업가의 육성, ④ 지역주체들간의 파트너십 형성, ⑤ 사회경제적 변환능력(외부의 위협에 대한 대응)과 혁신능력, ⑥ 사회적 학습의 증진, ⑦ 지역 내 협력을 촉진하고 외부자본을 컨트롤할 수 있는 규제제도와 기구(機構)의 발전 등을 꼽고 있다.

이상에서 살펴보았듯이 내발적 발전전략에서의 지역은 지역의 비경제적 가치를 중시하여 지역의 개성이나 자율, 사회, 문화, 환경, 정치의 발전을 목표로 하면서 경제적 가치도 실현시키는 독자적인 시스템을 어떻게 조직화할 것인가가 더욱 중요시된다.

3) 내발적 발전과 지역화폐와의 연계 가능성

내발적 발전(Endogenous Development)은 지역의 고유자원이나 기술을 살리고 주민들의 자주적인 학습을 통해 계획하고 운영함으로써 내발적 발전에 중요한 지역경제와 연계하는 전개 방식을 취하고 있다. 특히 지역의 내발적 발전을 위해서는 지역경제의 생산과정으로부터 창출되는 부가가치의 분배가 지역 내 투자 및 소비지출을 증가시키고, 이것이 재차 생산 활동으로 환류되는 구조인 지역경제의 선순환 구조를 기반으로 해야만 달성할 수 있다.

이러한 지역경제의 선순환 구조는 '외생적' 발전전략의 결과로서 나타나는 지역경제의 높은 외부 자본의존도, 그에 따른 지역경제에 대한 외부자본의 통제와 왜곡된 분배구조 등 지역경제의 상당 부분을 해결해 줄 수 있는 대안이 될 수 있다.

지역순환경제의 관점에서 볼 때, 지역화폐는 지역의 내발적 발전을 촉진하는 유효한 정책수단으로 활용될 수 있다. 지역화폐(Local Currency)란, 통상적으로 국가 단위에서 범용으로 사용되는 법정화폐와는 달리 특정한 지역·커뮤니티 내에서만 사용되도록 설계되었고, 지역에서 생산된 부가가치의 외부 유출을 막으면서 지역 내의 자원순환을 도와 지역경제를 활성화시키기 위한 화폐를 말한다.

또한 그 배경으로는 첫째, 지역화폐가 지역의 경제주체들을 활성화하고 새롭게 만들어내는 역할을 하며, 둘째, 지역화폐가 지역 내 교환을 촉진함으로써 지역 내 생산과 소비를 증대시키는 역할을 하고, 셋째, 지역화폐가 지역주민들의 삶의 방식을 더 지역적이고, 지속 가능하게 바꾸는 역할을 한다는 점 등을 들 수 있다. 즉, 지역의 다양한 경제주체, 지역 내 교환, 지역주민들의 삶의 방식 등의 세 가지 측면에서 지역화폐가 지역의 내발적 발전에 영향을 주는 중요한 요소임을 알 수 있다(새로운사회를여는연구원, 2014).

아래 〈그림 2〉는 내발적 발전 관점에서 본 지역화폐를 활용한 지역경제의 선순환 구조를 나타낸 것이다.

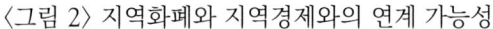

〈그림 2〉 지역화폐와 지역경제와의 연계 가능성

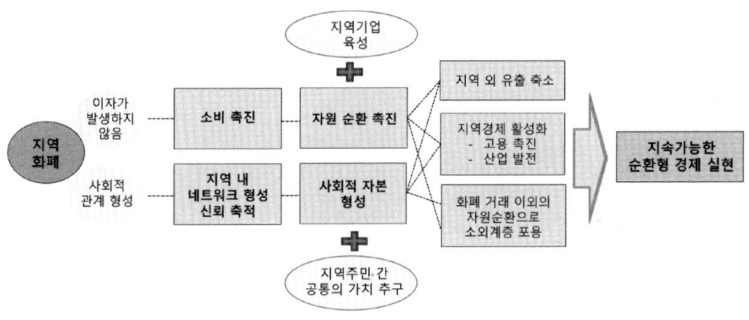

자료: 새로운사회를여는연구원(2014, p.36)

위의 그림에서 알 수 있듯이 지역화폐를 통해 경제적 측면에서는 재화와 서비스의 탈 상품화, 이윤의 지역 재투자를 촉진함으로써 지역주민들의 경제적 안정과 경제적 불평등을 해소할 것으로 기대되며, 더 나아가 사회적·환경적 측면에서는 지역주민들 스스로가 지역 내의 문제를 해결해 나가면서 주민 자치의식의 함양 및 사회적 연대 강화, 자연생태계 보전 등을 촉진시킬 것으로 기대된다.

3. 일본의 지역화폐 정책의 변천과정

1973년 오사카(大阪)에서 시작된 자원봉사노력은행(ボランティア労力銀行, 시간 기반의 노동력 교환형)이 일본 지역화폐의 선구적인 시도라 할 수 있다. 그 후 1981년에 도입된 사와야카 복지재단(さわやか福祉財団)의 'Fureai Kippu'를 비롯해 자원봉사활동을 점수화하여 필요한 때 사용하는 구조로 사용되기 시작하였다.

1995년에 인구 과소화로 고민하던 에히메현(愛媛県) 세키젠촌(関前村)에서는 시간화폐(Time Dollar)[3]를 모방한 'Dandan'을 도입하였다. Dandan은 '두고두고 감사한다는' 의미를 내포하고 있으며, 30분간의 가사, 차량 픽업 등에 대한 대가로 1 Dandan을 얻는 방식이다. 또한 1999년에는 가나가와현(神奈川県) 지바시(千葉市)의 'Peanuts', 시가현(滋賀県) 구사츠시(草津市)의 'Ohmi' 등 일본 각지에서 다양한 지역화폐 실험이 전개되었다. 일례로, 지바시의 지역화폐인 'Peanuts'는 1990년대 대형마트의 등장으로 어려움을 겪고 있던 소상공인들의 대응수단으로 도입되었으며, 물건을 싼

---

[3] 시간화폐(Time Dollar)는 모든 사람의 시간가치는 균등하다고 보고 단위시간당 노동을 1Time Dollar로 해서 사람들 사이의 호혜관계를 구축하기 위해 1980년대 미국에서 시작된 다자간 교환시스템을 말한다.

값에 구매하고 시간 날 때마다 일을 거들어주는 방식을 취하고 있다. 또한 구사츠시(草津市)에서 도입된 'Ohmi'는 시간과 노동을 나눔으로써 지역사회 발전에 기여하고 있는 미국의 Ithaca Hours를 모방하였다.

2000년대 들어서부터는 캐나다의 LETS(지역 내 교환시스템)와 미국의 Time Dollar를 혼합한 형태인 'Eco Money'가 등장하였다. Eco Money는 시장에서 제공되기 곤란한 재화(재능기부, 돌봄 노동 같은 비시장재)를 교환하기 위해 시민들이 자발적으로 발행하는 시민화폐의 성격을 띠고 있다(加藤, 2001). 특히 이 시기에 도입된 지역화폐의 특징을 보면, 지역경제 활성화뿐만 아니라 참가자들이 가진 능력, 자원을 최대한 잘 끌어내어 지역과 사람을 연결하는 커뮤니티로의 귀속과 신뢰를 회복하기 위한 노력 등 비경제적인 것이 많았다.

여기서 2000년대 초반 지역화폐 붐이 일어난 시기를 중심으로 살펴보면, 2002년까지 일본의 지역화폐는 지역 커뮤니티 활성화를 목적으로 도입된 사례가 많았다. 그 후 일본의 경제산업성과 그 산하기관인 중소기업청에서 지역경제 활성화를 위한 지역화폐가 가진 가능성에 착안하여 예산을 투입하고 지역화폐 관련 사업을 추진하였다. 일본의 지역화폐 관련 행정적 지원내용을 정리하면 다음 〈표 1〉과 같다.

<표 1> 일본의 지역화폐 관련 행정적 지원내용

연도	주체	내용
2001	중소기업청	지역화폐를 활용한 지역상권 활성화 조사
2002	중소기업청	지역화폐를 활용한 지역상권 활성화 모델사업
2003~	총무성	새로운 경제활동에 따른 지역경제 활성화 연구회, 지역화폐 운영모델 검토위원회
	각 지자체	지역화폐 운영주체에 관한 보조금 등

자료: 泉(2021) 자료를 근거로 필자 작성.

아래 <그림 3>은 연도별 일본의 지역화폐 발행 추이를 나타낸 것이다. 그에 따르면, 1999년 초반에는 11개로 손꼽을 정도로 적었지만, 2015년 12월에 306개로 정점을 찍은 뒤 감소하다가 2020년 12월에는 184개에 달했다. 특히 지역화폐 붐이 시작된 2001년부터 2005년까지 매년 50개 전후의 지역화폐가 새롭게 등장했으며, 지역 내의 상호부조 촉진이나 자원봉사활동 평가를 주된 목적으로 내건 것이 많았다(泉, 2021)[4].

<그림 3> 연도별 지역화폐의 발행 추이

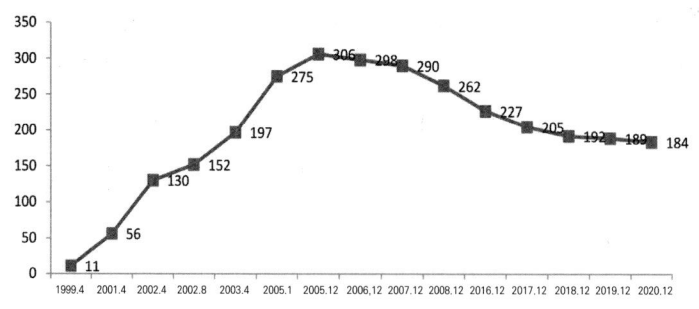

자료: 泉(2021) 자료를 근거로 필자 작성.

또한 발행주체별로 살펴보면, 시민단체·NPO, 상인연합회·상공회의소, 지자체 등 다양한 주체들이 상호 연계해 운영되고 있다(〈표 2 참조〉). 특히 2002년 4월 일본 중소기업청과 그 상부기관인 경제산업성에서 지역화폐 도입에 따른 지역경제 활성화 가능성에 착안하여 예산을 투입하고 지역화폐 관련 사업을 진행해 오면서 각 지자체들도 직원 급여의 일정액을 지역화폐로 지급하는 방식을 포함해 지역화폐 도입 논의가 본격화하였다. 이처럼 지자체에서 지역화폐 도입 움직임이 활발해지면서 각 지역 상공회의소나 상인연합회에서도 지역화폐 도입에 큰 관심을 갖게 되었다.

〈표 2〉 지역화폐 발행주체별 구성비 변화 추이

	시민단체·NPO	상인연합회·상공회의소	지자체
2002.04	112단체(86.2%)	4단체(3.1%)	3단체(2.3%)
2005.01	194단체(70.5%)	33단체(12.0%)	17단체(6.2%)
2005.12	215단체(70.3%)	27단체(8.8%)	27단체(8.8%)
2006.12	204단체(68.5%)	26단체(8.7%)	30단체(10.1%)
2007.12	193단체(66.6%)	23단체(7.9%)	28단체(9.7%)
2008.12	179단체(68.3%)	21단체(8.0%)	27단체(10.3%)
2016.12	137단체(60.4%)	15단체(6.6%)	25단체(11.0%)
2017.12	126단체(61.5%)	10단체(4.9%)	22단체(10.7%)
2018.12	112단체(58.0%)	9단체(4.7%)	21단체(10.9%)
2019.12	112단체(59.3%)	7단체(3.7%)	22단체(11.6%)

자료: 泉(2021) 자료를 근거로 필자 작성.

---

4) 일본 전국의 시정촌(市町村)의 수는 2021년 기준으로 시 742개, 정 743개, 촌 183개와 도쿄 23구를 포함해 총 1,741개이다.

〈표 2〉에서 알 수 있듯이 일본의 지역화폐는 2000년대 초반까지 시민단체·비영리단체(NPO) 등이 발행 주체로서 지역 커뮤니티 활성화를 위한 목적으로 운영되었다. 이후 지역화폐가 지역경제 활성화 방안으로 검토되기 시작해 일본 경제산업성 등이 실증실험을 통해 그 활용성을 뒷받침하였고, 또한 각 지자체에서도 지역화폐 도입 논의가 활발히 이루어졌다. 이런 흐름 속에서 지역의 경제단체도 지역화폐에 관심을 보이면서 지역화폐의 발행 주체도 종래의 시민단체나 비영리단체(NPO)에서 지역금융기관 등 민간기업으로 바뀌어 가고 있다. 나아가 최근에는 디지털경제로의 급진전으로 전자형 지역화폐 도입이 용이해지면서 다양한 가치를 부가한 시책 전개가 가능하게 되었다. 예를 들어 이용자의 건강증진이나 환경보전을 목적으로 지역화폐를 발행하거나 지역 내 다양한 이벤트 참가자에게 포인트를 부여하는 등 지역화폐를 통한 사람들 간의 관계 강화에 주력하고 있다.

4. 일본의 지역화폐 운영사례 분석

1) 일본의 지역화폐 운영사례

(1) ATOM(도쿄, 공동체복원형)

ATOM은 일본에서 '지역화폐 붐'이 일었던 시기에 성공사례의 하나로 일컬어지며, 일본 도쿄의 와세다(早稲田)·다카다바바(高田馬場) 지역에서 2004년부터 도입되어 운영되고 있다. 화폐 디자인으로 데즈카 오사무(手塚治虫)의 작품인 '우주소년 아톰(鉄腕アトム)'이 그려져 있는 것이 큰 특징이며, 아이들의 미래를 위하여 ①지구 환경보호, ② 지역 커뮤니티 활성화, ③ 적극적인 국제 협력, ④ 교육에 진지하게 임하는 사회를 지향하는 것을 기본 이념으로 삼고 행해지는 사회공헌 활동을 지원하고 있다.

ATOM의 발행 및 운영의 주체는 지역 상점가와 비영리단체(NPO), 지역기업 등으로 구성된 'ATOM화폐실행위원회(アトム通貨実行委員会)'가 맡고 있다. ATOM 화폐 단위는 '마력'으로, 1마력은 1엔과 동등한 가치를 지니며, 10마력, 50마력, 100마력, 500마력 등 4가지 종류가 있다.

아래 〈그림 4〉는 ATOM의 순환구조를 나타낸 것이다. 〈그림 4〉에 나타냈듯이 ATOM을 관리 운영하는 주체인 'ATOM화폐실행위원회'가 ATOM을 발행하고 이벤트 주최자나 상점가, 비영리단체(NPO) 등이 현금과 ATOM을 교환하는 구조이다. 그리고 이벤트나 프로그램 등에 참가한 사람들에게 그 대가로 ATOM을 지급하고 지급된 ATOM은 시내 가맹점에서 사용할 수 있다. 예를 들면 쇼핑 시 개인봉투 사용, 지역의 공공장소 청소, 지역축제 참여 등 시민들의 참여 방식도 매우 다양하다. ATOM의 유효기간은 매년 4월 7일부터 다음해 2월 말까지이며, 유효기간 만료 시까지 환전 청구되지 않은 부분은 다음해 ATOM의 운영자금으로 충당한다. 가맹점은 구매대금으로 받은 ATOM을 'ATOM화폐실행위원회' 사무국에서 법정화폐로 환전할 수 있는 구조이다.

〈그림 4〉 ATOM의 순환구조

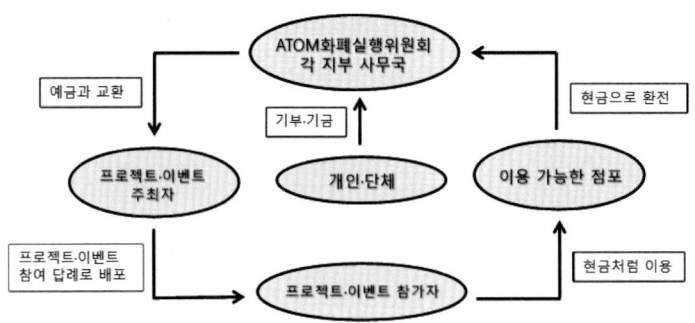

자료: アトム화폐실행위원회 홈페이지(http://atom-community.jp/) 참조.

또한 ATOM은 2004년 발행되기 시작한 이래 전국 각지로 확산시켜 나가고 있다. 현재 도쿄 신주쿠(新宿区), 사이타마현(埼

玉県) 니이자시(新座市), 아이치현(愛知県) 카스가이시(春日井市), 미야기현(宮城県) 오나가와(女川) 등 전국에 4개 지부가 운영되고 있다. ATOM화폐발행위원회의 조사에 따르면, 2019년 기준으로 ATOM 가맹점 수는 559개소, 총 발행액은 776만엔으로 집계됐다. 2000년대 초반 일본에서 '지역화폐 붐'이 일면서 발행된 지역화폐 중에서 ATOM은 역내 자금 순환과 지역사회 공헌이라는 두 요소를 균형감 있게 담아낸 사례라고 할 수 있다. 아울러 ATOM 자체도 현지 브랜드로서 높은 인지도를 자랑하고 있으며, 매년 화폐 디자인을 변경하고 워터마크를 넣거나 친환경 용지를 사용해 제작하는 등 다양한 노력을 지속하고 있다.

(2) ORION(기타큐슈시, 공동체복원형)

ORION은 2005년 5월에 기타큐슈시 오리오(折尾)지역에서 발행된 지역화폐로 지역의 순환경제 실현을 목적으로 운영되고 있다. 특히 ORION은 일본 '구조개혁특구'[5]의 규제특례(자본요건 완화) 적용을 받아 전국 최초로 도입된 지역화폐이며,

---

[5] 2001년 4월 출범한 고이즈미 내각이 2002년부터 추진해 온 '구조개혁특구'는 규제완화 정책의 일환으로서 중앙정부의 불필요한 규제가 민간기업의 경제활동 및 지자체 사업을 제약하는 경우 이런 규제들을 특정 지역에 한해 개혁함으로써 구조개혁을 추진하여 지역분권 및 지역경제 활성화를 도모하고자 하는 목적으로 도입되었다.

일본 만화 '은하철도 999'의 캐릭터를 화폐의 디자인에 사용한 것으로 널리 알려져 있다.

ORION은 NPO법인인 '지역화폐오리온위원회(域通貨オリオン委員会)'가 오리오상인연합회와의 협력 하에 발행하고 있으며, 동 위원회는 지역상권 활성화와 자원봉사활동의 증진을 위해 상점가의 젊은 층을 중심으로 결성되었으며, 현지 상점주를 비롯해 상가연합회장, 반상회 회장 등 총 11명으로 구성되어 운영되고 있다. 또한 ORION은 비영리단체(NPO)나 자원봉사단체의 활동 참여에 대한 대가로서 지급되는 것 외에 오리오상인연합회 사무실이나 발권소라고 불리는 특정 상점에서 구입하여 가맹점에서 제품 및 서비스 구매 시에 사용할 수 있다. 지역의 비영리단체(NPO)가 운영 및 발행 주체가 되고, 현지의 상점·사업자 등이 찬조 회원으로 가입되어 있다. 법정화폐로의 환전 업무는 지역금융기관(신용금고)이 맡고 있다.

아래 〈그림 5〉는 ORION의 순환구조를 나타낸 것이다. 그에 따르면, 먼저 자원봉사활동의 대가로서 ORION을 사용하려고 하는 비영리단체(NPO)나 지역 조직들은 100 ORION을 95엔에 구입한다. 자원봉사활동의 대가로 ORION을 받은 자원봉사자는 가맹점에서 100 ORION=100엔의 교환비율로 사용 가능하다. 그때 각 가맹점은 ORION과 법정화폐와의 환전에 따른 부담을 감안해 제품이나 서비스에 대한 ORION의 충당률을 임의로 설정할 수 있다. 즉, 각 가맹점은 제품이나 서비스 가격에 대한 ORION 사용 비율 상한을 자유롭게 설정할 수가 있다. 다음으로, 가맹점은 수령한 ORION을 지역금융기관(신용금고)에서 100 ORION=90엔의 교환 비율로 환전할 수 있다. 100 ORION을 90엔으로 환전 시 차액분은 ORION 발행 및 운영 경비에 충당한다. 마지막으로, 지역금융기관은 수령한 ORION을 '지역화폐오리온위원회'에서 교환비율을 100 ORION=100 엔으로 하여 정산한다. 이로써 하나의 순환이 만들어진다. 또한 가맹점이 제품이나 서비스에 대한 매출의 10%를 ORION의 운영자금으로 부담함으로써 지역주민이나 비영리단체(NPO)가 ORION 구입 시에 얻게 되는 5%의 보너스와 ORION의 발행 및 운영에 드는 제반 비용을 충당하는 시스템이다.

〈그림 5〉 ORION의 순환구조

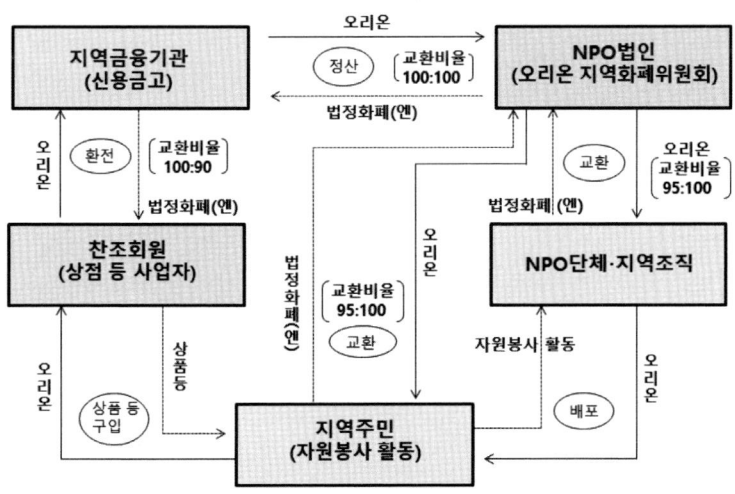

자료: 松原·藤本(2019) 자료를 근거로 필자 작성.

여기서 ORION의 발행규모를 살펴보면, 2016년말 기준으로 누적 발행 매수는 137,761장, 총 발행액은 13,776천 엔으로 나타났으며, 지역화폐를 활용한 경제 활성화 효과가 나타나고 있다.

(3) Sarubobo Coin
　(히다시·다카야마시, 지역금융기관 주도 소비촉진형)

Sarubobo Coin은 2017년 12월에 히다신용금고(飛騨信用組合)에 의해 발행되어 기후현 히다시(飛騨市), 다카야마시(高山市), 시라카와촌(白川村)에서 사용할 수 있는 지역화폐이다. 관광을 기간산업으로 하는 히다 다카야마 지역은 인바운드 관광을 포함해 여행객 방문이 많은 반면 지역주민들의 소비가 역외로 많이 유출되고 있다는 과제를 안고 있었다.

이에 지역순환경제를 실현하기 위한 수단으로서 지역 내에 한정되어 사용되는 Sarubobo Coin 발행을 위한 본격적인 검토작업에 착수했다. 우선 이용자는 스마트폰에 전용 앱을 설치한 후 히다신용금고의 점포나 일본의 대표적인 온라인 은행인 세븐은행의 ATM 등을 통해 예금 또는 계좌에서 Sarubobo Coin을 충전한다. 1% 상당의 프리미엄 혜택이 있어 예를 들어 10,000엔을 충전하면 10,100의 Sarubobo Coin을 구입할 수 있게 된다. Sarubobo Coin은 지역 내 가맹점에서 엔과

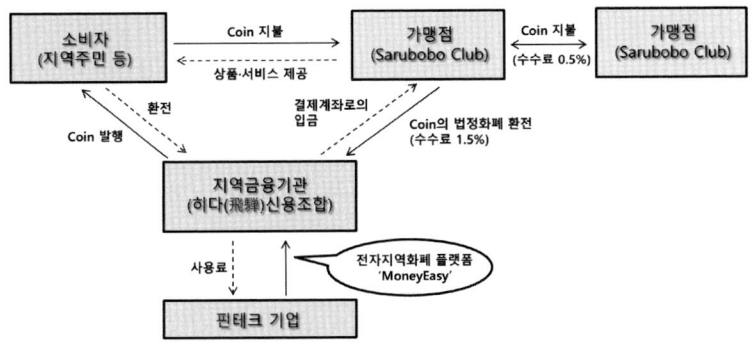

<그림 6> Sarubobo Coin의 순환구조

자료: 山腰(2021) 자료를 근거로 필자 작성.

동등한 가치를 지니며, QR코드를 스캔하여 대금결제에 사용할 수 있다.

아래 <그림 6>은 Sarubobo Coin의 순환구조를 나타낸 것이다. <그림 6>에 나타냈듯이 Sarubobo Coin으로 결제 시에 결제한 금액의 1%가 포인트로 적립된다. 그리하여 일정 부분 만큼 구매자에게 포인트 인센티브를 제공하고 있다. Sarubobo Coin은 가맹점에서 소비자의 구매대금 결제 시 가맹점으로부터 수수료를 받지 않고 있다. 반면에 Sarubobo Coin을 운영하는 주체인 히다신용금고에서는 가맹점이 Sarubobo Coin을 법정화폐로 환전할 경우 1.5%의 환전수수료를 부과하고 있다.

또한 Sarubobo Coin의 가장 큰 특징은 B2B(기업 간 거래) 송금 서비스가 가능하다는 점이다. 예를 들어, 음식점에서 고객으로부터 받은 Sarubobo Coin을 식재료 구매나 구매비용

결제 등에 사용할 수 있다. B2B(기업 간 거래)에서 송금 서비스를 이용할 시에는 송금 수수료로 0.5%를 부과하고 있다. 특히 법정화폐로 환전 시에 1.5%의 수수료가 붙는데 비해 B2B(기업 간 거래)에서의 송금 수수료가 0.5%로 책정된 것은 가맹점에서 사용된 Sarubobo Coin이 가맹점으로부터 곧바로 법정화폐로 환전되지 않고 Sarubobo Coin이 여러 번 반복하여 사용됨으로써 지역 내를 순환시키고 싶다는 의도에서 비롯되었다.

최근에는 코로나19 사태 장기화로 지역경제의 침체가 가속화하는 가운데, 발행주체인 히다신용금고과 지자체, 지역에 기반을 둔 경제단체 등이 상호 연계하여 Sarubobo Coin을 활용한 지역경제 살리기에 적극 나서고 있다. 일례로, 다카야마 시내 6개 상점가에서 Sarubobo Coin으로 결제 시에 20% 상당의 캐시백 혜택을 제공하는 캠페인을 2020년부터 전개해 왔다. 캠페인에서는 다카야마시가 캐시백 자금의 부담을, 지역의 경제단체가 가맹점의 모집 및 지원 업무를 각각 담당하면서 일정 정도 성과를 내고 있다.

여기서 Sarubobo Coin의 발행 규모를 살펴보면, 2021년 6월말 기준 Sarubobo Coin 가입자 수는 해당 지역 내에 거주하는 전체 인구의 20%인 21,000명이며, 가맹점 수는 1,600개소, 누적 결제액은 33억 엔에 이른 것으로 나타났으며, Sarubobo Coin이 지역 내 주요한 결제 수단으로 자리 잡아가고 있다.

아울러 지역주민들의 생활 인프라를 제공하기 위해 Sarubobo Coin을 활용하려는 움직임도 보이고 있다. 구체적으로는 재해가 발생했을 때나 야생동물의 출몰 시에 종래의 역 내 방송에 더해 Sarubobo Coin 앱의 위치 정보를 이용하여 대상자에게 통지해주는 서비스를 전개하기 시작했다.

(4) Aqua Coin
(기사라즈시, 지역금융기관 주도 소비촉진형)

Aqua Coin은 지바현(千葉県) 기사라즈시(木更津市)에서 2018년 10월부터 발행되기 시작한 지역화폐이다. 스마트폰에 전용 앱을 설치한 후 일본의 대표적인 온라인 은행인 세븐은행의 ATM이나 시내에 설치되어 있는 충전기 등에서 1엔=1Aqua Coin으로 충전하고 이용 시에는 가맹점에 설치되어 있는 QR 코드를 스캔하여 결제한다. 2021년 6월 말 기준으로 Aqua Coin의 가맹점 수는 697개이며, 누적 결제액은 6억 920만 엔 규모에 달한 것으로 나타났다.

Aqua Coin은 당초 시작부터 기사라즈시와 기미츠신용조합(君津信用組合), 기사라즈 상공회의소 등 3자가 협력 협정을 맺고 지역경제를 활성화시키고 커뮤니티를 강화한다는 측면에서 Aqua Coin을 활용하고자 다양한 시책을 검토해 왔다.

아래 〈그림 7〉에 나타냈듯이 기미츠신용조합은 Aqua Coin

의 발행이나 결제업무를, 기사라즈 상공회의소는 가맹점 발굴 및 홍보 활동을, 기사라즈시는 지역화폐 관련 시민에의 정보 발신이나 행정서비스 분야에서의 지역화폐 활용(행정포인트 부여 등) 등 각각에 상응하는 역할을 수행함으로써 지역주민에 의 지역화폐 보급 확대를 꾀하면서 기사라즈시의 경제 순환과 지역주민 간의 관계를 강화해 오고 있다.

Aqua Coin의 초기 도입 비용은 기미츠신용조합이 원칙상 부담하고 중앙정부로부터 '지방창생 추진 교부금'[6]을 활용해 기사라즈시가 운영자금을 부담하는 형태로 각종 캠페인을 전개

〈그림 7〉 Aqua Coin 지역화폐 사업에서의 각 주체의 역할

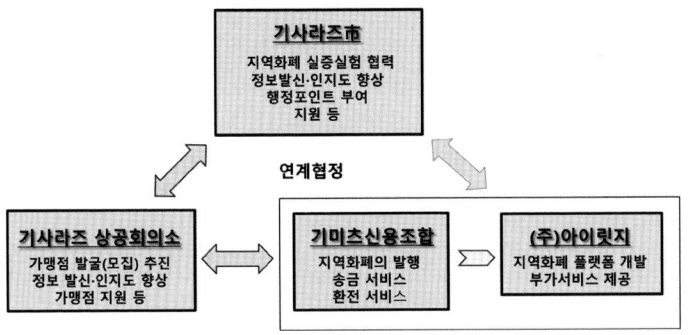

자료: 山腰(2021) 자료를 근거로 필자 작성.

---

[6] 지방창생((地方創生) 추진 교부금은 2016년 4월에 개정된 지역재생법에 근거한 법정 교부금으로, 지자체가 지방창생과 관련한 다년도 시책을 안정적으로 추진할 수 있도록 지원하는 것에 그 목적이 있다. 또한 사업 영역도 민관 연계, 지역기술의 국제화, 지역 매력의 브랜드화, 지역 일자리의 고도화, 일하는 방식 개혁 등 매우 다양하다.

하며 AQUA Coin의 보급에 노력해 왔다.

2019년 10월 일본의 소비세 인상(기존 8%에서 10%로 인상) 시 각 지자체에서는 가계의 부담 완화나 지역 내 소비를 지탱하기 위해 '프리미엄 상품권'[7]이 발행되었지만, 기사라즈시에서는 전자지역화폐인 'Aqua Coin'을 발행하였다. 그 후 코로나19 사태로 인해 어려움을 겪는 음식점 등 영세사업자를 지원하기 위해 가맹점에 Aqua Coin을 선불 결제함으로써 20%의 할인 혜택을 받는 'KiSAcoupon'이나 지역기업들로부터 기부금을 받아 결제금액의 20%를 사후에 할인해주는 캠페인 등을 추진해 왔다. 여기서 Aqua Coin의 순환구조를 나타내면 아래 〈그림 8〉과 같다.

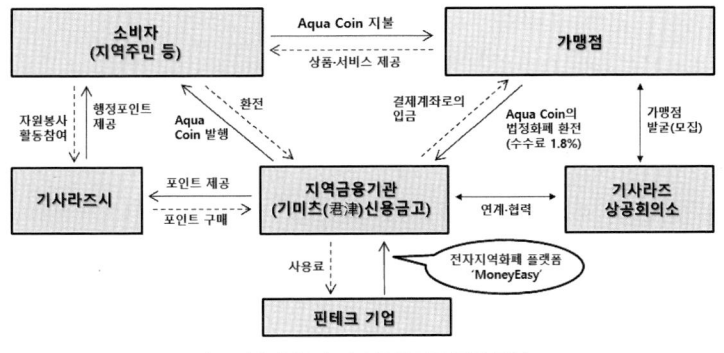

〈그림 8〉 Aqua Coin의 순환구조

자료: 山腰(2021) 자료를 근거로 필자 작성.

---

7) '프리미엄 상품권'이란 2015년 7월 지역경제 활성화를 추진하는 일본 정부의 교부금을 활용하여 만든 것으로, 1,000엔권 12매가 한 세트로 구성되어 1만엔에 판매되고 있다.

또한 최근에 기사라즈시는 Aqua Coin을 활용하여 커뮤니티의 연계를 강화하려는 노력을 하고 있다. 예를 들어 자원봉사나 건강강좌 등에 참가한 사람이나 하루에 8,000보를 걸은 사람에게 Aqua Coin과 연계된 행정 포인트 'Razu Point'를 제공하고 있다. 'Razu Point'는 Aqua Coin 가맹점에서 '1Razu Point=1엔'으로 해서 결제가 가능하다. 아울러 기사라즈시에서는 디지털 약자인 고령자를 대상으로 스마트폰 사용 교실을 개최하고 참가자들에게 Aqua Coin을 제공하고 있다. 특히 스마트폰 앱을 통하지 않는 Aqua Coin의 이용 방법으로 IC칩을 내장한 손목 밴드에 의한 결제방식도 검토 중이며 폭넓은 연령층에의 지역화폐 확산을 도모하고 있다.

(5) Agano Point
   (아가노시, 지자체 주도 소비촉진형)

일본 니가타현(新潟県) 아가노시(阿賀野市)에서는 지역상권 쇠퇴에 따른 중심시가지 공동화 문제가 큰 이슈로 부상했다. 2016년부터 쇠퇴한 상권에 새로운 활력을 불어넣기 위해 지역 내 이해관계자들과의 협력하에 관민이 연계하여 'POINT Card' 사업을 추진해 오고 있다.

Agano Point의 발행 주체는 지방창생(地方創生) 교부금 활용 사업으로 인가를 받은 '주식회사 Agano Plat'이다. 특히 아가노시는 'Agano Plat'을 지원하기 위해 시스템의 초기 도입 비용이나 단말기 설치비용 등에 보조금을 활용해 왔다. 그로 인해 가맹점은 매월 저가의 사용료를 지불하는 것만으로 시스템의 이용이 가능해졌다.

Agano Point는 일명 Apo Card라고 불리는 IC(Integrated Circuit)카드를 사용해 포인트 부여와 가맹점에서 이용이 가능한 카드형 지역화폐이다. 아가노시가 실시하는 자원봉사활동이나 건강증진 활동, 강연회 등에 참여함으로써 일정 포인트가 부여된다. 이 포인트는 '1POINT=1엔'으로 해서 가맹점에서 제품이나 서비스 구매 시 사용할 수 있으며, 포인트의 유효기간은 구매일로부터 180일까지이다.

Agano Point의 운영 주체인 'Agano Plat'은 가맹점 홍보 및 판매촉진을 위해 다양한 전략을 구사하고 있다. Agano Point 사업은 2022년 기준으로 30개의 가맹점을 보유하고 있으며, Apo Card의 누적 발급매수는 2만 5,000매, 연간 포인트는 1,000만 포인트로 나타났다(아가노카드 홈페이지(www.apo-card.com) 참조).

여기서 Agano Point의 특징을 살펴보면, 먼저 가맹점이 부여하는 포인트와 아가노시가 부여하는 포인트를 모두 합쳐 이를 Agano Point로 이용할 수 있다는 점이다. 특히 Agano Point는 가맹점이 부여하는 포인트와 아가노시가 부여하는 포인트를 병행해 사용 가능하며, 부여된 포인트는 Agano Plat에 집계된다. 포인트 환급 시 아가노시와 가맹점은 부여된 포인트 수에 따라 환급수수료를 부담하고 있으며, Agano Plat의 운영은 이 수수료로 충당하고 있다. 다음으로 아가노시가 포인트를 부여하는 메뉴 수가 많은 것도 특징이다. 아가노시가 주최하는 행사나 자원봉사활동 참가자들에게 최초의 포인트 부여는 23개 메뉴로 시작해 현재는 41개로 메뉴의 항목을 크게 늘렸다. 예를 들어 건강증진 활동, 자원봉사활동, 돌봄교실, 도서 대출, 키즈카페, 수화교실, 지역의 방재활동, 지역의 방범활동 등 분야도 다양하다. 여기서 Agano Point의 순환구조를 나타내면 아래 〈그림 9〉와 같다.

〈그림 9〉 Agano Point의 순환구조

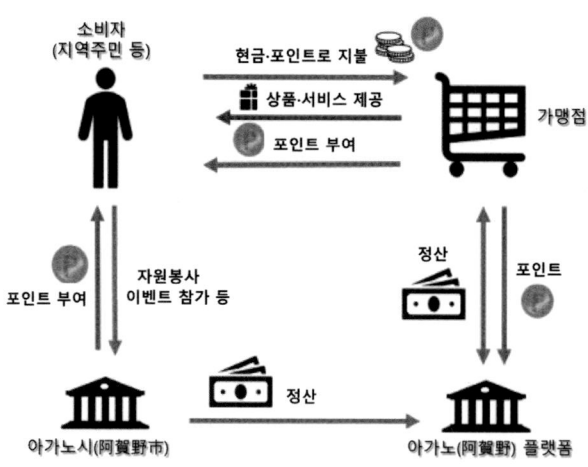

자료: AGANO CARD 홈페이지(www.apo-card.com) 참조.

(6) Datcha Coin
(사도시, 지자체 주도 소비촉진형)

Datcha Coin은 니가타현(新潟県) 사도시(佐渡市)의 서포터인 'SADOMARU Club(さどまる倶楽部)' 회원이 이용 가능한 지역화폐이다. Datcha Coin은 2019년 12월에 도입되었으나, 이듬해인 2020년부터 코로나19 사태로 인해 관광산업이 큰 타격을 받게 되었다. SADOMARU Club 회원들은 그동안 사도시의 서포터로서 몇 번이나 사도를 방문했던 리피터들이다.

Datcha Coin의 발행 주체는 지역의 관광산업을 견인하는 DMO(Destination Management Company)[8] 조직인 '사도관광교류기구(佐渡観光交流機構)'가 맡고 있다. 사도관광교류기구의 조사에 따르면, 2022년 기준 Datcha Coin 가맹점 수는 174개소이며, 회원 수는 4만 명에 이르는 것으로 집계됐다.

Datcha Coin을 이용하기 위해서는 먼저 스마트폰에 SADOMARU Club 앱을 설치하고 회원가입을 해야 한다. 다음으로 Datcha Coin의 충전은 니가타역이나 사도기선(佐渡汽船) 터미널에 설치된 전용 단말기에서 충전할 수 있다. Datcha Coin의 신규 회원 확보는 스마트 앱을 이용한 서비스인 만큼

---

8) DMO(Destination Management Company)란 지역 관광사업에 연계된 지자체와 민간 기관, 지역주민이 유기적으로 연계해 마케팅, 관광지 경영 등을 추진하는 기구를 뜻한다.

모바일에 친숙한 젊은 층을 주 타켓으로 삼았다. 여기서 환전 가능한 것은 일본 엔화, 미국 달러, 유럽연합 유로, 중국 위안, 한국 원 외에 동남아 5개국(태국, 싱가포르, 말레이시아, 베트남, 인도네시아)의 통화로 외국인 관광객들이 사용하기 편한 지역화폐로 자리 잡아가고 있다. 여기서 Datcha Coin의 순환구조를 나타내면 아래 〈그림 10〉과 같다.

〈그림 10〉 Datcha Coin의 순환구조

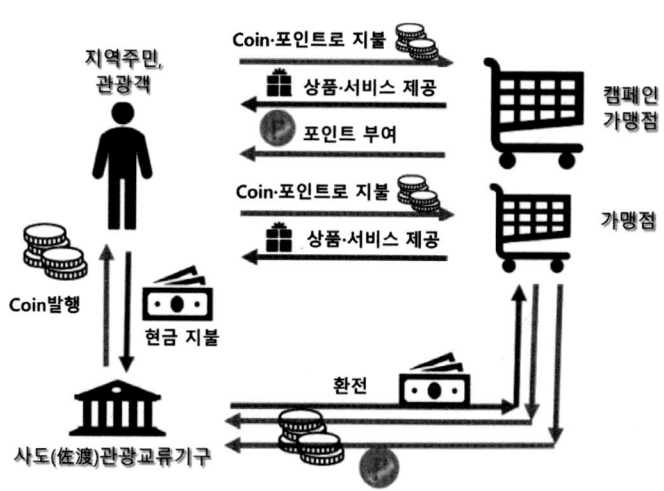

자료: だっちゃコイン 홈페이지(www.datchacoin.sado-dmo.com) 참조.

Datcha Coin은 관광 시즌에 맞춰 약 3개월간 캠페인을 실시하고 그 조건을 충족시킨 회원들에게 포인트를 부여한다. 부여된 포인트는 코인과 마찬가지로 시내의 가맹점에서 제품이나 서비스 구매대금 결제에 사용할 수 있다. 포인트는 사도시 내 가맹점에서만 사용할 수 있으나, 충전한 코인은 니가타 시내 전용 단말기에서 일본의 대표적인 교통카드인 Suica로 교환할 수 있다. 코인의 유효기간은 구매 후 180일까지이며, 포인트는 캠페인 종료 후 10일 이내로 설정되어 있다. 또한 Datcha Coin은 회원들이 가맹점에서 코인이나 포인트를 사용하면 사도관광교류기구(佐渡観光交流機構)에서 가맹점으로 Coin과 포인트가 환전되는 구조이다.

아울러 Datcha Coin의 이용자가 주로 관광객으로 한정되어 있어 가맹점도 숙박, 음식, 상품판매, 교통 등 관광 관련 서비스 제공자 위주로 구성되어 있다. 특히 사도시의 경우 관광산업 위주의 산업구조로 되어 있어 지역화폐에 의한 역내 순환을 고려하지 않아도 지역화폐이든 법정화폐이든 간에 자금이 순환됨으로써 지역경제를 활성화시킬 수 있을 것으로 보인다.

(7) Machino Coin
(가마쿠라시, 플랫폼 기업 주도, 소비촉진형)

Machino Coin은 일본의 인터넷 서비스업체 카약(KAYAC)이 개발·제공하는 전자지역화폐로, 2020년 2월 서비스를 개시한 이래 지속적으로 확대되어 현재는 가나가와현(神奈川県)

가마쿠라시(鎌倉市), 후쿠오카현(福岡県) 야메시(八女市) 등 전국 17개의 지역에서 활용되고 있다. 2022년 3월 기준으로 Machino Coin의 가입자 수는 28,514명이며, 가맹점 수는 1,142개소에 달했다.

　Machino Coin을 사용하기 위해서는 스마트폰에 전용 앱을 설치하고 지역의 다양한 활동에 참여함으로써 포인트를 획득할 수 있다. 획득한 포인트는 지정된 가맹점에서 이용할 수 있다. 또한 포인트는 법정화폐로 환전할 수 없으며, 유효기간은 포인트 발행일로부터 180일까지이다. 또한 Machino Coin은 지역별로 차별화된 주제를 갖고 있으며, 부르는 명칭도 제각

〈그림 11〉 Machino Coin의 순환구조

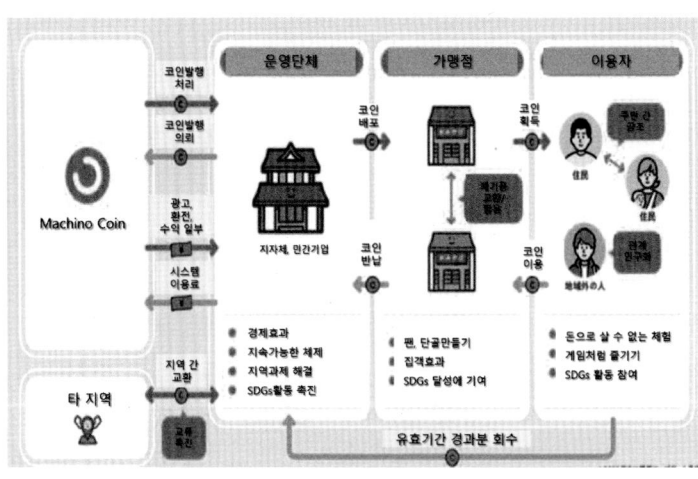

자료: まちのコイン(www.coin.machino.co) 홈페이지 참조.

각이다. 여기서 Machino Coin의 순환구조를 나타내면 〈그림 11〉과 같다.

일례로, 가나가와현(神奈川県) 가마쿠라시(鎌倉市)에서는 'SDGs 연계 포인트 사업'의 일환으로 2023년 5월부터 Machino Coin 'Kuruppo'를 본격 도입하였다. 특히 Machino Coin을 활용한 SDGs(국제사회의 지속가능한 발전 목표) 활동에 지역주민, 지역 상점, 지역 기업 등이 직간접적으로 참여함으로써 SDGs에 대한 시민의식 함양과 지역 커뮤니티와의 연계 강화를 통해 지역의 다양한 과제 해결에 기여하고자 하였다. 현재 Kuruppo의 가입자 수는 13,227명이며, 가맹점 수는 340개소, 총 발행액은 1,388만엔으로 나타났다.

이처럼 일본 각지에서 전개되고 있는 Machino Coin사례는 지역에서 지속 가능한 발전 목표(Sustainable Development Goals)[9]달성을 위한 여러 활동에 참여하는 동기부여가 됨과 동시에 타 지역 사람들이 지역 활동에 참가하고 현지의 상점을 이용하는 등 관계인구[10]의 창출에도 기여할 것으로 기대된다.

---

9) SDGs(지속가능발전목표)란, 전 세계 빈곤을 종식시키고 지구를 보호하며, 2030년까지 모든 사람들이 평화와 번영을 누릴 수 있도록 보장하기 위한 국제사회 공통의 목표로 2015년 UN에 의해 채택되었다.
10) 관계인구(関係人口)란, 해당 지역에 거주하고 있지는 않지만, 여가, 업무, 사회적 기여 등 다양한 활동을 통해 해당 지역과 관계를 맺고 있는 인구를 뜻한다.

(8) MEGURIN(다카마츠시, 소비촉진형)

MEGURIN은 2010년에 가가와현(香川県) 다카마츠시(高松市)에서 도입한 지역화폐로, 지역화폐를 활용하여 지역 상점가와 지역대형유통 간의 상생 공영을 구현하는 것을 목표로 하고 있다.

MEGURIN은 포인트를 적립해 주는 방식이며, 1 MEGURIN은 1엔과 동일한 가치를 지닌다. 1회의 점포 이용으로 50~100포인트 적립이 가능하다. 무엇보다도 지역 내의 다양한 활동(지역 연고 스포츠팀 응원, 자원봉사활동, 건강증진 활동, 기부활동 등)에 참여하고 일정액을 포인트로 적립해 줌으로써 시민들의 지역에 대한 관심도를 높이고자 했다.

여기서 MEGURIN을 도입하게 된 배경을 살펴보면, 가가와현 다카마츠시에서 음식점을 경영하던 사무국장이 집객을 위해 IC카드 도입을 모색하는 과정에서 자사뿐만 아니라 다른 상점에도 도입할 것을 감안해 MEGURIN 운영사무국을 설치했다. 당초 대리점을 활용한 보급 시책으로 점포 수는 늘었지만, 기계 조작의 문제나 팔로우 부족 등에 의해 보급이 제대로 이루어지지 않았다. 다카마츠시 효고초(兵庫町) 상점가진흥조합의 대표는 가나가와현 요코스카시(横須賀市) 구리하마(久里浜)상점가에서 소매 유통조직과 상점가 간의 상생을 도모하는 것에 영향을 받아 다카마츠시 효고초상점가에서도 전면 도입하기에 이르렀다.

또한 MEGURIN의 가장 큰 특징은 일본의 대형도매 업체인 AEON과의 협업을 들 수 있다. MEGURIN은 IC카드(Integrated Circuit Card) 칩을 읽어 결제를 하는 방식으로 결제가 이루어지며, AEON그룹의 포인트 카드인 'WAON 카드'에 MEGURIN의 부가적 기능을 장착하고 있다. 이처럼 널리 유통되고 있는 WAON과의 시너지 효과로 비용을 삭감하면서 사용자들의 흥미를 배가시키고 있다. MEGURIN의 발행규모를 살펴보면, 2018년 기준으로 이용자 수 3만 명, 가맹점 수 500개소, 총 발행액은 연간 2,000만엔 규모에 달한 것으로 나타났다.

나아가 MEGURIN은 AEON그룹의 포인트 카드인 'WAON'도 이용이 가능하여 대기업 유통소매점의 고객을 불러들이는 등 지역 상점가로의 고객 유인 효과가 있었다. 그 결과 가맹점의 만족도도 높았다. 또한 상점가로서도 새로운 도전에 임하면서 상점가 내 일체감 조성 등 긍정적인 의식이 확산되며 활성화로 이어졌다. 지금까지 대립 구조에 있던 유통 대기업도 상점가의 이벤트를 대형 소매점의 매장 디스플레이에 고지하거나 상점가 이벤트에 경품을 협찬하는 등 포인트 부여 외의 연계를 강화해 오고 있다. 여기서 MEGURIN의 순환구조를 나타내면 다음 〈그림 12〉와 같다.

〈그림 12〉 MEGURIN의 순환구조

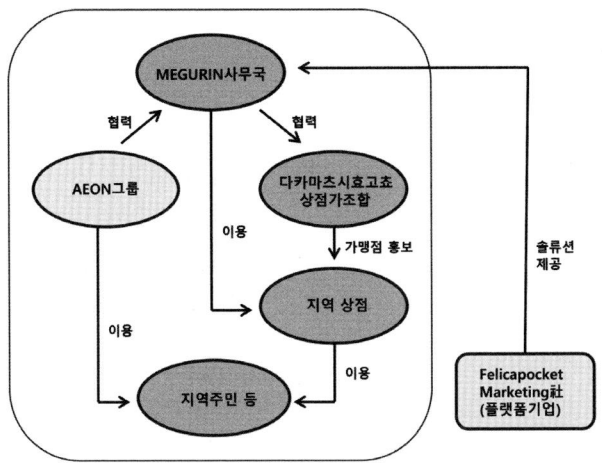

자료: 総務省(2011) 자료를 근거로 필자 작성.

(9) ENEPO(다카야마시, 지역자원 활용형)

'키노에키(木の駅)' 프로젝트는 키노에키라고 불리는 간벌재 집적소에서 간벌재의 대가를 지역화폐로 지급함으로써 임지 내에 방치되어 있는 임지잔재를 활용하면서 지역화폐를 통한 역내 순환경제를 구축하고자 한 것이다. 2009년 일본 기후현 (岐阜県) 에나시(恵那市)에서 처음 시작되었으며 현재는 전국 90여 곳으로 확대되었다.

기후현(岐阜県) 다카야마시(高山市)[11])에서는 2014년부터 '키노에키' 프로젝트를 추진하고 있으며, 지역화폐 ENEPO의 추진 배경은 다음과 같다. 다카야마시는 일본 제일의 면적을 자랑하는 시(도쿄도와 거의 같은 면적)이지만, 전체 면적의 92%를 산림이 차지하고 있다. 이처럼 풍부한 산림자원을 보유하고 있고 인구 8만 명의 작은 도시이지만, 석유 수입을 위해 매년 24억 엔 정도가 해외로 유출되는 상황이 반복되었다. 또한 간벌사업으로 반출되는 산림자원은 현지에서 제대로 활용되지 못하고, 지역 특산물인 목공예품이나 건축 관련 자재에서 수입 자재가 많이 사용되고 있었다. 이러한 비효율적인 흐름을 바꾸고자 간벌재를 활용한 물류시스템 및 간벌로 인해 생겨난 가치를 지역 내로 순환시키는 시스템을 구축하려는 시도에서 출발했다.

아래 〈그림 13〉은 ENEPO의 순환구조를 나타낸 것이다. 그에 따르면, 9개의 거점 구역에서 간벌작업을 실시하고 시의 자금으로 조성한 집적트럭을 이용해 간벌재를 회수(주 1회)하여 현지의 목재 가공업자에게 전달한다. 목재는 현지의 가구 제조업체인 히다산업(飛驒産業)에서 테이블이나 의자로 가공 판매하고, 지역화폐 ENEPO도 삼나무의 간벌재를 압축 가공해 만들고 있다. 또한 간벌작업에 참여한 사람들에게는 간벌재

---

11) 다카야마시(高山市)는 2005년에 주변의 9개 마을이 합병되어 도쿄도(東京都)와 거의 같은 면적이 되었다. 옛 다카야마시의 아카호키(赤保木) 지역은 300호, 120ha 정도의 공유림이 있다.

(6,000엔/ton)에 따라 ENEPO로 지급하고 주유소 등 시내 가맹점에서 '1 ENEPO=500엔' 비율로 해서 사용이 가능하다. 가맹점에서는 받은 ENEPO는 지역금융기관인 히다신용금고(飛驒信用組合)에서 환전할 수 있다.

〈그림 13〉 ENEPO의 순환구조

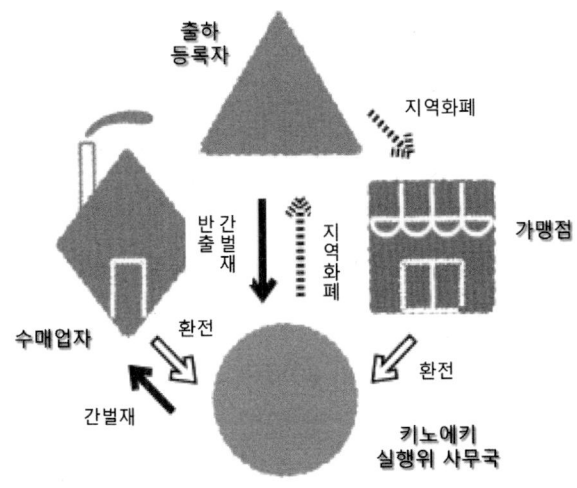

자료: 若井·富山(2022, p.68) 자료를 근거로 필자 작성.

또한 ENEPO가 가진 특징은 '키노에키(木の駅)' 프로젝트를 다카야마 시내 전체로 확대하기 위해 집적트럭을 시가 부담을 하고 정기적으로 운행하고 있는 점이다. 그로 인해 간벌작업에 순환이 이루어져 참가자에게 과중한 부담을 주지 않으면서 임

야보전을 가능하게 한다. 2022년 기준으로 다카야마시의 '키노에키' 프로젝트에 참가한 회원 수는 204명, 간벌재 집적소는 13개소, 연간 목재 간벌량은 약 850ton에 달했으며, 지역화폐 ENEPO 가맹점 수는 75개소, 총 발행액은 연간 480만 엔으로 집계됐다.

(10) FURING(가시와자키시, 지역자원 활용형)

FURING은 2017년에 니가타현(新潟県) 가시와자키시(柏崎市)에서 환경보전, 지역상권 활성화, 자원봉사 활동 촉진 등을 목적으로 도입된 지역화폐이다. 니가타산업대학의 아베 마사아키(阿部雅明) 교수가 지역 활성화 차원에서 벼농사를 토대로 한 지역화폐 유통 사회실험을 개시한 것이 그 계기였다.

FURING은 학생들의 자원봉사활동으로 생산한 'FURING Rice(風輪米)'의 판매 수익이 FURING 유통의 활동자금이 된다. 또한 화폐 단위는 FUN(風)으로 100 FUN은 100엔과 동일한 가치를 지닌다. FURING의 유효기간은 6개월이며, 연 2회 발행하고 있다. 2018년 기준으로 FURING 가맹점 수는 40개소, 총 발행액은 36만 엔에 달했다.

또한 FURING을 획득하기 위해서는 ① 니가타산업대학의 학생들이 무농약 쌀을 재배해 그것을 운영자금으로 발행하는 방식과, ② 지역 이벤트(경품 제공에 지역화폐 사용)에 참가하거나 지역의 봉사활동(방재활동, 청소활동, 이동활동 지원 등)을 통해 획득하는 방식이 있다. 또한 FURING의 발행 및 운영은 '니가타산업대학 FURING화폐발행위원회'에서 맡고 있다. 여기서 FURING의 순환구조를 나타내면 아래 〈그림 14〉와 같다.

〈그림 14〉 FURING의 순환구조

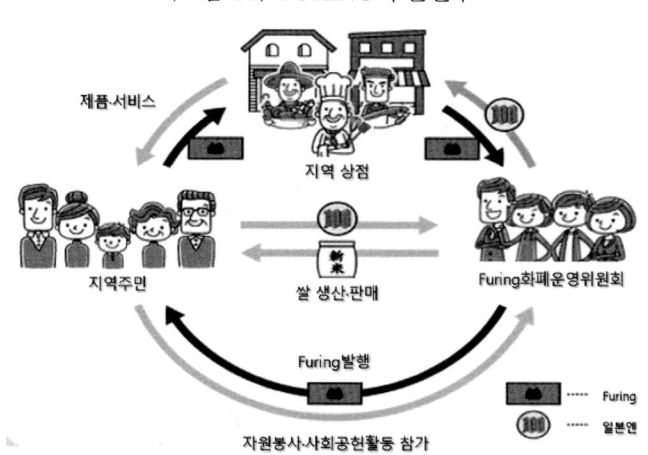

자료: 平野(2020, p21) 자료를 근거로 필자 작성.

2) 일본의 지역화폐의 유형화와 특징

이상에서 살펴보았듯이 지역화폐는 경제 활성화적인 측면은 물론 환경적 측면에서 친환경 활동 실천, 나아가 사회적 측면에서 지역 내 사회적 자본 형성에 이르기까지 다방면으로 활용되고 있다.

아래 〈표 3〉은 일본 지역화폐의 운용실태를 근거로 각 유형별 특징을 간략히 정리한 것이다. 〈표 3〉을 살펴보면 첫째, 지역 커뮤니티 활성화를 목적으로 한 지역화폐로 ATOM, ORION 등의 사례를 들 수 있다. 특히 이들 사례는 지역의 소상공인, 비영리법인(NPO) 등과 연계해 지역의 자원봉사활동 등을 포인트화하여 지역 내 소비를 촉진하는 선순환을 만들어내고 있다.

둘째, 지역경제 활성화를 목적으로 한 지역화폐로 앞서 살펴본 Sarubobo Coin, Aqua Coin, Agano Point, Datcha Coin, Machino Coin, MEGURIN 등의 사례가 그러하다. 특히 최근 들어 디지털 경제로의 진전과 캐시리스 결제 확대로 전자지역화폐 도입이 용이해지면서 다양한 부가기능을 추가한 시책 전개가 가능해졌다. 예를 들어 이용자의 건강증진이나 친환경 활동 실천을 목적으로 지역화폐를 발행하거나 행정서비스 연계를 통해 각종 세금이나 공과금을 지역화폐로 납부할 수 있게 하는 등 지역화폐 기반의 시민맞춤형 부가서비스 발굴에 주력해오고 있다. 나아가 앞서 살펴본 Machino Coin 사례처럼

〈표 3〉 일본 지역화폐의 유형별 특징 비교

구분	지역화폐 명칭	개시연도	발행주체	발행방법	유통규모	법정통화로의 환전여부	다른 지역화폐와의 차이점
공동체 복원형	ATOM (도쿄)	2004년	ATOM화폐 실행위원회 각 지부	지폐	776만엔 (2019년 기준)	가맹점만 가능	- ATOM의 전국 전개 - 프로젝트나 이벤트 참여 획득 - 법정화폐로의 환전 가능
	ORION (기타큐슈시)	2005년	Orion화폐 발행위원회	지폐	1,377만엔 (2016년 기준)	가맹점만 가능	- 법정화폐로의 환전 가능 - 지역금융기관 환전업무 위탁 가능
	Sarubobo Coin (히다-다카야마시)	2017년	기후현 히다신용조합	카드	29억엔 (2020년 기준)	가맹점만 가능	- 지역금융기관 주도 - 전체 사용액의 0.15%를 지역진흥사업 기부 - 'FAAVO히다다카야마・크라우드 펀딩 운영
소비 촉진형	Aqua Coin (기사라즈시)	2018년	기사라즈시, 기미츠 신용조합, 기사라즈 상공회의소	카드	5,300만엔 (2018년 기준)	가맹점만 가능	- 지자체, 지역금융기관, 지역경제단체의 협력 - 캐비넷스 구축 운영 - 각종 납부금 지불에 지역화폐 활용
	Agano Plat (아가노시)	2016년	Agano Plat 발행위원회	카드	발급매수(누적) 25,000매, 누적포인트 1,000만 (2022년 기준)	가맹점만 가능	- 지자체 주도 - 가맹점과 아가노시가 부여하는 포인트 병용 사용 - 환급수수료를 Agano Point 운영경비로 충당
	Datcha Coin (사도시)	2019년	사도관광교류기구	카드	가입자수 4만명, 가맹점수 174기소 (2022년 기준)	가맹점만 가능	- 지자체 주도 - 관광자원 활용 및 관광객 소비 촉진
	Machino Coin (일본 전국)	2019년	카약(KAYAC)	카드	가입자수 28,514명, 가맹점수 1,142기소 (2021년 기준)	가맹점만 가능	- 플랫폼 기업 주도 - SDGs 실현을 위한 활동 전개 - 관계인구의 창출 기여
	MEGURIN (다카마쓰시)	2010년	MEGURIN 운영사무국	카드	2,000만 엔 (2018년 기준)	가맹점만 가능	- 지역상점가와 지역대형유통 간 상생경영 구현 - 지역 공동포인트 서비스 방식 - 지역WAON 이용금액의 일부를 지자체 기부
지역자원 활용형	ENEPO (다카야마시)	2008년	카드에가 실행위원회 사무국	지폐	480만 엔 (2022년 기준)	가맹점만 가능	- 순환형 임업의 실천 - 간벌재 등 숲의 이용자원 활용
	FURING (가시오자키시)	2017년	니가타산업대학 Furing화폐발행위원회	지폐	36만엔 (2018년 기준)	가맹점만 가능	- 환경보전 및 쌀의 이용촉진(지산지소) - 쌀 판매를 통한 FURING 운용비 충당

자료: 저자 작성.

최근에는 지역화폐를 활용하여 SDGs 실천을 위한 여러 활동에 지역주민, 지역 상점, 지역기업 등이 참여토록 유도함으로써 지역 내의 다양한 문제를 해결하려는 움직임도 일고 있다.

셋째, 환경보전이나 지역자원의 효과적 활용을 목적으로 한 지역화폐로 ENEPO, FURING 사례를 들 수 있다. 일례로 앞서 살펴본 ENEPO의 경우 '키노에키' 프로젝트 사업의 일환으로서 산주나 소규모 벌채업자들이 임목을 가져오면 그 대가로 지역화폐를 지급함으로써 임지 내 방치된 임지잔재를 활용하면서 지역화폐를 통한 역내 순환경제를 구축하려고 했다. 이처럼 이들 화폐는 지역의 환경보전 관련 활동이나 지역사회에 기여하는 프로젝트를 지역의 경제주체들과 연계해 프로젝트에 대한 지원이나 지역 특성에 맞는 사회공헌 활동을 전개하고 있다.

5. 정책적 제언

전장에서 살펴본 일본의 지역화폐 운영사례 분석 결과를 토대로 지역화폐 활성화를 위한 몇 가지 정책적 제언을 하고자 한다.

첫째, 지역화폐 정책의 지속가능성을 담보하기 위해서는 지역화폐 발행의 주체를 다양화할 필요가 있다. 기존의 법정화폐와는 달리 지역화폐는 시장에서 확보할 수 없는 사회 서비스,

특히 사각지대에 놓인 주민들의 필요를 파악해 화폐 지급을 통해 충족시킬 수 있다. 현재 우리나라에서 전개되고 있는 지역화폐의 실험은 관 주도하에 경제 활성화를 목적으로 운영되는 경우가 대부분이다. 앞서 살펴본 일본의 ENEPO, FURING 등의 사례는 환경을 보전하거나 지역의 자연자원을 담보로 하고 있어 지역화폐의 지속가능성을 확보하는 하나의 실천적 방안이 될 수 있다.

둘째, 지역화폐 사업의 협치 주체로서 지역금융기관의 역할이 지금보다 강화될 필요가 있다. 일본의 Sarubobo Coin, Aqua Coin 등의 사례에서 알 수 있듯이 일본의 경우 지역금융기관이 신뢰성을 바탕으로 지역화폐 사업의 주체로 등장하면서 다양한 금융서비스(수수료 할인 혜택 제공, B2B(기업간) 거래에서의 지역화폐 활용, 기부서비스 제공 등)를 전개하며 핵심적인 역할을 하고 있다. 또 다른 예로서 지역화폐의 세계적 성공사례로 불리는 영국의 'Bristol Pound'의 경우 지역은행인 '신협(Credit Union)' 주도로 기업금융지원이 이루어졌으며, 그중에서 특히 지역기업에 대한 대출이나 상환에 있어 지역화폐를 사용함으로써 지역화폐의 권위와 범용성을 강화시켜 온 점을 들 수 있다. 이와 관련해 양준호(2019)는 인천시 지역화폐인 '인천e음'이 활성화되기 위해서는 위에서 언급한 사례들처럼 지역금융기관과의 적극적인 연계가 필요하며, 인천지역 소재 신협이나 새마을금고 같은 지역밀착형 금융기관이나 인천 시금고 은행과 긴밀히 연계하여 인천e음을 통한 금융서비스를 제공함으로써 금융 소외계층이나 지역중소기업에 대한 금융 지원을 강화하기 위한 노력의 필요성을 제기하였다.

셋째, 지역화폐를 기반으로 창출되는 부가가치의 일부를 공공기금화할 필요가 있다. 구체적으로는 지역화폐 결제 시 발생하는 수수료의 일정 부분을 기금화해서 그 부분을 지역의 소외계층에 지원하는 방식 등이 그것이다. 일례로, 캐나다의 대표적인 지역화폐인 'Toronto Dollar'의 경우 Toronto Dollar를 받아주는 가맹점에서 캐나다 달러와 동등한 교환이 이루어지고, 교환 시에 캐나다 달러의 10%가 자동적으로 커뮤니티기금으로 기부되는 구조이다. 그리고 그 기금은 마을만들기 활동 등 지역 커뮤니티 활동 지원사업에 재투자된다. 이처럼 지역화폐는 유통권역을 제한하고 자본증식을 배제함으로써 지역 내 경제활동 간의 연결성을 강화하고 있는 만큼 지역화폐 거래로 인해 창출된 부가가치 중 일부는 지역의 공공성 강화를 위해 재투자될 필요가 있다.

넷째, 지역화폐의 활용 범위를 더욱 확대해 갈 필요가 있다. 특히 디지털 경제로의 전환이 가속화되면서 일본에서는 지역화폐 사업의 주체로서 지자체가 주도적으로 관여하는 사례가 늘고 있는 추세이다. 지역화폐 사업에 지자체가 주도적으로 관여하는 경우 기존 법정화폐와는 다른 지역화폐의 가치를 어떻게 창조해 내느냐가 중요한 관건이 된다. 이를 위해 지역의 봉사활동의 대가로서 지역화폐를 지급하는 것에 그치지 않고, 지역기업에 대한 금융지원 시 지역화폐를 활용하거나 B2B(기업간) 거래에서의 지역화폐 활용, 각종 세금의 지역화폐 납부 등 지역의 다양한 주체들의 자발적 참여를 유인할 방안 마련이 필요해 보인다. 예를 들어 영국의 Bristol Pound, 일본의 Sarubobo Coin 등의 사례를 보면 지역화폐를 행정서비스와 연계하는 정책을 펼치고 있으며, 또한 세수로 거둬들인 지역화폐를 방문요양이나 간호, 복지지원금 등 다양한 공공서비스 영역에서 활용하고 있다.

다섯째, 지역화폐 기반의 시민맞춤형 서비스 발굴을 추진할 필요가 있다. 최근 지역화폐 관련 각종 부가서비스 요인의 영향력이 점점 증대되고 있는 상황에서 '지역커뮤니티 플랫폼'으로서의 역할도 중요해진다. 따라서 기존의 지역화폐 기능에 지역 내 기관이나 민간의 멤버십 특화기능을 추가 확대해 지역화폐가 인센티브 정책에만 의존하지 않고 지역커뮤니티 채널을 통해 지속가능하도록 해야 한다. 일례로, 국내 지역화폐의 대표적인 성공사례로 꼽히는 '인천e음'의 경우에는 학생증, 입주민 카드, 사원증과 바우처 카드, 기부카드, 전통시장 특화카드 등에 활용하고 있다.

여섯째, 지역화폐 정책 결정에 있어서 시민의 실천력을 담보하는 정책적 대응이 강화될 필요가 있다. 이를 통해 지역화폐 운동에 대한 시민들의 적극적 참여를 유도해 협치의 효용감을 높이고, 시민들로 하여금 지역경제의 '지역주의적인' 재편의 필요성을 인식하게 함으로써 시민들의 지역순환경제에 대한 이해를 높여나가야 할 필요가 있다.

[일본 지역화폐 디자인 모음]

ATOM(도쿄, 공동체복원형)

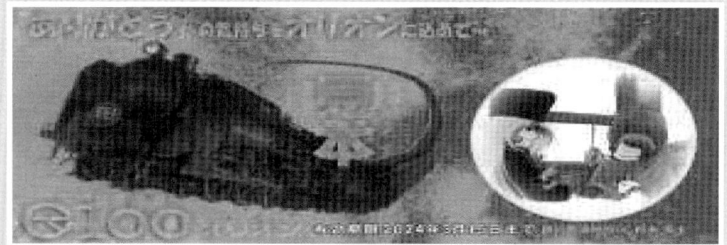

ORION(기타규슈시, 공동체복원형)

Sarubobo Coin
(다카야마시,
지역금융기관 주도 소비촉진형)

Aqua Coin
(기사라즈시,
지역금융기관 주도 소비촉진형)

Agano Point
(아가노시, 지자체 주도 소비촉진형)

Datcha Coin
(사도시, 지자체 주도 소비촉진형)

Machino Coin
(가마쿠라시, 플랫폼 기업 주도 소비촉진형)

MEGURIN(다카마츠시, 소비촉진형)

ENEPO
(다카야마시, 지역자원 활용형)

FURING(가시와자키시, 지역자원 활용형)

[참고문헌]

박인권, 2012, "지역재생을 위한 지역공동체 주도 지역발전전략의 규범적 모형: SAGE전략", 『한국지역개발학회지』, 24(4), 1-26.
새로운사회를여는연구원, 2014, "세계 지역화폐의 이해와 유형 분석".
양준호, 2018, "지역 회복, 협동과 연대의 경제에서 찾다", 인천대학교 출판부,
양준호, 2019, "인천시 전자지역화폐 '인천e음'의 성과분석을 위한 연구용역", 인천광역시.
양준호, 2022, "시민이 주도하는 지역순환경제—위기의 지역경제, 그 새판 짜기", 한울아카데미.
양준호, 2023, "진보적 대안으로서의 '지역순환경제': 독점자본의 공간 전략에 대한 시민적 저항, 통제, 계획", 『마르크스주의연구』, 20(2), 10-35.
이점순·양준호, 2020a, "지역화폐의 의의 및 그 활성화 방안에 관한 연구—국내외 지역화폐 사례를 중심으로", 『동북아경제연구』, 32(2), 141-187.
이점순·양준호, 2020b, "일본의 전자지역화폐의 운영현황과 정책적 시사점에 관한 연구", 『전자무역연구』, 18(4), 107-126.
현대경제연구원, 2006, "커뮤니티비즈니스: 지역경제활성화의 새모형".

泉留維, 2018, "自治体は地域通貨とどう向き合うのか", 『都市問題』, 109(9), 36-44.
泉留維, 2021, "日本における地域通貨の現状と課題—近年の新潮流を踏まえて", 『個人金融』, 15(4), 42-50.

岡田知弘, 2005, "地域づくりの経済学入門：地域内再投資力論", 自治体研究社.
加藤敏春, 2001, "エコマネの新世紀", 勁草書房.
川端一摩, 2018, "地域通貨の現状とこれから地域通貨の現状とこれから―各地域の具体的な取組事例を中心に", 『調査と情報』, 1014, 1-11.
栗田健一, 2020, "コミュニティ経済と地域通貨", 専修大学出版.
佐々木雅幸, 1994, "都市と農村の内発的発展", 自治体研究社.
佐々木雅幸, 2001, "造都市への挑戦", 岩波書店.
西川潤, 2004, "内発的発展の理論と政策―中国内部への適用を考える", 『早稲田政治経済学雑誌』, 354, pp.36-43.
町井克至·矢作大佑, 2018, "地域通貨は地域金融システムに何をもたらすか", 『大和総研調査季報』, 30, 50-67.
鶴田和子, 1996, "内発発展論の展開", 筑摩書房.
西部忠, 2006, "地域通貨のすすめ", 北海道商工会連合会.
納村哲二, "地域通貨で実現する地方創生", 幻冬舎新書, 2016.
平野実良, 2020, "市民意識と地域通貨の課題―2017年度柏崎市活性化を目指す地域通貨流通のための市民意識消費動向調査より", 『新潟産業大学経済学部紀要』, 55, 19-28.
保母武彦, 1996, "内発的発展論と日本の農山村", 岩波書店.
松原英治·藤本穣彦, 2019, "地域内循環経済を促す地域通貨の参加と流通のデザイン：「オリオン」（北九州市折尾地区）の事例研究と電子地域通貨の展開", 『社会環境論究』, 11, 43-68.
宮本憲一, 1989, "環境経済学", 岩波書店.
官邸, 2021, "地方創生関係交付金の概要".

総務省, 2011, "ICT利活用システムの普及促進に係る調査研究".
阿賀野市, 2021, "Apoカード(地域ポイントカード事業)について".
アトム通貨実行委員会ホームページ(http://atom-community.jp/).
アクアコインホームページ(www.kisarazu-aquacoin.com).
AGANO CARDホームページ(www.apo-card.com).
木更津市ホームページ(www.city.kisarazu.lg.jp).
まちのコインホームページ(www.coin.machino.co).
だっちゃコインホームページ(www.datchacoin.sado-dmo.com).
OECD, 2001, "Innovative Cluster:Drivers of National Innovation Systems", OECD, Paris.

지역순환경제와 지역공공은행

이상헌

6

지역순환경제를 구성하는 정책적 요소로서의 지역공공은행

이 상 헌
인천대학교 후기산업사회연구소 책임연구원

1. 들어가며

본고 서문에서 개괄적으로 밝혔듯이 지역주의적 통제 방식으로 자본을 통제하는 수단으로서의 지역순환경제를 구축하기 위한 중요한 요소이자 정책적, 시민실천적 측면의 금융 메커니즘이 바로 지역공공은행이라 할 수 있다.[1] 지역 경제의 위기와 지역경제의 동력 상실의 주요 원인에 있어, 극단적인 신자

---

1) 본 고 서문에 기술해 놓은 양준호의 「반(反)독점자본의 '지역순환경제'」부분을 참조하라.

유주의 영업 방식으로 오로지 수익 추구만을 위해 대닫는 지역 내 시중 상업은행의 폐해가 그 중심에 있다고 해도 과언은 아닐 것이다. 지역 안에서 영업활동을 벌이고 있는 시중 상업은행의 지점들은 이윤의 극대화를 위해 지역민들의 예금으로 축적한 자금과 여타 영업활동으로 얻은 이윤들을 그 지역의 자금 수요자에 매칭하거나 그 지역의 경제 활성화를 위한 재투자에 환류시키지 않는다. 더 나은 안정성과 수익률을 찾아 본사가 있는 서울 등 수도권으로 역외 유출하고 있는 것이다. 이러한 귀결로 지역의 자금, 지역의 경제동력의 저하는 말할 것도 없거니와, 지역 내의 열악한 자영업 소상공인, 저소득 빈곤층, 사회적 기업 등에 대한 이른바 금융배제 현상 및 금융접근성의 양극화를 지역 내에서 더욱 심화시켜가고 있는 것이 또한 현실이다. 이러한 지금의 금융 현실에서 지역공공은행에 대한 담론의 확산과 여러 지자체 단위에서의 관심과 그 실현에 대한 검토가 왕성해져가는 분위기는 어찌보면 당연한 일이라고도 보여진다.

먼저 지역공공은행의 핵심적 본질에 대해 간략히 제시해보고 다음 절로 넘어가고자 한다. 무엇보다도 글로벌 금융 신자유주의와 일국적 금융자본의 지배에 대한 지역주의적 통제 수단으로서의 지역순환경제가 효과적으로 작동하고 구축되기 위한 핵심적이고 필수 불가결한 작동 메커니즘 중의 하나가 바로 지역공공은행이다. 또한 양준호의 본고 서문에서 제시하였듯이, 이는 지자체의 공적 자금을 수탁하여 지자체 금고와 같은 역할을 수행하면서 이를 근거로 신용창조의 기능을 가지는 것을 핵심 요소로 한다. 이 역할과 기능이 시사하는 의미는 자못 크지 않을 수 없다. 지자체의 재정 분권의 진일보 및 중앙정부의 비본질적인 수직적 통제에서 벗어나 그리고 예산제약성이라는 것을 무기로 더욱 강화하려는 중앙집권적 관성으로부터 벗어나 지자체 고유의 공적업무를 자립적이고 시기 정합적으로 펼쳐나갈 수 있는 기초가 됨을 의미한다. 즉 신용창조를 통해 지자체의 자금융통 완화에 도움을 주면서, 세입과 세출의 시기적 매칭의 부정합에서 오는 재정지출의 시차적 제약성을 해소할 수 있음이다. 이는 지자체의 자금지출 수요가 발생하는 시기와 지방세, 세외수입 등 유입되어야 할 지자체의 세입 시기가 일치하지 않아 생기는 문제에 직면함으로써 발생하는, 지방재정의 적시 지출의 제약성을 완화하면서 지자체 공공정책의 자금을 시기 정합적으로 확보할 수 있게 해준다는 의미이기도 하다.

  나아가 이러한 지역공공은행의 기능으로 인해 전반적으로 금융의 지역주의적 공공성을 확보하게 되며, 이른바 신용창조로써 가지게 되는 화폐주권을 지역의 공적 영역인 지자체도 가지게 된다는 깊은 함의가 내재해 있음을 의미한다.[2]

---

[2] 본 고 서문에 기술해 놓은 양준호의 「대안으로서의 '지역순환경제': '지역공공은행'」을 참조하라.

2. 지역공공은행의 필요성이 제기되는 배경

(1) 수익성만을 좇는 무차별적 신자유주의 금융시스템

글로벌 및 일국 차원에서 전개된 신자유주의 금융세계화의 결과로 금융자유화와 금융산업의 경쟁은 더욱 심화되어 왔다. 우리나라의 경우 1997년 IMF 구제금융 시기 이후 이러한 금융시스템으로의 전환이 가속화 되었으며, 특히 2008년 글로벌 금융위기를 걷히면서 모든 시중 상업은행들은 금융의 공공성보다는 오로지 수익성의 극대화에만 영업의 초점이 맞춰져 왔다. 정부와 금융 감독당국 또한 여기에 보조를 맞춰, 시중 상업금융에 대한 규제 완화와 오로지 수익성과 안전성에만 초점을 맞춘 관리 감독으로 일관해 옴으로써 이른바 금융자유화의 시대가 구가되고 있는 것이 지금의 상황이다. 최근 5대 시중 금융그룹들이 얻은 수 조원대의 당기순이익을 두고 이른바 '은행들의 돈 잔치'라는 자조 섞인 풍자의 표현들이 이를 실증적으로 웅변해주고 있기도 하다.

이에 '이자율 자유화' '자본시장 규제완화' '금융업무의 영역해체' '부채의 증권화' '단기 금융상품과 파생상품의 난립' '등 겸영업무의 확장 속에 서민의 삶보다는 오로지 예금주의 이익 보호와 주주의 단기 이익만을 위해 치닫고 있는 것이 현재 시중 상업은행들의 민낯이다. 이들의 지역 지점에 예치된 예금자원 역시 당해 지역에 선순환적으로 투융자 되기보다는 더 높은 수익률과 안정성을 찾아 지역의 경계를 넘어 자본증식의 대상으로 유출되는 것이 또한 신자유주의 금융시스템에 기반한 금융자유화의 현실이다.

이러한 현상은 필연적으로, 지역의 서민들과 영세소상공인, 저소득층 등 사회적 약자들인 이른바 금융 배제자들을 무한 양산하고 있으며, 지역과 지역 간 차이를 넘어 지역 내 경제주체 간 금융접근성의 양극화도 날로 심화시켜가고 있다. 바야흐로 무차별적 신자유주의 금융시스템은 서민 등 지역의 약자들을 위한 지역금융의 위기를 더욱 가속화시키고 있는 것이다.

(2) 지역공공은행의 필요성 대두

위와 같이 글로벌 및 일국 차원의 신자유주의 금융시스템을 기반으로 한 금융자본의 약탈적 이익 추구에 지역의 금융환경은 더욱 피폐화되고 있으며, 이러한 환경 속에서 금융 약자들을 위한 대안 금융 시스템을 희구하게 되는 움직임은 어찌 보면 자연스러운 일일 것이다. 사적 금융이익만을 추구하는 은행이 아니라, 공익에 기초하여 지역의 어려운 금융약자들을 위해 운영되면서 지역의 경제주체들 간의 금융접근성의 양극화를 해소하고 나아가 지역의 발전에 일조할 수 있는, 이른바 자금흐름의 공공성을 담보하는 지역공공은행 설립의 필요성과 당위성은 이제는 충분한 시대 적합성을 가진다고 볼 수 있다.

　대안 금융 시스템으로서의 지역공공은행에 대한 열망의 고조는 소위 신자유주의의 첨단을 걷는 나라라고 일컬어지는 미국에서 조차도 예외는 아니다. 오히려 역설적이게도 미국의 캘리포니아 주를 포함하여 많은 지역에서 지역공공은행의 설립에 대한 여론이 비등하고 있고 실제로 법제화로 이어지고 있는 형국이다. 뉴저지주, 뉴욕주, 시카코 등지에서 지역공공은행 설립 움직임이 왕성하게 일어나고 있고3) 캘리포니아 주의 경우에는, '데이빗 치우' 하원 의원(민주,샌프란시스코)의 발의로 시와 카운티 정부 등 주(州) 내 지방 정부가 공공은행(Public Bank)을 직접 설립할 수 있도록 법안이 주 의회를 통과했으며 '개빈 뉴썸' 주지사가 서명함으로써 주법(州法)으로 확정됐다. 공공은행 법안이 주법으로 확정된 캘리포니아 주는 이로써 미국 노스다코타(North Dakota)주에 이어 두 번째로 공공은행 설립을 허용하는 주가 되었다.4)

　최근 우리나라의 경우에도 지역공공은행에 대한 필요성 대두와 함께 여러 지역에서의 담론들이 왕성하게 일고 있다. 뿐만 아니라, 몇몇 지자체에서는 실질적으로 그 설립에 대한 구체

---

3) 김용재(2020) '지방자치단체의 공공은행 설립과 관련한 법률적 제언-미국의 North Dakota 은행을 모델로 하여'(경영법률 제31집 제1호)
4) 한국일보(2019) 「'공공은행 설립 허용'가주법 확정」(한국일보 조환동 기자, 2019년 10월 4일자)

적 모색의 일환으로 자체 연구용역과 시민토론회 등이 활발하게 진행되고 있다. 시민 여론 차원에서도 인천의 경우, 실제로 「2021년 인천 소상공인 금융접근 실태에 관한 조사연구」결과에 따르면, 인천시 내의 상당수의 소상공인이 금융소외 현상을 해결하기 위해 인천 시민만을 위한 시민은행(지역공공은행)의 설립 필요성에 공감하는 것으로 나타나고 있다.[5]

몇몇 지역에서의 사례들을 들자면, 2022년 10월 6일 광주광역시에서는 「광주지역 경제 활성화를 위한 '공공은행' 설립: 지역자치 시대의 경제토대 '지역의 공공은행'」이란 주제로 시민토론회가 열리기도 하였다.[6] 나아가 그 이전 해인 2021년 7월 27일에는 이른바 〈부산형 지역공공은행을 제안한다: 금융배제의 심화와 '시민주도형 대안금융'에 초점을 맞춰〉라는 주제로 양준호 인천대학교 경제학과 교수 겸 인천대학교 후기산업사회연구소 소장의 발제가 부산시 및 부산시민들의 많은 관심 속에 진행된 바 있다.[7] 또한 같은 해 전라남도 순천시에서도 지역공공은행 설립과 관련하여 인천대학교 양준호 경제학교 교수

---

[5] 인천대학교 경제학과 양준호 교수팀(2021.9.), 소상공인 금융소외자 금융접근성 확대를 위한 연구 과제 최종보고서
[6] 이상헌(2022.10.06.), 「광주광역시 '지역공공은행' 설립방안」 발제자료 참조하라.
[7] 양준호(2021.7.27.), '부산형 지역공공은행을 제안한다: 금융배제 심화와 '시민주도형 대안금융'에 초점을 맞춰 (부산시의회/지역순환경제포럼/부산참여연대 주최 토론회) 발표자료 참조하라.

팀에게 연구용역 발주와 함께 결과발표를 진행한 바 있었다.

역사적으로 지역공공은행과 관련해서는, 이미 1919년 주(州)정부가 전액 출자하여 설립한 지역공공은행 노스다코타은행(BND)이 100년 이상의 경험을 통한 성공 사례로서 회자될 뿐 아니라, 지역공공은행 설립에 대한 필요성을 절박하게 느끼는 많은 이들의 선망과 표본의 대상이 되고 있다.

이와 같이 지금 우리 앞에 전개되고 있는 지역 금융의 피폐적 현실 앞에서, 지역주의적 통제 방식으로 자본을 통제하는 수단

<그림 1> 지역공공은행의 필요성이 대두되는 배경의 도식

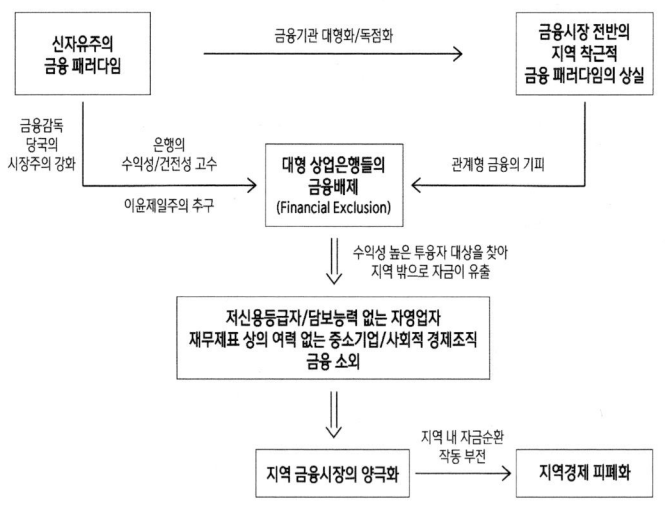

출처: 양준호(2022) 지역공공은행: 그 개요와 의의, 한국형 모델 제시를 중심으로, 광주청년지갑트레이닝센터 강의자료에서 그림 인용 / 양준호(2023) 정의정책연구소 제안문 '위기의 지역경제, 그 새판 짜기를 위한 '지역공공은행'에서 그림 인용.

으로서의 지역순환경제, 그 핵심적 요소인 금융 메커니즘이 지역공공은행이고 이에 대한 요구와 필요성 그리고 당위성은 그 어느 때보다도 절실해지고 있다. 지역공공은행의 필요성이 대두되는 배경을 〈그림 1〉로 도식화 해봤다.

3. 지역공공은행의 의의와 차별화된 모습과 역할

(1) 지역공공은행의 의의

본고 서문에서 대안으로서의 지역순환경제를 반독점자본의 시민실천적 전략으로 정의한 바 있다. 그러면서 지역공공은행 역시 이를 구성하는 중요한 시민 실천적 요소로 규정하였듯, 그 의의는 반독점 금융자본에 대한 대안이자 대항의 측면을 함의하고 있다 할 것이다. 나아가 지역의 부를 지역순환경제적 관점에서 통제함으로써 지역 경제에 대한 자주적 통제력까지 담보할 수 있는 기제라는 측면에서 지역공공은행이 가지고 있는 의의는 작지 않다 할 것이다.

즉 지역에서 축적한 자금을 오로지 무한 금융수익만을 위해 끊임없이 역외로 유출시키고 있는 시중은행에 대한 상대화와 함께 지역주의적 통제를 통해 지역의 부를 지역 안으로 순환케 함으로써 지역의 경제동력을 튼튼하게 구축하는 것이 또한 지역공공은행의 메커니즘이라고 할 수 있다.

이런 점에 있어서 지역공공은행은 글로벌 혹은 일국적 차원의 신자유주의 금융시스템에 대한 대안이자 대항적 작동체계로서 지금의 피폐화된 지역 금융환경에 매우 긴요하고 현실 정합적인 금융 메커니즘이라 할 수 있다. 그러나 한 가지 유의할 점이 있는데, 이는 지역공공은행이 지역 안에 입점해 있는 지역 시중은행들과 적대적 관계를 유지하는 것이 아니라는 점이다. 이 점은 이후 내용에서 기술하기로 하겠다.

(2) 차별화된 지역공공은행의 모습과 역할

지역공공은행의 모습을 가장 간명하게 표현하자면 '지자체가 100% 출자하여 소유하되, 지자체가 지역 시민사회와의 공동제작(Co-Production)을 기반으로 하는 협치적 의사결정을 통해 투융자 대상이나 투융자액, 그리고 금리 등을 정하는 공공의 은행'이라 할 수 있다.[8] 그 전형적이고 모범적인 모델로는 이미 널리 알려진 미국의 노스다코타은행(Bank of North Dakota)을 들 수 있다. 지자체의 전액 출자, 지지체 공적자금의 수탁고(주 금고은행) 역할, 이를 기반으로 하는 신용창조 기

---

8) 본고 서문에 기술된 양준호의 「대안으로서의 '지역순환경제' : '지역공공은행'」을 참조하라.

능으로부터 주(州) 공공정책 자금수요에 대한 적기 대응 등을 비롯하여 지역의 공공성과 관련된 자금수요자에 대한 참여대출 등의 운영 형태에서 지역공공은행의 모습을 인출해볼 수 있을 것이다.

이를 기반으로 지역공공은행의 모습과 역할에 대해 좀 더 기술해보자면, 먼저 자본구조 면에 있어 지자체의 전액 출자로 설립되는 관계로 여타 시중 상업은행처럼 주주나 채권자에 의한 지배구조에서 오는 은행의 영업 지향과 다를 수밖에 없다는 점이다. 이들 시중은행의 주주나 채권자들은 근본적으로 사익을 추구하는 이해관계자들인 관계로 단기 영업이익에의 천착과 은행의 영업방향 또한 그러한 쪽으로 향할 수밖에 없다. 그러나 공공의 영역인 지자체가 전액 출자한다면, 이는 그 출자액 자체가 공적 자금이고 이 공적 자금은 누구의 소유도 아닌 바로 시민들의 공유자산이라고 할 수 있기에, 이를 토대로 시민과의 협치를 통해 운영의 공공성을 담보할 수 있는 근간이 된다고 할 수 있다.

다음으로는, 지역공공은행은 지자체의 세입 예산을 전액 수탁하여 관리하는 지자체 금고은행으로서의 역할과 중요성을 가진다는 점인데, 이는 지자체의 세입인 지방세, 세외수입 등 모든 공과금은 다름 아닌 그 지역 주민들이 자신들이 살고 있는 지자체에 납부하는 돈(공적 자금)이라는 면에서 이를 관리하고 운용하는 주관 은행은 응당 지역공공은행이 맡아야 한다는 당위성으로 귀결된다 할 것이다. 이는 그 지역의 주민들이 납부한 공적 자금이 일반 시중은행처럼 수익성을 찾아 지역 밖으로 유출되기보다는 그 지역 안에서 공적으로 투융자되어 지역의 발전과 금융의 지역주의적 공공성을[9] 담보한다는 데에 역시 중요한 의미를 담고 있다 할 것이다.

나아가 이를 토대로 신용창조 기능을 갖추어 지자체의 자금 수요에 적기 대응할 수 있는 장점을 담보할 수 있다는 것이다. 이는 한마다로 자지자체의 공적 사업을 집행하는데 있어 직면할 수 있는 유동성 압박을 구조적으로 해소한다는 면에서 그 장점이 있다할 것이다. 왜냐하면 편성되는 지자체의 예산은 그 세입과 세출의 시기 부정합으로 인해 유동성 압박에 처할 개연성이 적지 않기 때문에 이러한 때에 단기차입금이나 지방채의 신속한 매입 인수를 통해 시의적절한 대응을 할 수 있기 때문이다. 특히 긴급 재난과 같이 예측할 수 없는 상황이 도래할 경우에는 이에 대처할 수 있는 유동성의 긴급 수요가 발생하고 이러한 경우에는 지역공공은행의 신용창조 기능은 더욱 중요하고 긴요하게 작동될 수 있음이다.

또한 금융 소외자를 포함한 어려운 지역민이나 지역을 대상으로 하는 투융자에 있어 지역공공은행의 기능은 일반 시중 상

---

[9] 본 고 서문에 기술된 양준호의 「대안으로서의 '지역순환경제' : '지역공공은행'」을 참조하라.

업은행이 수익성 타산으로 인해 대응할 수 없는 지역의 사각지대를 향할 수 있다는 장점을 가지고 있다. 이와 관련하여 지역 차원에서의 발전 프로젝트나 공적 부문에 대한 투융자를 이른바 인내자본, 관계금융, 저금리 대출, 호혜금융, 경기 비탄력적 자금공급, 담보권 처분 완화 등의 방식으로 대응하면서 그 공적 기능과 가치를 더욱 고양하고 실현할 수 있는 것이다.

마지막으로, 지역공공은행이 이후 영업이익이 발생할 시 주식회사 형태의 시중 상업은행의 이익 처분 방식이 아닌, 공적 기금으로의 전입이나 지차체의 세입항목으로의 충당 등을 통해 선한 공적자금으로 활용될 수 있다는 점이다. 물론 그 발생되는 이익의 규모에 따라 자본금 전입을 통해 지역공공은행의 규모를 확장해서 더 많은 공적 자금의 공급처 역할을 할 수 있을 것이다. 참고로 노스다코타은행은 주주가 존재하지 않고(지자체 100% 출자에 따른 당연한 귀결) 발생되는 영업이익은 은행 당국과 주 의회의 논의를 거쳐 공적 기금으로의 전입과 일부는 자본금 전입 등으로 처리한다. 지역공공은행의 기본적인 모습과 역할에 대해 〈표 1〉에 개략적으로 정리해 보았다.

〈표 1〉 지역공공은행의 기본적인 모습과 역할

- 공익에 기초하여 운영되는 은행으로, 일반 시중 상업은행처럼 민간 주주의 단기이익이 아닌 공동의 이익과 공공의 이익을 추구하는 은행
- 소유 및 지배구조에 있어 일반 시중은행처럼 주주나 채권자에 의한 자본형성이 아닌, 지자체가 전액 출자하여 지역의 시민사회와의 협치(Co-Production)를 통해 민주적이고 공공적으로 운영됨
- 따라서 지역에 착근되어 공익에 기초하여 운영되는 은행으로, 일반 시중 상업은행처럼 민간 주주의 단기이익이 아닌 공동의 이익과 공공의 이익 그리고 지역공동체의 발전을 추구하는 은행임
- 운영시스템이 지역순환경제와 매우 정합적으로 매칭되어 있으며 지역에서 창출된 부를 역외로 유출시키는 대자본에 대한 지역주의적 통제와 이를 상대화하는 금융기제로 작동됨
- 지자체에서 거둬들인 지방세 및 각종 수수료 등과 같은 지자체 자금의 수탁기관으로서의 역할을 수행하며 이를 토대로 신용창조의 기능으로 지자체의 자금수요에 적기 대응하고 공공 정책을 수행하는데 있어 지자체의 시기적 유동성 압박을 해소해 줌
- 예입 자금을 역외로 유출시키지 않고 지역 내에 재투자 및 환류를 통해 지역의 발전을 도모함
- 지역공공은행이 창출한 이익을 지역의 기금 등에 전입함으로써 지역에 긴요한 자금줄 역할을 함과 동시에 지역공동체의 발전을 도모함
- 지역의 시중은행과 경쟁이 아닌 상호 협력관계를 유지함
- 그 실례로, 지역은행이 지역민들에게 대출해 준 대출채권을 2차 시장에서 매입해 줌으로써 지역 은행들이 채권 대손의 위험을 덜면서 더욱 안정적으로 대출업무에 임할 수 있게 해 줌
- 또한 소비자 직접 대출에 있어 지역 은행들과 공동대출을 통해 지역은행들의 리스크를 분산시켜 줌으로써 지역 은행들과 상호 협조관계를 유지함

4. 지역공공은행으로서 외국의 모범사례
: 미국 노스다코타은행(Bank of North Dakota/ BND)을 중심으로

(1) 노스다코타은행(BND) 설립 배경과 운영사례

　노스다코타은행은 지역공공은행 중에서도 가장 대표적이고 상징적인 은행으로, 미국 노스다코타 주(州)가 자체적으로 설립하여 지금까지 성공적으로 운영되고 있다. 이는 미국뿐만 아니라 세계적으로도 가장 널리 알려진 지역공공은행으로, 1919년 매우 어렵고 힘들었던 노스다코타의 농민들이 초당파 농민동맹(Nonpartisan League)을 결성하여 총선에서 상원과 하원의원들을 모두 석권한 후 노스다코타 주(州)가 당시 200만 달러를 출자하여 설립한 미국 최초의 지역공공은행이다.

　노스다코타은행의 주요 세입원은 주(州) 정부의 모든 자금과 국가기관의 자금들로, 주의 모든 세금과 수수료 등은 모두 노스다코타은행에 예치된다.[10] 또한 지역의 다른 은행들과 경쟁하지 않고 그들과 협력한다. 학생들의 학자금 대출은 직접 대출을 하지만 그 외 소비자 직접 금융대출은 지역의 은행들과 협업하여 공동 대출하거나 그들로 하여금 소비자 직접 대출을

---

10) 김용재(2020), 지방자치단체의 공공은행 설립과 관련한 법률적 제언 (미국 North Dakota 은행을 모델로 하여) 경영법률 제31집 제1호 p242

간접적으로 지원한다. 학자금 대출금리 또한 미국 내에서 가장 저렴하다. 지역의 다른 은행과 경쟁하지 않기 때문에 노스다코타은행 소유의 ATM기 신설이나 지점 증설 또는 신용카드 업무 등은 하지 않는다. 노스다코타 은행의 핵심 역할은 지역은행과 지역의 신용조합 등을 지원하면서 지역의 경제를 함께 육성하고 발전시키는 것이다.

특히 노스다코타은행이 지역은행들과 협업하는 핵심 방법은, 2차 금융시장에서 지역은행이 지역민들에게 대출해 준 대출채권을 매입하는 것이다. 이로써 지역은행은 대출금에 대한 대손위험을 덜면서 새로운 대출업무에 임할 수 있게 된다. 또한 지역은행의 소유권이 외부 사람들에게 넘어가지 않고 지역민들이 소유할 수 있도록, 지역민들에게 은행의 주식자금을 대출해주는 이른바 '은행주식 대출프로그램'을 운영하고 있다. 또한 지방정부가 공공정책의 자금 수요로 인해 지방채를 발행하려고 할 때, 일반 지방채 시장의 이율보다 낮은 금리로 신속히 인수 매입하여 자금을 공급해 준다. 이른바 지역의 중앙은행 역할을 하고 있는 것이다. 또한 긴급 재난 발생 시 주(州)정부나 시, 카운티 등 지방정부를 대신하여 긴급 재난자금을 공급하기도 한다. 한편으로 노스다코타은행은 미국 '예금보험공사'의 회원이 아니기 때문에 그들의 보호권 밖에 있지만, 대신에 노스다코타 주(州)에 의해 보호를 받게 된다.[11] 노스다코타은행의 운영사례에 대해 〈표 2〉에 개략적으로 정리해 보았다.

〈표 2〉 노스다코타은행의 운영 사례

- 미국의 공공은행 중에서도 가장 대표적인 지역공공은행
- 1919년 몹시 가난하고 지친 노스다코타의 농민들이 초당파 농민동맹(Nonpartisan League)을 결성하여, 총선에서 상원과 하원의원들을 모두 석권한 후 노스다코타 주(州)가 설립한 미국 최초의 지역공공은행
- 노스다코타은행의 주요 세입원은 주(州) 정부의 모든 자금과 국가기관의 자금들
- 주의 모든 세금과 수수료 등은 모두 노스다코타은행에 예치됨
- 또한 지역의 다른 은행들과 경쟁하지 않고 그들과 협력함
- 학생들의 학자금 대출은 직접 대출(이율이 가장 저렴)을 하지만, 그 외 소비자 직접 금융대출은 지역의 은행들과 협업함
- 지역은행과 공동 대출하거나 그들로 하여금 소비자 직접 대출을 간접적으로 지원함
- 지역의 다른 은행과 경쟁하지 않기 때문에 노스다코타은행 소유의 ATM기 신설이나 지점 증설 또는 신용카드 업무 등은 하지 않음
- 노스다코타 은행의 핵심 역할은 지역은행과 지역의 신용조합 등을 지원하면서 지역의 경제를 함께 육성하고 발전시키는 것
- 특히 노스다코타은행이 지역 은행들과 협업하는 핵심 방법은, 2차 금융시장에서 지역은행이 지역민들에게 대출해 준 대출채권을 매입하는 것
- 이로써 지역은행은 신용위험(대손위험)을 덜면서 부담 없이 새로운 대출업무에 임할 수 있게 됨
- 또한 지역은행의 소유권이 외부인들에게 넘어가지 않고 지역민들이 소유할 수 있도록, 지역민들에게 주식자금을 대출해주는 이른바 '은행주식 대출프로그램'을 운영함
- 지방정부가 지방채를 발행하려고 할 때, 일반 지방채 시장의 이율보다 낮은 금리로 직접 자금을 빌려줌
- 긴급재난 시 주(州)정부나 지방정부를 대신하여 긴급 재난자금을 공급함
- 노스다코타은행은 미국 '예금보험공사'의 회원이 아니기 때문에 그들의 보호권 밖에 있지만, 대신에 노스다코타 주(州)에 의해 보호를 받게 됨

(2) 그 밖의 운영사례와 금융위기에도 흔들리지 않았던 노스다코타(BND)

노스다코타은행과 관련한 그 밖의 운영사례로서, 저금리대출, 인내자본(patient capital) 지원, 관계금융, 담보권처분 완화 등을 통해 투기성 상업은행으로부터 지역 주민이나 지역의 중소기업들을 금융적으로 방어해준다는 점을 들 수 있다. 또한 지역에서 필요로 하는 생활 기반시설 구축. 재생에너지 사업. 저렴한 주택공급 등과 같은 지역의 여러 공적인 프로젝트에 자금을 조달함으로써 지역공동체 발전에 일조하고 있다. 뿐만 아니라, 노스다코타은행은 시중은행과 다르게 경기가 어려울 때일수록 경기 비탄력적 금융지원(불경기 때 더 많이 대출)을 통해 지역경제를 궁극적으로 튼튼하게 유지해 준다. 그 실례로서 노스다코타은행이 소재하고 있는 노스다코타 주(州)는 2008년 금융위기에도 무사했을 뿐만 아니라, 그 밖의 지역공공은행이 있는 지역에서도 2008년 금융위기에도 대부분 살아남았음을 경험적 사실로 확인할 수 있다.[12]

---

11) https://ilsr.org/rule/bank-of-north-dakota-2/
   김용재(2020), 지방자치단체의 공공은행 설립과 관련한 법률적 제언 (미국 North Dakota 은행을 모델로 하여) 경영법률 제31집 제1호 p243
12) 양준호(2020) '지역공공은행을 제안한다' 인천일보 칼럼[목요논단] (2020.10.08.) 내용 일부 발췌

이렇듯 노스다코타은행은 공공성이 매우 강한 은행임에도 100년을 버티면서 은행의 경영 측면에서도 성장을 거듭해왔다. 그 성과를 보면 2018년에는 자산규모 70억 달러로 성장했고 1억 5900만 달러의 흑자를 냈다. 물론 2008년 글로벌 금융위기 때도 흑자를 냈음은 말할 것도 없고, 이런 흑자 경영을 기반으로 어려운 지역 주민이나 어려운 지역의 경제주체들에게 인내자본을 공급할 수 있었던 것이다.[13]

노스다코타은행의 운영 시스템에 있어 더욱 눈여겨 볼 점은 바로 영업에서 발생한 이익의 처리 과정이다. 그 처분의 과정과 절차가 매우 민주적이며 지자체와 지역 시민사회와의 협치(Co-Production)의 메커니즘이 녹아 있음을 확인하게 된다. 물론 이는 이익의 처리 과정에서 뿐만 아니라, 대출의 과정이나 대출 포트폴리오를 결정하는 과정에서도 이런 민주적 절차를 확인할 수 있다. 대출의 금액, 대상, 심사방식에 있어서도 시민 대표기관인 주(州) 의회의 의사가 반영된다. 전체 대출 포트폴리오 역시 지자체와 지역공공은행 그리고 시민사회 간의 협치(Co-Production)에 의해 편성된다.[14] 노스다코타 은행이 회계연도

---

13) 양준호(2020) '지역공공은행을 제안한다' 인천일보 칼럼[목요논단] (2020.10.08.) 내용 일부 발췌
이상헌(2022), 대안으로서의 "지역순환경제"에 대한 일 고찰 p14
14) 양준호(2023), 정의정책연구소 제안문 〈위기의 지역경제, 그 새판 짜기를 위한 '지역공공은행'〉 내용 일부 발췌

에 창출한 이익은 주로 세 방향으로 민주적 과정을 거쳐 처리된다. 즉 일부는 주 의회의 승인을 거쳐 주 정부의 일반 기금으로 이전되고, 일부는 역시 주 의회의 승인을 거쳐 지역발전이나 사회기반시설 등 공공 목적의 대출 프로그램으로 활용된다. 나머지 일부는 노스다코타은행의 자본금으로 전입되어 자기자본 확충으로 쓰여진다. 즉 이익금 처리에 있어 일부는 주 정부로 환류, 일부는 공공 목적의 대출프로그램, 일부는 자기자본 확충으로 쓰여지는 것이다. 그리고 주 기금으로 얼마만큼이 이전될 것인가는 주 의회와 은행의 최상위위원회인 '주산업위원회'와의 협상을 통해 이루어진다.[15] 노스다코타은행의 영업이익 처리 경로를 〈그림 2〉로 도식화 해봤다.

〈그림 2〉 노스다코타은행의 영업이익 이전(처리) 경로

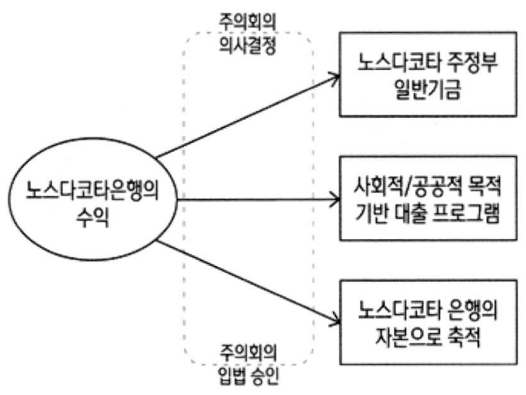

출처: 양준호(2023) 정의정책연구소 제안문 '위기의 지역경제, 그 새판 짜기를 위한 '지역공공은행'에서 그림 인용

5. 현행 우리 법제도적 검토 하에서 시도해 볼 수 있는 대안 모델

미국이나 유럽에서처럼 현행 우리의 법제도적 검토 하에서는 아직 지역공공은행을 설립할 수 있는 근거들의 한계가 엄존한다. 그럼에도 기존의 법령 및 자치법규 등의 검토를 통해 가능한 지역공공은행과 유사한 기능을 수행할 수 있는 조직 형태, 즉 유사 내지는 대안 모델을 나름 상상해 볼 수 있을 것이다. 이는 지금까지 지역의 영세 소상공인, 저신용 등급자, 저소득 무담보 취약계층, 열악한 사회적 기업 등 우리 사회의 금융 약자들의 시중은행에 대한 금융접근성 배제 문제를 어느 정도 해소하면서 이에 대한 대안 내지는 보완적 금융 시스템으로서의 역할을 담보해 낼 수 있을 지에 대한 깊은 고민과 통찰에서 당연하게 연원하는 것이다. 이러한 고민과 통찰을 기초로 현행 법령 및 자치법규의 틀 내에서, 지역공공은행으로서의 기능을 근사하게라도 갖출 수 있는 모델들을 찾아보는 것은 현실적 실익이 있을 것이라 사료된다.

---

15) 김용재(2020), 지방자치단체의 공공은행 설립과 관련한 법률적 제언 (미국 North Dakota 은행을 모델로 하여) 경영법률 제31집 제1호 p247

(1) 지방자치법상 '기금'의 형태

금융정책을 국가사무로 규정하면서 지자체의 사무에서 제외시키고 있는 현 지방자치법상 제약이 있긴 하지만, 그런 환경 속에서도 지자체가 자치법규나 다른 법률에 근거하여 최대한 자율성을 가지고 시도해 볼 수 있는 모델은 있을 것이다. 현행「지방자치법」제159조 제1항,「지방자치단체 기금관리기본법」제2조 및 제5조, 지방재정법 제34조 제3항 등에 의거 지역공공은행의 성격을 내포한 기금을 설치하여 우선 당장 어려움에 처해 있는 영세 소상공인이나 사회적 취약계층, 사회적 기업, 협동조합 등과 같은 지역의 금융 약자들에 특화하여 운영하는 대안적 금융시스템을 생각해볼 수 있을 것이다.

기금의 자금조달 방식은 '지자체의 출연금'을 기초로 하여, 이후 '기금운용 수익금', '그 밖의 수익금'으로 이루어지는 경우가 통상적인 바, 우선 시초자금은 이와 같은 방법을 따르되 출연금을 1회성에 머무르게 하지 않고 이후 지자체의 일반회계 예산 전출 항목에 매년 일정 금액을 계상하여 기금의 규모를 점진적으로 확대해가는 방법을 생각해 볼 수 있을 것이다. 뿐만 아니라, 본 기금 관련 조례를 신규로 제정할 때 당 조례에 기금 조성 루트를 다양화함으로써 기금 재정을 확대해 갈 수 있을 것이다. 이를테면 '그 밖의 수익금' 범주에 본 기금의 취지에 동의하는 여유 시민 내지는 지역의 소강 기업들의 참여를 모색해 볼 수도 있을 것이다. 또한 각 지자체에는 중소기업육성기금 등 여러 종류의 기금들을 운용하고 있는데, 목적 달성으로 인해 시한이 종료(일몰)되는 것들에 대한 정리 시 본 기금으로의 전환을 통해 기금의 자금 규모를 확대해 갈수도 있을 것이다.

본 기금의 장단점 또한 병존하는 바, 먼저 장점으로는 현행 법령과 제도 하에서 자치법규(조례 및 규칙)의 제정만으로 당장 익년도 예산편성을 통해 시행할 수 있다는 점이라 할 수 있다. 단점으로는 수신업무 부재 등 기금운용이 가지고 있는 정태성 등으로 인해 당초 기대했던 지역의 금융 약자들을 대상으로 하는 보편적 금융접근성 제공에 한계를 가질 수밖에 없다는 점이라 할 수 있다. 이 밖에 「지방자치단체 기금관리기본법」 제4조 제2항에 의해 기금운용 기간이 최대 5년으로 한시적이라는 점을 들 수 있다.[16]

다음으로 기대효과로서는, 기금이 가지고 있는 특성과 한계로 인한 제약성에도 불구하고, 갈수록 어려워져만 가고 있는 지역의 취약한 소상공인, 저소득층 영세 시민들에 대한 자금 매칭을 통해 일종의 삶의 숨통을 트이게 할 수 있다는 점이다. 이와 함께, 중앙정부의 과도한 간섭과 통제로부터 벗어나 지자체가 일정 정도의 자율적 운용을 담보할 수 있다는 점이라고 할 수 있

---

16) 지방자치단체 기금관리기본법 제4조 제2항: 기금의 존속기한은 기금의 설치목적을 달성하기 위하여 필요한 최소한의 기간으로 설정하여야 하며, 그 기간은 5년을 초과할 수 없다.

다. 이에 더하여, 지역공공은행의 성격을 띤 기금이 운영되는 동안(5년) 사회 및 정치 환경의 변화로 인해 새롭게 진일보한 법령이나 제도의 변화가 이루어질 수도 있고, 그럴 경우 그 기간을 대체하면서 경험을 축적해 갈 수 있는 실익과 장점이 있다 할 수 있을 것이다.

이에 더하여 운영상 주요 착안사항 또한 간과할 수 없는 바, 기금 형태의 대안적 지역공공은행의 성격을 유지하기 위해서는 지역의 정치적 상황에 따라 부침을 겪지 않도록 제도화하는 것이 필요할 것이다. 이를 위해 금고의 감독과 감사 등 피드백의 과정에 시민 사회적 통제시스템이 제도화 되어야 할 것이다. 이를 위해 본 기금관련 조례를 제정할 때 이러한 내용들을 함께 기초하는 과정이 수반되어야 할 것이다. 물론 실무적 운영에 있어서는, 지역의 어떠한 정치적 힘이나 지역의 기득권 세력의 영향으로부터 자유롭고 객관적으로 운영될 수 있는 환경이 보장되어야 할 것이다.

(2) 새마을금고법상 '지역금고' 형태

전술한 기금 형태의 대안 모델보다는 좀 더 역동적인 형태로서, 여신기능 뿐만 아니라 수신기능 까지를 담보하여 더 많은 금융 소외자들로 하여금 금융접근권을 확대할 수 있는 형태가 「새마을금고법」상 '지역금고' 형태라고 판단된다. 물론 여기에도 현

법령상의 제약요건들이 있긴 하지만, 이는 운영 과정 속에서 지혜롭게 극복하면서 대안 금융시스템의 형태로 모색해 볼 실익이 있을 것이다. 무엇보다도 지역금고의 인가권이 해당 지역의 지자체장에게 있기에 설립상의 용이함 같은 장점을[17] 잘 활용한다면 지역에서의 금융접근성의 양극화를 해소하는데 유용하게 작동될 것으로 사료된다.

지역금고 형태 역시 관련 법규에서처럼 공공성을 담보하는 많은 내용들을 담고 있긴 하지만, 설립발기인의 인원 하한 요건(50명),[18] 최소 회원 수의 하한 요건(100명),[19] 최대 출자좌수의 최고한도 요건(100분의15)[20] 그리고 신용업무와 공제업무는 최종 감독권자가 결국 행정안전부장관과 금융위원회 위원장이라는 점[21] 등은 운영상의 단점이자 한계라고 할 수 있을 것이다.

설립 면에 있어, 새마을금고법상 '지역금고'의 설립 인가권이 그 지역 지자체장에게 있다는 점은 일단 금융기관을 최초 설립하는데 있어서 용이한 루트일 수 있을 것이다. 나아가 동법 제2조에서 규정하고 있는 '지역금고'의 개념[22] 역시, 영업활동이 지역적으로 범주화되어 있다는 점에서, 지역공공은행의 기능상 지역적 개념과 맞닿아 있다 할 것이다. 이 역시 지역금고가 그 지

---

17) 새마을금고법 제7조 제1항
18) 새마을금고법 제7조 제1항
19) 새마을금고법 제9조 제2항
20) 새마을금고법 제9조 제4항
21) 새마을금고법 제74조 제1항 단서

역 주민을 대상으로 금융 접근성 제공을 보다 용이하게 해줄 수 있는 지역적 장점이라 할 수 있을 것이다.

또한 지역금고는 일반 시중은행처럼 여수신 업무를 동시에 가지고 있기 때문에 신용창조 기능을 활용하여 더 많은 지역민을 대상으로 더 많은 금융접근성을 제공할 수 있다는 장점이 있다 할 것이다. 따라서 현행 법령을 잘 응용하여 설립하고자 하는 지자체가 최대 출자좌수로 출연하면서 특화된 지역금고의 모습으로 지역공공은행의 대안 모델로 만들어갈 실익은 결코 적지 않다 할 것이다.

반면에 운영 과정에서 따를 수 있는 단점 또한 존재하는 바, 해당 지자체가 100% 출연을 할 수 없고, 그 외 지역민들과 함께 50인 이상 발기인을 구성하여 공동설립자가 되어야 한다는 점과 함께, 다양한 주민들이 출자 회원들로 구성되기 때문에 영업손익이 발생할 시 이에 대해 공공적 가치를 기준으로 처분권이 행사될지 여부가 물음표로 남는다는 점이라 할 수 있다. 나아가 설립 초기, 단기간에 있어 영업이익보다 영업손실이 날 경우 회원들이 손실보전을 감내할 수 있을지에 대한 것 역시 물음표로 남는 점이라 할 수 있다. 물론 이러한 점과 관련해서는, 출자 지분과 관계없이 모든 회원은 평등한 의결권을 가지기 때문에 내

---

22) 새마을금고법 제2조 제2항: 이 법에서 "지역금고"란 제1항 금고 중 동일한 행정구역, 경제권 또는 생활권을 업무구역으로 하는 금고를 말한다.

부적으로 건전한 인식 제고와 합리적 조정 및 협의의 시스템을 나름 마련할 수 있을 것으로 판단된다.[23]

하지만 무엇보다도 새마을금고법상 지역금고의 형태는 여신업무와 수신업무를 모두 할 수 있다는 데에 지역공공은행의 대안적 역할로서 매우 정합적이라 할 수 있으며 또한 이에 기반한 신용창조 기능이 지역의 어려운 소상공인이나 금융약자들에게 인내자본을 통해 금융 접근성을 더욱 확장할 수 있다는데 일 대안적 모델이라 할 수 있을 것이다.

또한 시초자금 조달에 있어서, 새마을금고법 제9조 제4항에 의거 최대 출자자의 지분 출자상한선이 100분의 30이고, 동법 시행령 제4조 제1항 제1호 '가'목에 의거 주된 사무소가 특별시 또는 광역시에 소재하는 경우 지역금고를 설립할 때의 출자 자본금(시초 자본금) 하한선이 5억 원 이상[24]이라, 광역지자체든 기초지자체든 일단 이를 설립하려는 지자체가 시초 자본금을 출연하는데 있어서는 큰 문제가 없을 것으로 판단된다. 하지만 설립하려는 각 지자체 내의 금융 약자들의 자금수요에 충분한 매칭과 공급이라는 차원에서는 시초 자본금의 규모를 어느 정도 할 것인가가 또 다른 판단의 문제로 남는바, 이는 설립하려는 각 지자체의 판단과 결정의 문제라고 사료된다. 뿐만 아니라 50인

---

23) 새마을금고법 제9조(회원과 자본금) 제5항: 회원은 출자좌수에 관계없이 평등한 의결권과 선거권을 가진다. 다만 ~
24) 새마을금고법 시행령 제4조 제1항 제1호 '

의 발기인과 100명 이상의 회원 모집에 대해서는, 설립하려는 각 지자체가 이후 지역사회에 그 취지와 목적을 충분히 알려내는 과정을 통해 해소할 수 있을 것으로 판단된다.

본 지역금고 형태 역시 장단점이 존재하는 바, 장점으로는 위에서 이미 언급하였듯이 인가권자가 당해 지역 지자체장으로 설립인가가 비교적 용이하다는 점, 금융서비스 제공 범주의 지역성으로 인해 지역 내 주민들의 금융접근성이 보다 용이할 수 있다는 점, 나아가 여수신 기능을 동시에 가지기 때문에 일반 시중은행처럼 신용창조를 할 수 있고 이에 따라 더 많은 자금으로 지역 내 더 많은 주민들에게 인내자본으로 금융접근성을 확대할 수 있는 잠재력이라 할 수 있을 것이다.

단점으로는 설립발기인의 수적 하한 요건(50명), 최소 회원 수의 하한 요건(100명), 최대 출자좌수의 최고한도 요건(100분의15) 그리고 최종 감독권자가 결국 행정안전부 장관과 금융위원회 위원장이라는 점 등은 운영상의 단점으로 노정되는 점이라 할 수 있다. 특히 신용사업과 공제사업에 대해서는 주무장관인 행정안전부장관과 금융위원회의 감독을 받기 때문에[25] 인내자본의 운영이나 관계형 금융을 자율적으로 실현하는데 제약성이 따를 수 있을 것이다. 더하여 출자좌수 최고한도 요건(100분

---

25) 새마을금고법 제74조(감독) 제1항: ~, 다만, 신용사업과 공제사업에 대해서는 주무장관이 금융위원회와 협의하여 감독한다.

의 15)으로 인해 출자하려는 해당 지자체가 전액 출연할 수 없고 15%까지만 출연이 가능한 점은, 이후 지역금고 운영의 방향성을 결정하거나 영업 손익의 공공적 처분권을 행사하는데 한계가 있을 것으로 판단되는 점이기도 하다. 물론 출자 지분과 관계없이 모든 회원은 평등한 의결권을 가지기 때문에, 내부적인인 협의의 시스템을 통해 건강한 결정과 방향성을 지향할 수 있으리라 판단된다.

다음으로 본 지역금고 형태의 기대효과로서는, 여러 번 강조되었듯이 무엇보다도 여신기능과 수신기능을 모두 가지고 있기 때문에 이 기능이 다른 단점들을 보완하거나 상쇄시킬 수 있는 장점일 수 있고, 이는 다름 아닌 신용창조를 통해 이후 자금력과 규모를 빠르게 확장할 수 있는 잠재적 역량과 기능으로 발휘될 수 있다는 점이라 할 수 있을 것이다.

이에 더하여 운영상 주요 착안사항 또한 간과할 수 없는 바 '지역금고'의 형태 역시 지역공공은행의 대안적 시스템으로서, 높은 공공성을 담보하고 나아가 지역의 정치적 상황에 따라 부침을 겪지 않도록 제도화하는 것이 필요하다고 사료된다. 이를 위해 지역금고의 감독과 감사 등 피드백의 과정 시 특히 영업 이익이나 영업 손실의 처리 및 결정에 있어 내부 회원들의 현명한 혜

안과 함께 시민 사회적 통제시스템도 함께 병행되어야 할 것으로 사료된다. 법령상 회원들의 개별 의결권이 물론 규정되어 있긴 하지만, 시민 사회적 통제시스템은 지역금고의 운영 및 결정 사안에 있어 더욱 공공성을 담보하기 위해 지혜롭게 보완해야 할 사안이라고 사료된다.

물론 실무적 운영에 있어서는, 지역의 어떠한 정치적 영향이나 혹은 지역의 토착 기득권 세력으로부터 자유롭고 객관적으로 운영될 수 있는 환경이 보장되어야 할 것이다.

(3) 지방출자출연법상 '지방금융공사' 형태

다시금 부연하지만 우리의 현 법령과 제도 하에서는 아직 노스다코타은행처럼 제대로 된 지역공공은행을 설립할 수 있는 기반이 미비한 것이 사실이다. 하지만 위의 두 가지(기금, 지역금고) 형태의 경우처럼 현존 법체계 하에서의 가능한 또 다른 대안 모델을 탐색해 볼 수 있을 것이다. 이에 2020년에 제정된 「지방자치단체 출자·출연 기관의 운영에 관한 법률」(약칭: 지방출자출연법)이 허용하는 범위에서[26] 역시 지역공공은행을 모색해 볼 수 있을 것이다. 동법 제4조 제1항에 의거[27] 지방자치단체가 전

---

26) 동법 제4조 제1항 제2호 : 지역주민의 소득을 증대시키고 지역경제를 발전시키며 지역개발을 활성화하고 촉진하는 데에 이바지할 수 있다고 인정되는 사업

액 출자 내지는 지방자치단체 외의 자와 공동으로 출자·출연하여 법인을 설립할 수 있는 바, 이에 따라 소위 '지역금융공사' 란 명명으로 그 설립을 그려볼 수 있을 것 같다. 지자체가 출자하여 설립할 수 있는 또 다른 형태의 조직은 「지방공기업법」에 근거한 지방공사나 지방공단이 있지만, 이는 그 설립 목적과 요건 등이 동법 제2조에 열거되어 있는 바, 주민의 복리증진의 범주에 서민을 위한 공적금융과 관련된 내용은 존재하지 않는다.[28] 따라서 위 두 가지 형태 외에 지방출자출연법에 의한 제3의 대안적 지역공공은행, 소위 '지역금융공사' 형태를 통해 지역의 어려운 서민들에 대한 금융배제 해소와 금융접근의 양극화를 해소하는 기제로 활용할 수 있을 것이다. 그러나 이 형태 역시 자본형성 면에 있어서는 지자체의 전액 혹은 일부 출자의 형식으로 그 탄탄한 하드웨어적인 면을 갖췄음에도, 현 은행법 등에 의한 제

---

27) 동법 제4조 제1항 : 지방자치단체는 다음 각 호의 어느 하나에 해당하는 사업을 효율적으로 수행하기 위하여 자본금 또는 재산의 전액을 출자 또는 출연하거나 지방자치단체 외의 자(외국인 및 외국법인을 포함한다)와 공동으로 출자하거나 출연하여 「상법」에 따른 주식회사나 「민법」 또는 「공익법인의 설립·운영에 관한 법률」에 따른 재단법인을 설립할 수 있다.

28) 지방공기업법상 공기업 설립 목적에 해당하는 사업의 범주 : 1. 수도사업(마을상수도사업은 제외한다) 2. 공업용수도사업 3. 궤도사업(도시철도사업을 포함한다) 4. 자동차운송사업 5. 지방도로사업(유료도로사업만 해당한다) 6. 하수도사업 7. 주택사업 8. 토지개발사업 9. 주택(대통령령으로 정하는 공공복리시설을 포함한다)·토지 또는 공용·공공용건축물의 관리 등의 수탁 10. 「도시 및 주거환경정비법」 제2조제2호에 따른 공공재개발사업 및 공공재건축사업

약으로 말미암아 수신기능의 부재로 그 불완전성이 내재해 있는 한계를 전제하지 않을 수 없다. 이는 차제에 현행 은행법 개정 등을 포함하여 지자체 업무 영역의 확대를 통한 자치분권의 확대가 필요한 부분이라고 할 수 있을 것이다. 물론 다음 절에서 언급하겠지만, 이와는 별도로 지역공공은행을 설립할 수 있는 특별법을 제정하는 방안도 또 한편으로 그 모색의 가능성을 타진할 필요가 있을 것이라 사료된다.

이 모델에 있어 시초자금 조달 방식은 위에서 이미 언급했듯이, 지자체가 전액 출자. 출연 내지는 지역공공은행의 취지에 동의하는 그 외의 자와 공동출자 하는 방식을 취할 수 있을 것이다. 지자체 입장에서 좀 더 구체적인 조달방법을 생각해 보자면, 일단 설립하려는 지자체의 익년도 지출예산에 관련 출연금 항목을 설정 및 계상 후 전액 내지는 일부 출자 후, 그 외 운용자금에 있어서는 매년 지출예산의 자본이전 항목이나 출자. 출연항목에서 점진적으로 이전해가는 방식 등으로 이후 운용자금의 조달 방법을 다각도로 모색할 필요가 있을 것이다. 이는 본 금융공사의 수권자본을 보전할 때까지 매년 세출 항목으로 운용자금을 배분 계상하여 보전하는 방식을 취한다면 보다 안정된 운용자금을 확보해 나가리라 판단된다. 물론 처음 조직을 설계할 때, 설립하려는 지자체 내의 금융약자들에 대한 자금수요 매칭에 공급될 수 있는 규모의 수권자본금과 운용자금의 추산은 해당 지자체의 세밀한 연구와 분석이 수반되어야 할 것이다.

물론 본 금융공사의 모델 역시 장단점이 존재하는 바, 먼저 장점으로는 지자체의 출자. 출연금으로 시초자금을 조달한다는 차원에서, 즉 자본금 형성의 차원에서 위 두 가지 형태의 모델보다는 자본구조의 안정성과 규모 면에서 튼튼할 수 있다는 점을 들 수 있을 것이다. 아울러 자본형성 루트면으로 볼 때 일반적으로 정형화한 외국의 지역공공은행과 하드웨어적인 면에 가장 근접한 형태라는 점을 들 수 있을 것이다. 물론 수신업무와 관련해서는 현행 은행법 등에서 제약요인이 존재하는 것이 현실인 바, 이 점이 단점이라고 할 수 있으며 이에 대한 보완 및 개정을 향한 지역력과 시민력 나아가 정치 사회적 힘의 뒷받침 속에 이후 관련 법령과 제도가 보완되어야 하리라고 본다.

또한 이 모델에 대한 기대효과로서는, 이 역시 아직은 지역공공은행의 대안적 모델이긴 하지만, 지역금융공사의 설립 자체만으로도 많은 상징성과 함께, 이후 지역민. 특히 지역의 금융약자들의 인식 제고와 사고의 전환을 촉발하여 온전한 지역공공은행 출현의 전구체적 조직이 될 수 있다는 점을 들 수 있을 것이다. 모든 조직이나 제도가 그렇듯이 온전한 출현과 정착이 이루어지기 위해서는 반드시 사전단계의 과정을 거치는 것이 통례이다. 이에 아직은 우리의 현실의 법과 제도가 온전한 지역공공은행을 설립할 수 있는 조건은 아니지만, 지역금융공사 형태의 사전단계의 조직을 설립 운영하는 그 자체만으로도 이후 온전한 지역공공은행의 설립을 위한 초석이 될 것이라 생각한다.

지역금융공사 형태 역시 운영상의 착안사항으로서, 위 두 가지 모형에서와 같이 지역공공은행의 대안적 시스템으로서의 공공성을 담보하고 나아가 지역의 정치적 상황에 따라 부침을 겪지 않도록 제도화하는 것이 필요할 것이다. 이를 위해 지역금융공사의 운영 및 감독과 감사 등 피드백의 과정 시 높은 공공성을 지키기 위해 그 자체 운영메커니즘 외에 시민 사회적 통제시스템이 반드시 제도화 되어야 할 것으로 본다. 물론 실무적 운영에 있어서는 역시 지역의 어떠한 정치적 영향력이나 혹은 지역의 토착 기득권 세력으로부터 자유롭고 객관적으로 운영될 수 있는 환경이 보장되어야 할 것이다.

6. 우리 현실에서 온전한 지역공공은행이 설립되기 위한 경로

수익 원리주의에 빠진 신자유주의 금융시스템의 폐해에 대한 비판이 날로 고조되고 있다. 이에 금융 독점자본에 대한 통제 수단으로서 지역공공은행의 필요성은 더욱 제기되고 있고 바야흐로 이는 전국적 담론으로 부상하고 있다. 그러나 정작 이러한 금융 독점자본을 제어하고 통제할 수 있는 우리의 법적 제도적 현실은 매우 미비하고 척박한 것이 또한 엄연한 현실이다. 모든 상황이 어려워져만 가고 지역 간 편차와 지역 내 양극화는 날로 심화되어 감에도 시중 은행권들은 소위 '돈 잔치'라는 풍자 섞인 말을 들을 정도로 막대한 금융수익을 쌓아가고만 있다. 그러기에 이러한 모순된 구조에 균열을 내고 금융 독점자본을 상대화하면서 이를 통제할 수 있는 새로운 금융 패러다임은 더욱 절실해지고 있다. 본 장에서 몇 가지 대안적 모델들을 제시해봤지만, 이는 척박한 우리의 법제도적 현실의 순응 하에서 그저 최소한의 대안적 모델을 탐색해봤을 뿐이다. 이것이 온전한 지역공공은행으로서의 기능을 담보한다거나 심각한 지금의 금융현실을 바꿀 수 있는 것은 아니다. 진정으로 지금의 금융현실을 바꿔내고 어려워져만 가는 지역을 살리고 지역공동체를 복원해내기 위해서는 온전한 지역공공은행이 요긴하다. 이에 심각한 현실을 바꿔내기 위해서는 아래로부터의 지역력도 필요하겠지만 무엇보다도 척박한 우리의 법제도적 현실을 빨리 바꿔내야 한다. 이와 관련한 방법론적 루트는 여러 가지가 있겠지만 제반 법적. 현실적 실익의 차원에서 볼 때 특별법이라는 신속하고 새로운 발상이 필요하리라 본다. 지역주의적으로 금융독점자본을 통제하며 지역을 회생시킬 수 있는 수단으로서의 지역공공은행을 특별법의 형태로 제도화 해 볼 실익은 지금의 상황에서 매우 크다 하지 않을 수 없다. 여기에 채워 넣는 내용에 있어서도 본고에서 일관적으로 주장해왔던 형태로서, 지자체가 전액 출자하고 시민사회가 주요 의사결정 주체로 참여하는 이른바 민주적이고 공공적으로 운영되는 협치(Co-Product) 방식의 지역공공은행을 상정해 볼 수 있을 것이다. 최근 모 국회의원 캠프에서 이와 같은 지역공공은행의 설립과 관련한 발의를 준비 중에 있다는 전언이 있다. 이는 매우 고무적인 일이라고 생각된다. 지역공공은행의 설립에 대한 필요성과 당위성은 이제 더 이상 재론의 여지가 없는, 시대 적합성의 필요충분조건이라 하지 않을 수 없다.

7. 맺으며

인간의 얼굴을 잃은 대형 시중 금융자본은 지역을 자본 증식의 대상으로만 삼으며, 지역의 시중은행 지점에 예치된 지역민들의 예치금마저도 수도권 등 최대의 이윤을 낳는 통로로 유출시키고 만다. 이로써 지역은 피폐되고 파괴되어 간다. 이러한 현실을 여전히 외면한 채, 우리의 법령 등 제도적 상황도 지금의 심각한 지역적 현실을 전혀 반영하지 못하고 있다. 지역민의 삶과 중요하게 맞닿아 있는 금융정책을 더욱 일국 중심의 패권적 인식 속에서 독점 금융자본 중심으로 쥐락펴락 하고 있다. 금융 감독당국 또한 지역의 현실과 전혀 무관하게, 금융의 공공성을 무시한 채 오직 대형 금융자본의 수익성과 안전성에만 방향의 초점이 맞춰져 있다. 그래서 이제는 이러한 금융 대자본, 금융 독점자본에 대한 통제의 수단이 필요하다. 이는 지역으로부터, 지역주의적으로 발휘되는 금융 독점자본의 통제 메커니즘이자 나아가 금융의 지역주의적 공공성을[29] 담보하는 정책적 시민 실천적 전략의 일환이기도 하다. 이제 바야흐로 신자유주의 금융시스템에 대한 대항이자 대안 금융이라 할 수 있는 지역공공은행에 대한 담론들이 전국적으로 확산되고 있다. 이에 대한 좀 더 구체적이고 실현 가능한 논의와 실천행동들이 질적으로 양적으로 더욱 풍성해졌으면 하는 바람이다. 아울러 빠른 시일 내에 그 실현을 지역적 통제의 힘으로 함께 전취하기를 희망해 본다.

---

29) 본 고 서문 양준호의 「대안으로서의 '지역순환경제' : 지역공공은행」를 참조하라

[참고문헌]

양준호(2023), 정의정책연구소 제안문
　　　　　'위기의 지역경제, 그 새판 짜기를 위한 지역공공은행'
양준호 외(2022), '후기산업사회연구'(창간호, 제1권 제1호)
　　　　　인천대학교후기산업사회연구소
양준호(2022), '지역경제 활성화를 위한 방법론으로서의
　　　　　미국 지역재투자법'
　　　　　: 지역금융의 '사회적 조정'에 초점을 맞춰,
　　　　　인천학연구 36(2022.2)
윤효중(2022), '지역공공은행 필요성과 설립에 대한 에세이'
　　　　　후기산업사회연구 제1권제1호(2022.02.28.) pp105-128
박창규.양준호(2022), 지역순환경제 구축 방법론으로서의 사회적 경제
　　　　　: 지역 내'사회적저정을 통한 민주적 계획경제의 가능성
　　　　　(후기산업사회연구 제1권 제1호, p39-72)
양준호(2021), 기본소득전국네트워크(BIKN) 강의자료.
　　　　　'지역순환경제란 무엇인가？
　　　　　(2021.9.11., 2021.9.18., 2021.9.25., 2021.10.02.)
양준호. 신규철. 남창섭(2021), '지역화폐가 대안이다' 인천출판사
양준호(2021.7.27.), '부산형 지역공공은행을 제안한다
　　　　　: 금융배제 심화와 '시민주도형 대안금융'에 초점을 맞춰
　　　　　(부산시의회/지역순환경제포럼/부산참여연대 주최 토론회 발표자료)
이상헌(2022), 대안으로서의 "지역순환경제"에 대한 일 고찰
이상헌(2022.10.06.),「광주광역시 '지역공공은행' 설립방안」발제자료
김병조 외(2020). '뉴머니 지역화폐가 온다'다홀미디어
김용재(2020),'지방자치단체의 공공은행 설립과 관련한 법률적 제언'
　　　　　미국의 North Dakota 은행을 모델로 하여
　　　　　(경영법률 제31집 제1호)
니시베 마코토 저. 이홍락 역(2006), '우리끼리 만들어 쓰는 돈'돈키호테
양준호(2020) '지역공공은행을 제안한다' 인천일보, 2020.10.8.
이점순.양준호(2020), 지역화폐의 의의 및 그 활성화 방안에 관한 연구
　　　　　: 국내외 지역화폐 사례를 중심으로

인천대학교 경제학과 양준호 교수팀(2021.9.), 소상공인 금융소외자 금융접근성 확대를 위한 연구과제 최종보고서
양준호(2020) '지역공공은행을 제안한다' 인천일보 칼럼 [목요논단] (2020.10.08.)
한국일보(2019)'공공은행 설립 허용' 가주법 확정 (한국일보 기사 2019.10.04.)
오카다 도모히로 저, 양준호/김우영 역(2016), '지역 만들기의 정치경제학' 한울아카데미

참고한 관련 외국 인터넷 싸이트

Public Banking Institute. https://publicbankinginstitute.org/,
https://publicbankinginstitute.org
https://cles.org.uk/, https://community-wealth.org
https://ilsr.org/rule/bank-of-north-dakota-2/

7

지역순환경제와 지방·주민자치

고광용

지역순환경제와 지방·주민자치[1]

고 광 용
고창군 베리앤바이오식품연구소
지역발전전략팀 주임연구원

1. 민주화 이후의 지방자치 30년, 절망의 현실: 지역격차와 지역소멸

지방자치는 흔히, '풀뿌리 민주주의'라 불리며 민주주의와 긴밀한 관계를 갖는다. 지방자치는 지방분권 구조가 서비스 제공과 업무수행 면에서 보다 효율적이고, 주민 요구에 더 민감하게 반응함으로써 지역주민의 삶의 질을 높이기에 민주주의를 공고화 시킨다는 의의를 갖는다. 박정희 정권이 1961년 5.16 쿠데타와 함께 무기한 전면 중단시켰다 1987년 민주화 이후 부활한 것이 지방자치다. 민주화의 상징 김대중 대통령이 '지

---

[1] 본 고는 인천대학교 후기산업사회연구소 발간 학술지 『후기산업사회연구』 창간호(제1권 제1호)에 게재된 "지역소멸 대응을 위한 지방정부 주도 지역경제회생 전략 연구" 논문의 내용을 토대로 수정 및 보완한 글입니다.

자제 없는 민주화'는 인정할 수 없다며, 정치생명을 건 투쟁 끝에 부활된 것을 우리 역사는 또렷이 기억하고 있다. 1991년 지방의원 선거, 1995년 지방자치단체장 선거와 함께, 지방자치가 시작되어, 현재 30년이 지난 시점에 지방자치의 제도화 및 성숙 단계에 이르면서도 많은 한계와 과제를 남기고 있다. 특히 수도권-비수도권 간 격차는 더 심화되고 비수도권 지역 쇠퇴·소멸은 절체절명의 난제이자 국가적 의제로 등장하고 있다.

절망의 지역격차와 인구감소

2020년을 기점으로 수도권 인구가 비수도권 인구를 추월했다. 특히, 경기·인천 지역 중심으로 격차를 벌려가고 있다. 전체 인구의 2명 중 1명은 수도권에 거주하고 있고, 4명 중 1명은 경기도에, 5명 중 1명은 서울에 거주하고 있다고 보면 된다. 2021년 10월 기준 경기도 인구는 약 1,354만 9,577명으로 전체 인구 5,166만 2,290명 중 26.2%로, 전체 인구의 1/4을 이미 넘어섰다(통계청, 2021). 통계청 장래인구추계(2019)에 따르면 수도권 인구가 2020년 50.1%, 2030년 51.0%, 2040년 51.4%, 2045 51.6%를 차지해 점차 증가할 것이라고 전망했다. 이상호(2021) 역시 수도권 인구 유입이 70년대 이후 감소 추세 였으나, 2010년대 중반부터 다시 증가하고 있다고 분석한 바 있다.

수도권 지역의 경우 서울 인구는 여전히 20~30대가 유입되고 있지만 감소하는 한편, 경기와 인천은 상대적으로 집값이 저렴하고 서울 접근이 가능한 정주 여건 탓에 서울 인구가 분산되면서 인구가 증가하고 있다. 반면, 비수도권 지역의 경우 광역시는 대구·울산, 도는 강원·경북·전북·전남 등을 중심으로 집중적인 인구 감소와 소멸이 진행 중이다. 특히 중소도시 지역은 인구감소를, 농어촌 지역은 인구소멸이 진행되고 있다.

〈표 1〉 수도권/비수도권·시도별 인구 추이/장래인구 중위 추계(단위: 천명)

시도	2000	2010	2020	2021.10	2030	2040	2045
	주민등록인구 추이				장래인구추계		
전국	47,733	50,516	51,829	51,662	51,927	50,855	49,574
서울	10,311	10,313	9,668	9,532	9,156	8,731	8,451
인천	2,546	2,758	2,943	2,945	3,031	3,031	2,978
경기	9,219	11,787	13,427	13,550	14,294	14,388	14,139
수도권	22,076	24,857	26,038	26,027	26,481	26,150	25,568
부산	3,797	3,568	3,392	3,356	3,113	2,887	2,743
대구	2,524	2,512	2,418	2,391	2,284	2,138	2,043
광주	1,372	1,455	1,450	1,442	1,419	1,340	1,287
대전	1,386	1,504	1,464	1,454	1,438	1,386	1,345
울산	1,040	1,126	1,136	1,123	1,099	1,035	989
세종	-	-	356	368	484	564	587
강원	1,555	1,530	1,543	1,538	1,519	1,513	1,487
충북	1,498	1,545	1,601	1,597	1,674	1,678	1,651
충남	1,922	2,076	2,121	2,119	2,320	2,357	2,336
전북	1,999	1,869	1,804	1,790	1,718	1,654	1,607
전남	2,131	1,918	1,852	1,835	1,715	1,669	1,631
경북	2,797	2,690	2,639	2,628	2,591	2,499	2,421
경남	3,094	3,291	3,340	3,318	3,321	3,198	3,090
제주	542	571	675	677	751	787	787
비수도권	25,656	25,658	25,791	25,635	25,446	24,705	24,004

자료: 통계청(2021), KOSIS, 주민등록인구; 통계청(2019), 장래인구추계 시도편.

절망의 지역소멸

하혜영·김예성(2021)의 광역·시·도별 소멸위험 단계별 시군구 수/읍면동 수 분석 결과를 보면, 108개/1,791, 약 47%/50% 지역이 즉, 전국의 시·군·구와 읍·면·동에서 2곳 중 1곳이 소멸 위험지역인 것이다. 〈표 2〉에서 제시한 것과 같이 소멸위험 지역 비율은 강원(88.9%/75.8%), 경북(82.6%,/81.9%) 전북(78.6%/81.9%), 전남(77.3%/85.4%), 충남(73.3%/76.1%), 충북(72.7%/69.3%), 경남(72.2%/72.6%) 순으로 높았다. 비수도권 가운데 부산과 대구는 시·군·구 수 기준 소멸위험도는 낮았지만, 읍·면·동 수 기준 소멸위험도는 10곳 중 3~5곳이 위험지역으로 나타나 읍·면·동 지역별로는 소멸위험도가 큰 것으로 나타났다. 예상대로 비수도권은 심각한 것으로 나타난 반면, 서울(0%/0.0%), 경기(16.1%/21.6%), 인천(30%/27.0%) 등 수도권은 낮게 나타났다. 인천의 경우 수도권이지만, 10곳 중 3곳이 위험지역인데 전국적으로는 낮은 편이지만, 강화·옹진 등 군 단위 중심의 소멸위험률은 높은 편이다.

즉, 2020년을 전후하여 수도권과 비수도권 인구 변화 및 지역 소멸위험도 분석 결과, 비수도권 지역은 인구감소(중소도시)와 지역소멸(농어촌)이 가속화되고 수도권과의 격차 또한 커지고 있다. 그렇기에 비수도권 지방자치단체들의 공통적 고

<표 2> 광역시도별 소멸 위험지역 비율(2021년 8월 기준, 단위: 개, %)

수도권 여부	광역 시도	4단계 소멸위험지역(시군구수/읍면동수) 소멸위험진입	5단계 소멸위험지역(시군구수/읍면동수) 소멸고위험	소멸위험 지역비율*	소멸위험도 (30%기준)
수도권	서울	0/14	0/0	0.0/0.0	낮음
	경기	5/87	0/32	16.1/21.6	낮음
	인천	3/24	0/19	30.0/27.0	보통
비수도권	부산	4/92	0/7	25.0/48.3	보통/높음
	대구	1/46	0/1	12.5/32.9	낮음/보통
	광주	0/19	0/4	0.0/23.7	낮음
	대전	0/13	0/3	0.0/20.3	낮음
	울산	0/8	0/3	0.0/19.6	낮음
	세종	0/7	0/2	0.0/45.0	일부높음
	강원	16/66	0/81	88.9/75.8	매우높음
	충북	5/31	3/75	72.7/69.3	매우높음
	충남	7/36	4/123	73.3/76.1	매우높음
	전북	5/60	6/135	78.6/80.2	매우높음
	전남	7/56	10/220	77.3/85.4	매우높음
	경북	10/68	9/213	82.6/81.9	매우높음
	경남	6/64	7/161	72.2/72.6	매우높음
	제주	0/20	0/1	0.0/48.8	일부높음
합계	합계	69/711	39/1080	47.2/50.4	높음

주: 각 지역 소멸위험(4~5단계) 시·군·구 수/읍·면·동 수 비율 / 자료: 하혜영·김예성(2021).

민과 대책은 주로 지역 청년고용 정책, 인구회복 및 지역경제 회복 전략 등이다. 최근의 지역경제회복 전략 설정에 있어서 중요한 변화는 외생적 천수답 전략은 한계에 직면하였으며, 내생적 발전 전략으로 변했다는 것이다(OECD, 2008; 배규식, 2021). 내생적 발전 전략의 핵심 변화는 지역 내에서 제대로 활용되지 못하고 있는 다양한 잠재적 자원의 활용, 지역경제회복 주체가 지자체와 지역 소재 기업뿐만 아니라 지역 내 시민사회와 지역공동체의 역할이 중요해지고 있다는 점이다.

이와 관련하여 각 지역들이 지역경제회복 전략을 고민할 때 지역 유형 및 산업특성을 고려하지 않고, 외부 성공사례를 그대로 벤치마킹하면서 실패를 양산하고 있기도 하다. 따라서 지역유형 및 산업특성을 고려한 전략모델의 설계, 현행 균형발전 재정정책 및 지원방식의 개선도 요구된다. 그래서 1)지방자치 30년의 성과와 한계, 2)지역소멸 대응 및 지역경제 회복을 위한 민관협력 지방거버넌스의 역할, 3)주민자치형 민관거버넌스 주도 국내·외 지역경제회복 성공사례 분석, 3)지역경제회복 전략모델 제안을 해보고자 한다.

2. 지방자치 부활 30년, 성과와 한계

지방자치의 핵심은 지방분권과 주민참여에 있다는 것은 주지된 사실이다(이승종, 2005). 그래서 모든 정부는 지방분권 수준을 높이고 시민참여 증대를 위한 여러 정책과 제도를 도입하였다. 1991년 지방자치 부활 30년의 성과와 한계를 검토해 볼 때가 됐다.

지방분권화 성과와 한계: 지역경제·지역공동체 동시 위기

지방분권화 작업은 김대중 정부 이후에 중앙정부가 갖고 있는 권한과 기능을 분배 및 이양하는 것으로 매 정권마다 지속적으로 실시하였다. 1991년 총무처에 '지방이양합동심의회'를 설치 운영하여 이양대상 사무를 연 1회 조사 및 발굴하고 합동으로 심의하였다. 그러나 비법정기구였기 때문에 참여가 소극적이어서 실질적인 지방분권화에는 한계가 있었다. 이 문제를 극복하기 위해 김대중 정부는 2000년도에 최초로 법적근거를 마련하고 심의·의결기구인 '지방이양추진위원회'를 신설했고, 노무현 정부는 역대 정부 중 가장 강력한 지방분권의 가치를 갖고 역점적으로 추진하였다. 지방분권을 견인할 기구로써 대통령 직속의 '정부혁신지방분권위원회'를 설치하여 기능 및 사무이양을 가속화 하였다. 이명박 정부는 지방분권촉진위원회를, 박근혜 정부는 지방자치발전위원회를 운영했다. 문재인 정부는 2018년 3월 지방자치분권 및 지방행정체제에 관한 특별법을 공포하고 현행 자치분권위원회를 출범 운영하고 있다.

역대 정부의 지방분권화 성과와 한계를 요약하면 다음과 같다(고광용, 2015; 행정안전부 보도자료, 2020.12.09.). 첫째, 사무, 인사, 재정 분권 모두 향상된 결과를 가져왔다. 특히 사무배분 실적과 자치사무 비율 상승은 비약적이었으며 인적 분권을 위한 자치인사권 강화작업도 강도 높게 이루어졌다. 그러나 지방사무 비율 및 지방세 비율의 획기적 개선은 이루지 못했으며 재정분권 수준도 소폭 향상에 그쳤다. 둘째 자치행정권 차원의 제도변화는 크지 않았다. 또한, 시군구의 위법 처분·부작위에 대해 국가가 시정·이행 명령이 불가했으나, 2020년 말 지방자치법 전부 개정으로 국가가 보충적으로 시군구의 위법 처분·부작위에 시정·이행 명령이 가능해지면서 자치행정권이 일부 후퇴했다. 셋째 각 차원별 중앙정부와 지방정부 간 구조적 관계를 나타내는 국가사무 대 지방사무 7:3(현재 68:32), 국세 대 지방세 8:2(현재 76:24)의 구조는 크게 변화되지 않았다. 지방소비세·지방소득세 도입·확대, 탄력세율 및 지역자원시설세 과세대상 확대 등 지방세 확대 노력을 기울이긴 했으나, 과세자주권 등 자치권의 획기적 변화가 없는 한 중앙에 대한 지방 종속, 사무와 조세수입의 절대적 열세는 개선되지 않을 것으로 보인다(고광용, 2015; 행정안전부, 2017). 이러한 지방분권의 구조적 한계를 더 살펴보면, 전체적으로 지방자치법과 지방세법 등에 의한 법·제도적 제약이 가장 크게 나타난다. 법으로 이미 정해진 국가사무와 지방사무의 범위 및 기준, 국세와 지방세의 세목과 각각의 과표와 세율 등은 변화되지 않고 유지되고 있다. 현행 재산세 중심의 지방세제 하에서 지자체의 지방세 확충 노력은 분명한 한계가 있다. 인사분권의 경우 중앙정부는 기구 및 정원 승인권을 주는 대신 총액인건비제와 전국적으로 균일한 호봉 및 성과급제를 통해 통제를 가하고 있다. 둘째, 세입분권의 경우 사회경제적 요인에 의해 대부분 결정된다. 조세는 인구, 소득, 지역경제, 부동산 등에 의해 거시적 수준이 결정되어 구조화된 국세·지방세 비율, 전국의 불균등한 세수 분포, 지자체 세제 확충 노력의 한계 등이 나타난다. 셋째, 재원중립 원칙과 기획재정부의 지방분권에 대한 보수적이고 비판적인 시각 또한 지방분권화 성과에 큰 제약요인으로 나타났다. 넷째, 상당수 지자체들의 여전한 전문성 부족 및 방만한 운영으로 지방자치에 대한 주민만족도도 저조한 현실이다('15, 지방행정연구원 주민만족도 조사 결과, 지방의원 23.5%, 단체장 31%, 지방공무원 32.2%).

마지막으로 지난 9년 전국 GRDP 평균 실질성장률(통계청)은 2.4%에 불과하며, 비수도권 지역의 경우 2% 이하, 2020년 마이너스 성장률로 만성적 저성장에 따른 지역일자리 감소 등 지역경제 위축과 소멸, 지역공동체 해체 위기에 직면해 있다.

껍데기만 남은 주민자치: 실효성·효능감의 지속적 저하

지자체 주민은 관할지역에서 법적으로 행정서비스의 수혜 권리 및 선거권을 자연적으로 갖지만, 지방자치제 운영과정에서 이러한 권리 수준에 그친다면 주민 의사가 지자체와 지방의회에 잘 전달된다는 보장이 없으며 풀뿌리 민주주의의 실현 및 실질적인 지방거버넌스 구현도 어렵다. 그래서 현행 지방자치제는 단계적으로 주민투표제(지방자치법 1994년, 주민투표법 2004년 1월), 조례 제정·개폐청구제도(1999년 8월), 주민감사청구제도(1999년 8월), 주민소송(2005년 1월), 주민참여예산제(2005년 8월), 주민소환제(2006년 5월) 등 다양한 주민직접참여제도를 도입·운영하고 있다(지방자치법 제17조~22조, 25조; 지방재정법 제39조).

아래 표는 최근 10년 연도별 주민투표, 주민소환, 주민소송 운영 현황이다. 주민투표 실시 9건(미개표2건)/각하 2건, 주민소환 실시 4건(모두 미개표)/서명미달 34건, 주민소송 진행중 6건/각하·패소 종결 12건으로 그 실적이 대단히 저조하다. 전체적으로 형식적·소극적 운영으로 활용성과가 미흡하고, 무엇보다 청구요건이 엄격하다는 비판에 직면해 있다(윤광진·고광용, 2017). 주민투표는 국가사무나 국가위임사무에 대한 투표 제한 등 투표금지 대상이 많고, 청구요건과 개표요건이 33%로 엄격한 상황이다. 주민소환은 모두 미개표, 서명미달 서명부미제출이 34건으로 개표요건 및 소환 발의 정족수가 지나치게 높고, 법령상 청구사유 제한요건이 없어 정치적 악용이나 남용 가능성이 크다는 문제도 제기되고 있다. 주민소송은 각하 혹은 패소 종결이 대부분인데, 소송과정의 복잡성, 장시간 소요, 주민참여 저조 등에 기인한다. 그 외 주민조례 제·개폐·청구제도는 엄격한 청구요건 및 청구대상 제한, 연서명 모집 어려움 등이 문제다.

<표3> 최근 10년(2011~2020) 주민투표·주민소환·주민소송 운영 현황

연도	주민투표	주민소환	주민소송
2020	실시: 1건(미개표)	실시: 0건/진행중: 2건 서명미달: 6건/철회: 3건	진행중: 1건
2019	실시: 2건(개표)	실시: 1건(미개표1) 서명미달: 7건/철회: 3건	진행중: 1건
2018	실시: 0건	실시: 0건	진행중: 1건 주민패소·종결: 2건
2017	실시: 1건(개표)	실시: 0건/서명미달: 2건	진행중: 0건 주민패소·종결: 2건
2016	실시: 0건	실시: 0건 서명미달: 5건/철회: 1건	진행중: 1건 주민패소·각하 종결: 2건
2015	실시: 0건 서명인미달 각하: 1건	실시: 0건/서명미달: 6건 /철회: 2건/궐위: 1건	진행중: 0건 주민패소·종결: 5건
2014	실시: 0건 서명인미달 각하: 1건	실시: 0건	진행중: 0건
2013	실시: 1건(개표)	실시: 0건 서명미달: 4건/철회: 3건	진행중: 1건
2012	실시: 2건(개표)	실시: 1건(미개표1) 서명미달: 5건/철회: 2건	진행중: 1건 주민패소·종결: 1건
2011	실시: 2건(개표1, 미개표1)	실시: 2건(미개표2) 서명미달: 3건/철회: 2건 궐위: 1건	진행중: 0건
총	실시: 9건(미개표2건) 각하: 2건(서명미달)	실시: 4건(미개표4건) 서명미달: 34건	진행중: 6건 각하·패소 종결: 12건

주: 미개표는 투표율 33.3%(1/3) 미달, 자료: 행정안전부 내부자료 취합 정리.

또한, 기본적으로 참여제도 자체에 대한 주민들의 인지도나 관심도가 낮고 주민들을 유인할 인센티브도 없다. 개별 부처 차원의 분산적 참여제도 운영으로 참여 효과를 극대화하는 데 제한적이다. 주민들의 참여 채널에 대한 지식 및 정보 부족으로 참여 방법에 대한 혼란도 발생하고 있다. 구체적으로 주민참여 관련 표준화된 매뉴얼이나 온·오프라인 창구 등 참여관리

체계, 주민참여 유도 예산의 미확보 등 주민참여 증진을 위한 인센티브가 부재한 실정이다.

결론적으로, 지방자치 재실시 이후 30년간 지방분권 측면에서 형식적 제도화에는 성공했을지 모르겠으나, 실질적 성숙화는 이루지 못했다. 사무3할·재정2할 자치로 일(사무)는 줬는데, 돈(재원)은 주지 않고 있다. 중앙정부는 지자체 행정사무감사·조사권, 지방세 과표·세율결정권, 지방재정 중 60% 지방재정조정제도(교부금·보조금)로 중앙정부 의존성은 여전히 큰 상황이다. 다양한 주민참여제도가 도입됐으나, 그 기준이 엄격하거나 인지도가 낮아 제도적 실효성과 주민 효능감이 모두 낮은 상황이다.

3. 지방거버넌스 주도 지역순환경제형 지역경제회복 모델 모색

지역경제회복을 위한 지역순환경제와 지방거버넌스

지역별로 인구 구조, 산업 및 노동시장·일자리 특성이 각기 다르고 노동시장의 문제들이 복잡해지고 있다. 이규용(2021)은 지역산업 실정에 맞는 혁신체제 및 파트너십 구축, 이를 기반으로 한 단기·중장기 전략 수립 및 목표 설정 등 지역 유형 및 산업 특성에 맞는 지역 경제회복 전략과 정책이 필요하다고 보았다. 배규식(2021)에 따르면, 비수도권 지역의 인구감소 및 소멸의 악순환 구조를 다음과 같이 분석했다.

〈그림 1〉 수도권 집중 및 비수도권 지역산업 쇠퇴-인구감소/소멸 악순환

자료: 배규식(2021) 참고 재구성.

〈그림 1〉에서 알 수 있듯이 중소도시 및 농촌지역은 지역산업이 전반적으로 침체 및 활력 감소로 양질의 지역 일자리 기회가 부족해지면서 지역의 청년들은 수도권 도시지역이나 광역시도별 거점도시로 이탈하게 된다.

인력 및 자원, 기업이 수도권에 과도하게 집중된 탓에 비수도권은 젊은 혁신인재 및 혁신자원 부족과 더불어 인적자원 유출이라는 삼중고 혁신역량의 만성적 침체에 처해 있다. 즉, 청년층이 바라는 괜찮은 일자리로 청년층의 이탈을 막거나 돌아오

게 해야 지역산업의 회복 및 발전이 이루어지고 지속가능한 창출이 가능하다. 반면, 수도권은 현재 존재하는 혁신 인재 및 자원이 충분한 가운데 일정규모 산업을 유지하면서, 비수도권 지역의 혁신 인력 및 자원이 수도권으로 지속적으로 유입되고 있어서 수도권 경제의 유지 및 발전에 따른 집중이 가속화된다.

OECD(2008)는 지역경제회복 전략의 패러다임이 다음과 같이 전환되고 있다고 보았다. 첫째, 기업이전 등 외생적 투자 보다 내생적 자원·자산으로의 전환, 지자체 등 행정단위 접근에서 기능적 경제지역단위 접근으로 변화, 둘째, 지역의 지리적 약점에 대한 보조금 등 일시적 보상에서 자본과 노동뿐만 아닌 사회적 자본 및 네트워크 등 모든 지역의 미활용 잠재력의 적극 활용을 강조하고 있다. 셋째, 행위자는 중앙정부 중심에서 중앙·지방정부, 시민사회 등 다양한 수준의 정부 간 거버넌스 중심으로 바뀌고 있다. 즉 지역주민들의 적극적 참여가 더욱 강조되고 있다.

이상호(2021)는 〈표 4〉에서 확인할 수 있는 것처럼 기존의 포드주의 일자리 모델과 다른 대안적 지역경제회복 모델을 다음과 같이 제안했다. 첫째, 제조업에서 서비스업으로, 둘째, 중앙집중형에서 분권형으로, 지역시민사회를 중심으로 한 다양한 경제주체 간 연결을 강조했다. 셋째, 중소도시, 농어촌 지역 내 공동체간 수평적 협업과 역할 분담이 중요하다. 넷째, 국가(정부)-시장(기업)과 그 관계가 중심 섹터였다면, 향후 국가-시

<표 4> 지역경제회복 모델의 변화와 핵심 주체로써 주민자치 및 지방거버넌스

구분	기존 포드주의 일자리 모델 과거 지역경제발전 패러다임	새로운 대안적 지역경제회복 모델/패러다임
주요 행위자	국가-시장/중앙정부-(대)기업	국가-시장-시민사회 조화 중앙정부-지방정부-기업-시민사회
조정단위	행정 단위	기능적 경제 지역
목적	소멸지역 지리적 약점 일시적 보상	지역 내 모든 미활용 잠재력 활용 및 자원순환
주요 수단	(상위정부) 보조금	자본, 노동시장, 기업환경, 사회적자본, 네트워크
중심 산업	제조업	서비스업
교환	고생산성-고임금	괜찮은 일자리+양질의 다양한 서비스
집중/분산	중앙집중형	분권형, 다양한 경제주체 간 연결
분업 구조	(도시) 대량생산-대량소비 수직적-위계적 공간 분업	중소도시, 농어촌 지역공동체 간 수평적 협업과 역할 분담
경제주체 간 관계	자본(사용자)-노동(노동자) 대립/타협	세대 간 상생과 협력

자료: OECD(2008); 이규용 외(2014); 이상호(2021) 참고 재구성.

장 뿐만 아니라 시민사회가 중요한 중심 섹터로 등장했다. 즉, 지역 단위로 경제회복 전략을 접근해야 지역 노사민정의 경제주체 간 적극적인 개입과 파트너십 구축이 가능하기에 지역 시민사회 거버넌스의 역할이 갈수록 중요하다. 즉, 주민자치의 강화가 지역경제회복의 요체인 것이다. 또한 배규식(2021)은 대기업 및 중견기업 유치와 같은 외생적 천수답 전략이 이미 한계에 직면했다고 평가하고 있으며, 지역의 내생적 발전 전략에 주목해야 한다고 하고 있다. 구체적으로 지역 시민사회 주도 투자 유치 등 지역공동체 자산화, 지역자원 활용 및 특성 부합 지역 경제회복 전략 구축 및 주민 이익공유를 통해 지역 고용 및 기회 요인을 내부화할 수 있다.

지역순환경제 방식 지역경제회복 성공모델의 정립

　지역경제회복 전략 모색에 있어 중앙·지방정부간 기능 및 역할 분담의 체계화도 필요하지만, 특히 주민자치 및 지역경제주체 간 거버넌스의 주도적 역할을 강화하기 위해 1)주민자치 및 노사민정 파트너십 촉진, 지역 기반 다양한 층위의 이해관계자 간 지역경제선순환 거버넌스 및 리더십 구축 2)지방정부 주도성 강화. 중앙과 지역 간 지역 경제회복 및 일자리정책 분권화, 3)지자체 중심 지역 경제회복 전략의 계획 수립 및 집행과정에서 지역 내 경제혁신주체 간 협력 및 거버넌스 촉진 등 지역의 내생적 발전 전략 모색, 4)지역 단위 산업발전과 일자리창출정책, 지역 고유 숙련개발 및 취약계층고용 등 지역 고용전략과 연계한 지역특화형 일자리모델 개발 및 지역 재량사업 확대, 5)지역 주도 산업-교육-복지 연계 일자리 전략 수립 등 크게 5가지로 요약된다(배규식, 2021; 이상호, 2021; 이규용, 2021).

　이러한 5가지의 지역 경제회복 전략의 성공요소를 1)주민자치 및 노사민정 파트너십 등 지역순환경제형 거버넌스, 2)지방정부 주도성(지자체 재량권/책무성), 3)지역 산업-교육-복지 연계 일자리 전략 등 크게 3가지로 요약하고, 지역은 도시와 도농복합지역, 산업은 제조업·서비스업·재생에너지업·농업·특정산업 등의 유형으로 분류해 국내·외 지역순환경제 방식의 지역경제회복 성공모델을 정립해보고자 한다.

<그림 2> 지역·산업 유형별 지역순환경제형 지방거버넌스 모델의 틀

구분	지역경제회복 전략의 주요 구성요인		
	①주민자치 및 지역순환경제형 거버넌스	②지방정부 주도성 지자체 재량권/책무성	③지역 산업-교육-복지 연계
지역유형	도시지역		도농복합지역
산업특성	제조업 / 서비스업 / 재생에너지업		농업 / 특정산업

이규용(2021)은 지역 차원에서 지역 경제회복 전략을 고민할 때, 각 지역별 산업특성에 따른 일자리 수요와 공급 조정, 경제적 수요와 잠재적 일자리 원천 확인 및 혁신적 실험이 가능하다고 보았다. 특히 지역 유형 및 산업특성이 유사한 지역들의 성공사례에 대한 교훈 및 벤치마킹, 도전을 유도하는 전략이 요구된다고 보았다. 그래서 본 연구는 지역 유형 측면에서 도시와 농촌, 도농복합지역으로 나누고, 산업 측면에서는 제조업, 서비스업, 특정산업유치, 혁신도시연계, 농업, 재생에너지 산업 등으로 나누어 총 7개의 국내·외 지역 성공사례를 제시 및 분석하고자 한다. 7개 지역 성공사례 선택의 핵심적 기준은 1)주민자치 및 지역순환경제형 거버넌스, 2)지방정부 주도성 및 지자체의 재량권/책무성 강화, 3)지역 산업-교육-복지 연계 일자리 전략 등 3가지다.

도시지역 제조업 혁신 사례
 : 일본 시즈오카현 산학관 연계 모델

　일본 시즈오카현 하마마쓰시의 산학관 연계 제조업 혁신 전략[2]이다. 하마마쓰시의 기반산업은 전자·광기술, 자동차 및 가공성형이다. 하마마쓰시 정부는 중간지원조직 형태의 '하바마마쓰시 산업창조센터'를 ㈜벤처 라보에 위탁해 기업-대학-지자체 등 산학관 네트워크 구축 및 중소기업 대상 직접 방문 경영기법 및 판로개척 등 원스톱서비스를 제공하고 있다. 더불어 '지역 산업인재육성 컨소시엄'을 결성, 인재육성 및 지식재산 보호, 창업 등을 연결하는 네트워크 허브 역할을 하고 있다. 특히, 사업화연구회를 조직 자동차 및 항공, 로봇 산업 진출에 있어 기초기술, 소재 개발, 응용 제품화 및 사업화 등 가치사슬 단계별로 촘촘하게 지원하고 있다.

　본 사례는 주민자치 지역순환경제형 거버넌스 측면에서 지역 내 민간 대학과 기업의 적극적인 네트워크적 참여와 연계, 지방정부 주도성 측면에서 하마마쓰시 산업창조센터의 네트워크 및 인재양성 등 중간지원조직 역할이 강조되는 반면, 지역 산업-교육-복지 연계 측면에서는 고용 창출 외 그 연계성은 상대적으로 약한 편이다.

---

2) 조임숙(2021), 참고 요약.

도시지역 서비스업 혁신 사례
: 미국 클리블랜드 앵커기관-협동조합 연계 모델

미국 오하이오주 클리블랜드시는 1980~90년대 지역제조업 쇠퇴 위기에 맞서 지역 내 앵커조직(병원·대학·공공기관 등)과 사회적경제조직인 협동조합을 연계 지역 경제회복 모델을 성공시켰다.[3] 2005년 지역주민이 자발적으로 조성한 기금을 원천으로 클리블랜드 지역재단을 만들고, 지역의 큰 수요를 책임지고 있는 지역의 대학 및 병원, 공공기관 등 앵커기관들의 서비스 및 일자리 수요를 지역의 사회적경제조직인 협동조합을 공급자로 하여 상호 조달계약을 맺었다. 대표적 예로 에버그린 세탁협동조합이 클리브랜드 시의 병원과 세탁서비스 계약을 맺었다. 클리블랜드 시민에 우선적인 일자리를 제공하고, 주민에 이익을 공유했다. 대부분 지역의 앵커기관들은 주로 역외 조달하기 때문에 타 지역으로 자본이나 자원이 유출되는데, 클리블랜드 지역경제회복 모델은 지역순환경제 형성 및 사회적경제 생태계 활성화라는 장점이 큰 특징이 있다.

본 사례는 주민자치 및 지역순환경제형 거버넌스 측면에서 지역주민의 자발적 연합조직인 협동조합과 앵커기관 간 연계, 주민들의 자발적인 기금 조성, 그리고 지역주민들에게 환원되

---

3) 최명식(2017)의 내용 참고 재정리.

는 이익 및 일자리 제공 측면에서 지역순환경제 특성이 잘 드러난다. 지방정부체 주도성 측면에서 클리블랜드시의 주민기금 조성을 위한 지역재단 설립, 상호조달 계약 등 지자체의 역할이 상당히 강조될 뿐만 아니라, 지역 산업-교육-복지 연계 측면에서 주민기여 방안으로 지역주민 일자리 제공 및 복지혜택 등의 제도적 설계가 잘 되어 있다.

**도시지역 재생에너지산업 사례
: 서울시 동대문구 아파트공동체 태양광 자산화 모델**

서울시 동대문구 홍릉동부(371세대)아파트와 휘경현대(372세대)아파트 공동체는 서울시와 동대문구로부터 각각 태양광 설치비의 65%, 세대당 10만원의 보조금을 받아서 별도의 자부담 없이 전 세대에 미니태양광을 설치했다.[4] 홍릉동부아파트는 약 4,536만 원(2017년 기준)의 세대별 공동 전기요금을 절감했으며, 휘경현대아파트는 연간 11만 4,790kWh 전력 생산에 따른 약 2,200만 원 전기요금 절감을 기록했다. 이를 통해 홍릉동부아파트와 휘경현대아파트는 각각 서울특별시 환경상 대상과 최우수상을 받았다.

---

4) 양세훈(2019) 내용 참고 요약 재정리.

본 사례는 주민자치 및 지역순환경제형 거버넌스 측면에서 아파트 주민공동체 주도 민·관 협력이 잘 드러나며, 지방정부 주도성 측면에서 서울시와 동대문구의 태양광 발전 지원정책 등 지자체의 제도적 지원이 강조되며. 지역 산업-교육-복지 연계 측면에서 주민 이익공유 측면에서 일자리 창출은 제한적이지만, 별도의 자부담 없이 전기요금 절감이라는 경제적 효과가 발생한다는 특징이 있다.

농촌·도농복합지역 특정산업유치 사례
: 거창 승강기밸리 산학연관 클러스터 모델

거창군 승강기밸리[5]는 거창군민·거창군청·중소기업 주도 산학연관 지향형 모델로 승강기 제조업을 기반산업화 하는 데 성공한 사례. 지난 2005년 노동부 전국 기능대 정비계획에 따라 거창기능대(한국폴리텍대Ⅶ 거창캠퍼스)가 폐교 위기에 놓이자, 거창군민들이 거창기능대를 지키고자 하는 열망에 시민대책위원회를 구성하고 서명운동을 벌인 끝에 한국승강기대학을 설립하고 거창군은 승강기 산업을 유치하게 되었다. 노동부로부터 거창군이 거창기능대를 무상 양수·양도받아 한국승강

---

5) 오마이뉴스, "지역소멸 대응, 거창군의 승강기밸리 주목하라", 2021년 8월 17일자. 저자가 직접 작성 기사로 관련 부분 요약 정리.

기안전공단과 함께 한국승강기대학을 설립하고, 한국승강기안전공단의 부설기관인 승강안전기술원을 거창으로 이전 유치했다. 거창 승강기모델의 핵심적 특징은 중소기업 주도 성장 모델이라는 점이다. 경상남도와 거창군은 전국 최초로 승강기 밸리(산업) 지원 조례를 제정해 분양가 90% 입지보조금 및 금융지원, 시제품제작비·승강기안전인증비용 지원, 직원사택 월세 지원 등 파격적 지원을 약속하며 중소 승강기 기업들을 유치했다. 2021년 기준, 37개 중소기업 유치, 7백여 일자리 창출, 연 매출 2천억 원 달성 등을 거두었다. 또한, 산(승강기밸리기업)·학(한국승강기대학)·연(승강기안전기술원 승강기 R&D센터)·관(경남도·거창군) 승강기산업 클러스터를 구축하고 있다.

  본 사례는 주민자치 및 지역순환경제형 거버넌스 측면에서 거창군민 주도로 시민대책위 구성 및 서명운동으로 지역소재 대학을 스스로 지키고 공공기관을 유치하는 등 주민자치가 돋보적이다. 또한 지역의 대학-공공기관 등 앵커기관을 활용해 산학연관 클러스터를 구축하고 있다. 지방정부 주도성 측면에서 경남도와 거창군이 승강기산업 지원 조례를 만들어 운용하는 것이 주요 특징이다. 지역 산업-교육-복지 연계 측면에서 일자리 창출 효과는 크지만, 기타 교육 및 복지 연계 주민 기여는 부족한 편이다.

농촌·도농복합지역 혁신도시연계 산업유치 사례
: 나주시 빛가람 에너지밸리 모델

나주시 빛가람 에너지밸리[6]는 공공기관 이전 중 가장 큰 규모인 약 72조 원의 예산 규모를 가진 한국전력공사를 핵심으로 한 광주전남혁신도시의 혁신도시연계 산업유치 지역 경제 회복 모델이다. 혁신도시별 산업특화 분야가 다르다는 점을 적극 활용한 모델로 타 광역·시·도 및 혁신도시를 형성한 기초 시·군·구 입장에서는 관심을 가져볼 사례이다. 광주광역시-전남도-한국전력이 연계 및 공동투자로 에너지밸리 구축 빛가람 혁신도시와 인근 산업단지 내에 에너지 신산업 관련 중소기업 및 연구소를 집중 유치했다. 2020년 말 기준 261개 기업 투자 유치 및 기가동 업체는 215개나 된다. 한국전력이라는 거대 에너지 공기업이 있기 때문에, 이러한 인프라를 토대로 전라남도는 에너지 관련 스타트업 200개 유치, 1만 5천명의 에너지 전문인력 양성, 2030년까지 1천 개 기업유치, 2만 4,700명의 고용유발 및 4.3조 원의 부가가치 창출이라는 담대한 계획과 비전을 갖고 추진하고 있다. 지난 2022년 3월, 한전 주도로 전남 나주에 한국에너지공과대학교를 설립하여, 국내·외 및 산업계

---

[6] 광주매일신문, "[브랜드파워 지역 발전 이끈다](17)나주시", 2021년 10월 20일자, 기사 참고 요약.

와 교육·연구교류 촉진이 가능해지면서 산학연관의 틀을 갖추어 나가고 있다.

본 사례는 주민자치 및 지역순환경제형 거버넌스 측면에서 주민자치 측면은 한국전력이라는 대형 앵커기관이 지역에 유치되면서 이를 활용한 산학연관의 외형적 틀을 구축하고 있으나 주민주도성이나 주민자치의 특성은 크게 드러나지 않는다. 지방정부 주도성 측면에서 광주광역시와 전라남도의 공동투자 및 인력 양성 지원 등 지방자치단체의 역할이 강조된다. 지역 산업-교육-복지 연계 측면에서 기업유치 및 창업, 일자리 창출 효과는 크지만, 기타 교육 및 복지 연계 주민 기여는 부족한 편이다.

농촌·도농복합지역 농업 혁신 사례
: 완주군 로컬푸드 시민사회주도 민관협력 모델

완주군 로컬푸드[7]는 농업 혁신 전략이 성공한 모델이다. 완주군은 중간지원조직 소셜굿즈센터를 설치해 소농의 소득 감소 및 고령화, 특산품 부재 등 전형적 농촌 문제 극복을 위해 로컬푸드 모델을 보기 드물게 선제적으로 성공시켰다. 완준군의 로

---

7) 한겨레, "지역농민에 수익환원, 로컬푸드 시스템 안착", 2021년 8월 25일자. 기사 참고 요약.

컬푸드는 SSM 및 대형마트와 견줄만한 세련된 인테리어를 바탕으로 기획생산 접목 및 가공식품 확대로 주민선호도를 적극 높이며 많은 완주군 주민뿐만 아니라 인근 전주시민들도 찾아오고 있다. 2021년 기준, 완주군 내 12개 로컬푸드 직매장이 운영되고 있으며, 생산자와 완주군 및 전주시의 소비자(회원제 운영 약 8만여명 가입)를 직접 연결하고 있다. 2012년~2020년 약 9년의 누적 매출액은 약 4천억 원 수준이다. 완주로컬푸드협동조합이 주요 민간 주체로 고령의 소농 중심(70%) 1,270개 농가가 참여하고 있다. 이 협동조합의 매출액은 연 약 348억 원 수준으로 매출에 따른 이윤은 지역농민에 재환원되고 있다.

완주군 로컬푸드 모델은 지역의 농촌마을 육성 및 농민가공센터 설치 운영 등 특화자원 활용 상품화 지원을 바탕으로 군 내 마을기업들은 지역소농·고령농 3천 농가에 월 150만 원의 일정 소득 보장 및 일자리를 제공해주고 있다. 뿐만 아니라 노인수당 지급 및 마을기금 조성 등의 사업도 하고 있다. 완주군은 로컬푸드를 도농을 잇는 가장 치유력 높은 사회연대경제모델로 사회적기업, 협동조합, 마을기업을 통해 일자리를 만들고 지역공동체 문제 해결에 기여한다고 자평하고 있다(완주군, 2018).

본 사례는 주민자치 및 지역순환경제형 거버넌스 측면에서 지역 소농·고령농 중심의 마을기업 및 지역공동체의 주도적 역할로써 주민자치, 지역주민들에게 소득과 일자리 창출로 이어진다는 점에서 지역순환경제적 특성이 가장 극명하게 잘 드러난다. 지방정부 주도성 측면에서 완주군의 소셜굿즈센터가 중간지원조직의 역할을 잘 해내고 있다. 지역 산업-교육-복지 연계 측면에서 고용창출과 일정소득 보장뿐만 아니라, 노인수당과 마을기금 조성 등 교육 및 복지 연계성도 강하게 나타나는 전형적인 성공사례다.

농촌·도농복합지역 재생에너지 유치 사례
: 제주도 가시리마을 풍력자산화 민관협력 모델

제주도 가시리마을은 재생에너지 사업 유치 모델로 주민공동체 주도 풍력 자산화[8] 민관협력 모델이다. 제주도는 2009년 1월, 제주에너지공사를 사업집행 담당기관으로 선정해 주민주도 풍력발전단지 건설사업 사업부지 공모를 진행하여, 지역주민에 전력 판매수입의 10% 혜택 부여를 조건으로 했는데, 풍력발전단지로 가시리마을 공동목장이 선정되게 되었다. 서귀포시 표선면에 위치한 가시리 마을은 500가구 1,200명이 살고 있는데, 제주도의 바람과 평원인 자연자원을 활용해 공동목장에 풍력발전을 유치했다. 가시리풍력단지는 부지면적 약 3만

---

8) 전기신문, "에너지갈등 풀어낸 제주 가시리 풍력발전단지를 가다", 2020년 11월 23일자. 기사 참고 요약.

m2 로 한진산업 1.5MW 터빈 7기, 유니스·효성 705kW 터빈 6기가 있는데, 연간 약 3.4만MWH의 전력 생산에 따라 30억 원이 넘는 수익을 창출하고 있다.

 가시리 주민들에게 제공되는 혜택은 제주에너지공사로부터 임대료 명목으로 연간 약 3억 원의 마을발전기금을 받고 있다. 이를 통해 지역 및 주민 기여의 구체적 공유 방향으로 주민배당, 주민생활 편의시설 설립 및 관광자원 확충, 마을만들기 등에 지역에 이익을 재환원하고 있다. 2년 이상 거주한 마을주민들에게 가구당 월 2만원 수준의 전기료·TV수신료 등 공공요금을 지원하고, 학생들에게는 장학금이 어르신들에게 복지수당을 지급한다. 주민 요구로 풍력발전단지의 울타리는 제주도의 특색이 반영된 돌담으로, 풍력발전소의 부지인 공동목장은 없애지 않고 그대로 유지해 소와 말을 여전히 방목하고 유채꽃도 심어 목가적 분위기의 경관으로 농·목축업과 연계한 관광 효과도 큰 편이다. 한편, 가시리마을의 주민들이 살고 있는 지역은 발전단지로부터 5km 이상 떨어져 있어 소음 민원이나 불편함은 크지 않은 편이다.

 본 사례는 주민자치 및 지역순환경제형 거버넌스 측면에서 바람이라는 지역자원을 활용해 마을공동체 주도 민관협력과 함께 기금 및 주민배당, 복지수당 등 주민에 이익환원이라는 지역순환경제적 특성도 잘 드러난다. 지방정부 주도성 측면에서 제주도의 풍력발전단지 건설사업과 주민 이익공유 등 지자체의 제도적 역할이 두드러진다. 지역 산업-교육-복지 연계 측면에서 주민배당, 공공요금 지원, 학생장학금, 노인복지수당 등 교육 및 복지 연계가 가장 잘 나타나는 전형적인 성공사례로 분류된다.

〈표 5〉 지역순환경제 활용 지역·산업유형별 지역경제회복 모델

지역사례		지역경제회복 모델의 주요 구성요소		
지역사례명	지역유형 산업특성	주민자치 및 지역순환경제형 거버넌스	지방정부 주도성 지자체 재량권/책무성	지역 산업- 교육-복지 연계
일본 시즈오카현 제조업혁신 네트워크	도시 제조업	민간 대학·기업 참여, 산학관 네트워크 연계 지역주민 일자리 제공	하마마쓰시 중간지원조직, 인재육성 컨소시엄, 사업화연구회 네트워크/인재양성허브 가치사슬 단계별 연구지원 주도	고용창출 외 연계성 약함
미국 클리블랜드시 앵커기관-협동 조합 모델	도시 서비스업	자발적 지역주민조직 협동조합 및 주민기금 조성, 앵커기관-협동조합 연계 지역주민 일자리/소득 제공	클리블랜드 시 주민기금 조성 및 지역재단 설립 지원, 앵커기관-협동조합 상호 조달계약 연계 주도	지역주민 일자리 제공 및 복지혜택 등 이익공유
서울 동대문구 아파트공동체 태양광자산화	도시 재생에너지업	아파트 주민공동체 주도 민관협력 아파트 주민에 이익 환원	서울시/동대문구 태양광 설치비 및 세대당 보조금 지원	잡수입/장기수선충당금 별도자부담無 공동 전기요금 절감
경남 거창군 승강기밸리	농촌 제조업	거창군민의 지역대학 살리기 시민운동, 지역앵커기관 활용 산학연관 클러스터 거창군민 일자리 창출	거창군민-경남도/ 지역대학 존속/공공기관 유치, 승강기산업 지원 조례 제정(입지보조금/세제/직원사 택 지원 등)	기업유치·고용창출 및 지역 기반산업화 외 연계성 약함
전남 나주시 에너지밸리	도농통합 재생에너지업(혁신도시연계)	산학연관 외형적 틀 주민자치 특성 약함 지역주민 일자리 제공	광주-전남-한전 연계 공동투자 및 스타트업 유치, 에너지공대 -전문인력 양성 등 정책 지원	기업유치/창업 /고용창출 외 연계성 약함
전북 완주군 로컬푸드	농촌 농업	완주군 지역소농·고령농 및 마을기업/마을공동체 참여 시민사회주도 민관협력 완주군민에 일자리/소득 제공 및 이익 환원 모범사례	완주군 중간지원조직 소셜굿즈센터 설치, 생산자-소비자 연결, 농민가공센터 설치 및 로컬푸드 직매장 지원	고용창출/일정소득 보장, 노인수당, 마을기금 조성
제주 가시리마을 풍력발전 자산화	도농복합 재생에너지업	가시리마을 공동체의 적극적 참여 및 기존 농목축업과 조화, 지역자원(바람) 활용 마을공동체 민관협력 가시리주민에 이익환원	제주도 풍력발전단지 건설사업 공모 및 전력 판매수입 10% 임대료 명목 발전기금 지급	주민배당, 공공요금 지원, 학생장학금, 노인복지수당, 주민생활편의시설 설립 및 관광자원 확충 등 지역재환원

4. 지역유형·산업특성별 지역순환경제형 지역경제회복 모델 제안

수도권·비수도권 격차 완화 및 지역소멸 대응을 위한 지역경제회복 모델 개발을 위한 공동체 자산화 및 지역 이익공유 방향은 〈표 6〉과 같다. 구체적 지역 기여 방안으로는 지역주민 우선고용 및 주민배당 및 아동·노인 대상 수당 지급, 아동·노인 공동돌봄사업 등 지역사회복지 재원, 공공요금(전기료·가스비 등) 지원, 마을공동시설 건립 지원 등으로 환원 및 재투자 등을 제안한다.

〈표 6〉 지역경제회복 모델 개발을 위한 공동체 자산화/지역 이익공유 방향

전략	세부전략
주민자치 및 주민주도성 강화	주민참여제도 활성화(참여요건 완화 및 인센티브), 지역주민이 지역경제주체로써 일상적인 주민참여 활동과 더불어 지역자원 및 모임의 집적화를 활용한 협동조합/마을기업/사회적기업 등 사회적경제기업 및 마을공동체 형성에 적극 참여 유도
지역공동체 자산화 (분산적 소유구조) 민관파트너십	앵커기관 자금 흐름 조사/활용, 상호출자 통한 규모의 재정 달성(보조금+순수 지역민간자원) 영리추구 및 자립 지역 내부자본 선순환 구조로 사업재원 확장 분산적 소유구조와 수평적 거버넌스 실현 지역공동체 기반 지역노사민정 파트너십과 네트워크
지역(주민) 이익공유/환원	지역주민 기여: 지역주민 우선고용, 주민배당, 공공요금 지원, 마을공동시설 건립 지원 적정 주거 지원: 공동체토지신탁, 주택매입
장기적 지속가능 성장전략	성장·유망 산업 부분과 지역시민사회 투자 간 연결 그린뉴딜/4차산업혁명 기술·컨텐츠 분야 사업/고용/소유 분야 투자

자료: 최명식(2017) 참고 재구성.

지역경제회복 전략 모델 개발을 위해 중앙정부의 균형발전을 위한 핵심적 재정지원 정책인 국가균형발전특별회계의 개선 방향을 제안한다. 균특회계 지원방식의 일부 제도적 보완을 통한 지역 유형 및 산업특성을 감안한 전략모델 지원이 현행 제도의 지역 경제회복 전략 구현에 있어 가장 유용한 방식으로 판단했기 때문이다. 우리나라의 지역발전은 1971년 박정희 정부 이후 차등적이고 불균형적으로 이루어져 왔다. 지역발전이 주로 수도권과 경상권(부산·울산)을 중심으로 이루어져 왔기에, 정부가 지역의 균형발전을 위해 마련하고 사용한 예산이 바로 지역발전특별회계이다. 이 재원은 노무현 정부가 균형발전특별회계로 도입(2005년), 이명박 정부에 광역지역발전특별회계(2009년), 박근혜 정부에 지역발전특별회계(2015년), 문재인 정부에 국가균형발전특별회계(이하 균특회계, 2019년)로 변모해 왔다. 균특회계는 지역 간의 불균형을 해소하고, 지역의 특성에 맞는 자립적 발전을 도모하기 위해 조성한 재원이다. 〈표 6〉과 같이 균특회계는 크게 지출한도 내에서 지자체가 자율적으로 예산 편성하는 지역자율계정(①시도 자율편성사업과 ②시군구 자율편성사업)과 부처가 직접 편성하는 지역지원계정으로 나뉘며, 세종/제주특별자치시도의 경우 따로 계정을 두고 있다.

〈그림 3〉 국가균형발전특별회계 재원 추이(2005~2020) (단위 : 조원)

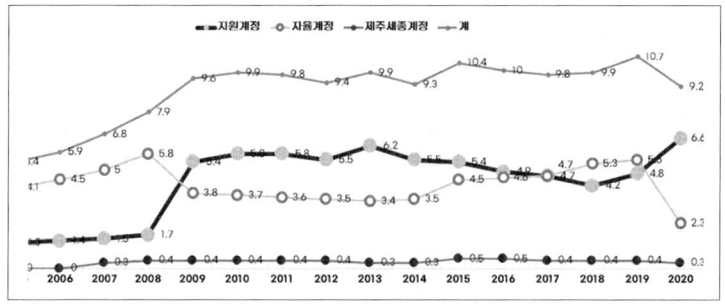

자료: 기획재정부

 이러한 균특회계의 운용상 문제점을 지적하면 다음과 같다. 첫째, 제한적인 재원규모와 재정여건 미감안 지방비매칭 등 균형발전의 본래 취지 상실이다. 현행 균특회계는 2005년 약 5.5조 원으로 시작, 2009년 9.6조 원으로 증가 후 2020년(9.2조 원)까지 지난 10년 넘게 9조 원 수준에 머물러 있으며 2020년 478.8조 원의 정부결산 대비 19.2%에 불과한 실정이다. 문재인 정부에 지역자율계정은 4~5조 원 수준을 유지하다, 2020년 2.3조 원으로 대폭 감소한 반면, 부처편성 지역지원계정은 4조 원대를 유지하다 예타면제 SOC사업을 대폭 늘리며 6.6조 원까지 대폭 증가했다. 시도/시군구 자율편성사업이 균특회계의 핵심인데 전체의 25%에 불과하다.
 아울러 국가 전액 보조가 아닌, 대부분 지방비부담이 요구되는 매칭펀드(중앙정부가 지자체 예산지원 시 지자체 부담(지방비) 연계 국비 배정) 방식이기 때문에 재원 여력이 넉넉지 않은 지자체는 지역발전재원을 사용하지 못하게 된다. 현행 균특회계는 지역의 재정 여건 고려 없이 사업별로 보조율이 30~100%로 동일하게 설정되어 있어 재정 여건에 따라 사업집행률은 크게 달라질 수 있다. 사업별 보조율 차등화로 보조율이 높은 사업을 우선 추진할 개연성이 높아지는 등 시도의 재원배분 교란 가능성이 높아진다(송미령·권인혜, 2011). 균특법 제39조에 따르면 지자체 재정 상황을 감안하여 지원 규모뿐 아니라 보조비율 또한 차등을 둘 수 있게 규정하고 있다(김현아, 2011; 신두섭, 2014). 그러나 기획재정부는 지자체별 재정 여건을 감안한 보조율 차등화에 상당히 소극적인 자세를 취하고 있다(송미령외, 2011). 현재, 성장촉진지역에 대해서는 보조율 10%p 상향 적용이 가능한데 여전히 미진한 수준이다. 이러한 과정에서 실질적으로 균형발전 목표는 달성하기 어렵고 지역 간 빈익빈부익부가 더욱 가속화 될 수 있으며 차등적 지역발전이 우려된다.

따라서 첫째, 균특회계 10조원 증액 및 제3의 새로운 계정을 제안한다. 2021년 기준, 약 10조 원 수준 균특회계 재원을 20조 원으로 증액하고 10조 원 증액분을 기존 지역자율계정(지자체 자율편성), 지역지원계정(부처 직접편성) 외 제3지역경제회복 계정을 신설 배정하는 것이 바람직하다고 판단된다. 둘째, 도시지역과 농촌/도농복합지역 등 지역 유형 및 제조업/서비스업/농업/재생에너지/특정 산업 등 산업특성에 따른 녹색(Green)·상생(Win-Win) 투트랙 7가지 지원모델을 중심으로 세부 사업 지원 및 예산편성 방식을 제안한다.

구체적으로 〈표 7〉과 같이 탄소중립 시대에 대응하는 탈탄소 그린뉴딜형 녹색 전략과 노사민상생 지역거버넌스형 상생 전략 2가지 트랙으로 구분·지원하고, 녹색도시에 4조 원, 상생도시에 6조 원의 예산을 배정하고 지방자치단체들을 지원할 필요가 있다. 이와 함께 각 시·군·구 기초자치단체를 중심으로 상향식 예산편성 방식은 포괄보조금 형태 국비-지방비 매칭 방식으로 지원하며 트랙 및 모델에 기본보조율을 설정하고, 지역 여건에 따라 추가적인 차등 보조율을 적용하는 것이 바람직하다고 판단된다. 따라서 〈표 7〉과 같이 제1트랙 녹색도시의 기본 보조율은 80%, 제2트랙 상생도시의 기본 보조율은 60~80%로

〈표 7〉 지역유형·산업특성별 지역순환경제형 지역경제회복 모델 재정지원 방안

지역유형	산업특성	지역순환경제형 지역경제회복 모델	기본 보조율	*차등 (성장촉진지역)	트랙
도시	재생에너지	재생에너지혁신형 주민공동체 주도 태양광 자산화 모델	80%	100%	녹색
	제조업	제조업혁신형 산학연관 연계 모델	60%	80%	상생
	서비스업	서비스업혁신형 지역앵커기관-협동조합 연계 모델	70%	90%	상생
농어촌/ 도농복합	재생에너지	재생에너지 유치형 주민공동체 풍력/태양광 자산화 민관협력 모델	80%	100%	녹색
	농업	농업혁신형 로컬푸드 민관협력 모델	80%	100%	상생
	특정산업	특정산업유치형 지역앵커기관 연계 산학연관 모델	60%	80%	상생
	혁신도시 특화산업	혁신도시 연계 특화산업 유치형 산학연관 모델	60%	80%	상생

설정하되, 성장촉진지역[8]은 소멸지역으로 보고, +20%p의 추가적인 차등보조율을 적용한다. 지역유형 및 산업특성을 고려한 지역순환경제 방식 지역경제회복 모델의 설계 및 재정지원이 비수도권 중소도시의 지역경제회복과 인구감소 및 소멸을 일부라도 억제할 수 있길 바라본다.

---

[8] 성장촉진지역이란, 국가균형발전특별법 제2조 제6호에 의거, 생활환경이 열악하고 개발수준이 현저히 저조해 국가와 지자체의 특별한 배려가 필요한 지역으로 인구, 소득, 재정상태 등을 고려하여 결정한다.

〈표〉 2022년 국가균형발전특별회계 예산안 편성 지침 상 성장촉진지역

광역	기초 시.군(70개)
강원(8)	태백시, 삼척시, 횡성군, 영월군, 평창군, 홍천군, 양양군, 정선군
충북(5)	보은군, 영동군, 괴산군, 단양군, 옥천군
충남(6)	서천군, 금산군, 부여군, 청양군, 예산군, 공주시
전북(10)	남원시, 김제시, 진안군, 무주군, 장수군, 임실군, 순창군, 고창군, 부안군, 정읍시
전남(16)	담양군, 곡성군, 구례군, 고흥군, 보성군, 화순군, 장흥군, 강진군, 해남군, 함평군, 장성군, 완도군, 진도군, 신안군, 영광군, 영암군
경북(16)	상주시, 문경시, 군위군, 의성군, 청송군, 영양군, 영덕군, 청도군, 고령군, 성주군, 봉화군, 울진군, 울릉군, 영천시, 영주시, 안동시
경남(9)	의령군, 고성군, 남해군, 하동군, 산청군, 함양군, 거창군, 합천군, 밀양시

자료: 기획재정부(2021).

[참고문헌]

고광용(2015), 한국정부의 지방분권화 성과와 제약요인에 관한 연구,
　　　　한국지방자치학회보 27(1).
고광용·이아람(2018), 지역발전특별회계의 문제점 및 개선방향
　　　　-정부별 변화과정 및 특징, 운용실태 분석을 중심으로-,
　　　　정치정보연구 21(2).
고광용(2022), 지역소멸 대응을 위한 지방거버넌스 주도
　　　　지역경제회생 전략 연구, 후기산업사회연구 창간호
광주매일신문(2021). 2021년 10월 20일.
　　　　"[브랜드파워 지역 발전 이끈다](17)나주시".
국회예산정책처(2020), 2019회계연도 결산 위원회별 분석
　　　　[기획재정위원회 소관].
기획재정부(2021), 2022년도 국가균형발전특별회계 예산안 편성 지침.
김현아(2011), 포괄보조금제도 운영현황 분석을 통한
　　　　제도 개선방안 연구, 지역발전위원회
송미령·권인혜(2011), 포괄보조금 제도 운영의 실태와 개선 방향,
　　　　한국농촌경제연구원.
오마이뉴스(2021). 8월 17일.
이상호(2018). "한국의 지방소멸 2018: 2013~2018년까지의 추이와
　　　　비수도권 인구이동을 중심으로."『고용동향 브리프』.
　　　　한국고용정보원.
배규식(2021).『지역산업발전과 일자리 정책』.
　　　　경상북도 일자리 정책역량 아카데미 1차 교재.
완주군(2018).『식(食)과 농(農)의 거리를 좁히는 완주로컬푸드』.
이규용·이병훈·전병유·박배균·정준호·고영우(2014).
　　　　『한국의 지역고용전략(I): 이론과 쟁점』, 한국노동연구원.
이규용(2021).『지역일자리 정책현황과 추진방향』.
　　　　경상북도 일자리 정책역량 아카데미 1차 교재(2021.05.28.).
이상호(2021). "지역 일자리 불평등과 지방소멸, 현황과 과제."
　　　　희망제작소 정책포럼 발제문.

이승종(2002), 한국지방자치의 평가: 제도의 집행측면을 중심으로, 한국지방자치학회보 14(1).
자치분권위원회 홈페이지. https://www.pcad.go.kr/.
전기신문.(2020). 11월 23일.
정창수·이상민·이승주(2016), 지역발전특별회계 지역배분 현황 및 정책적 시사점, 충남연구원 전략연구 2016-46.
조임숙(2021). "차세대자동차 시대 대응 일본의 지역 중소기업정책: 시즈오카현 사례."
경상북도 기반 신규 혁신일자리 사업 개발 연구용역 내부 공유자료.
최명식(2017). "젠트리피케이션 대응을 위한 지역 자산 공유방안", 『국토정책 브리프』613.

통계청(2019), 장래인구추계, 시도편.
통계청(2021), KOSIS 주민등록인구.
하혜영·김예성(2021), 지방소멸 위기지역의 현황과 향후 과제, NARS 입법·정책 제85호, 국회입법조사처.
한겨레(2021). 8월 25일.
행정안전부(2017년 10월), 자치분권 로드맵(안).
행정안전부(2020년 12월 9일), 보도자료 "지방자치법 전부 개정안".
행정안전부(2021), 내부자료 "주민투표·주민소환·주민소송 운영 현황".

OECD LEED(2008). 『Decentralization and Coordination: The Twin Challenges of Labor Market Policy』.
OECD LEED(2014). 『Reviews on Local Job Creation』.

대안으로서의 지역순환경제
반(反)독점자본, 탈성장, 시민적 통제의
대안적 지역경제를 모색하며

초판 발행 2023년 8월 22일

엮은이/ 양준호
지은이/ 양준호, 박창규, 송지현, 현영애, 이점순, 이상헌, 고광용

펴낸이/ 남기수
펴낸곳/ 로컬퍼스트
　　　　부산시 연제구 여고로 84-1(거제동)
　　　　출판등록. 제 2023-9호(2023년 6월 27일)
　　　　전화. 051-747-0621

ISBN 978-11-983795-0-4   03300
책값은 뒤표지에 있으며, 잘못 만들어진 책은 구입처에서 교환해드립니다.

본 저서는 2021년 대한민국 교육부와 한국연구재단의 지원을 받아 수행된 연구임.
(NRF-2021S1A5C2A03088606)